2022北京市
社会发展报告蓝皮书

北京市发展改革政策研究中心◎组织编写

2022
ANNUAL REPORT ON BEIJING'S
SOCIAL DEVELOPMENT

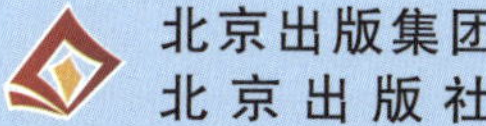
北京出版集团
北京出版社

图书在版编目（CIP）数据

2022北京市社会发展报告蓝皮书 / 北京市发展改革政策研究中心组织编写. -- 北京 ：北京出版社，2022.10

ISBN 978-7-200-17391-8

Ⅰ. ①2… Ⅱ. ①北… Ⅲ. ①社会发展—研究报告—北京—2022 Ⅳ. ①D671

中国版本图书馆CIP数据核字（2022）第154664号

2022北京市社会发展报告蓝皮书

2022 BEIJING SHI SHEHUI FAZHAN BAOGAO LANPISHU

北京市发展改革政策研究中心　组织编写

出　版　北京出版集团
　　　　北 京 出 版 社
地　址　北京北三环中路6号
邮　编　100120
网　址　www.bph.com.cn
总发行　北京出版集团
经　销　全国各地书店
印　刷　三河市腾飞印务有限公司
版印次　2022年10月第1版第1次印刷
开　本　787毫米×1092毫米　1/16
印　张　18
字　数　298千字
书　号　ISBN 978-7-200-17391-8
定　价　76.00元

如有印装质量问题，由本社负责调换
质量监督电话　010-58572234　010-58572393

《2022北京市社会发展报告蓝皮书》
编委会

前言 PREFACE

北京市社会发展报告蓝皮书是反映北京市民生领域发展成效、分析社会政策取向、记载社会公共服务发展的年度综合性报告。该报告由北京市发展改革政策研究中心在征集北京市社会建设领域相关单位稿件的基础上完成具体编写任务。自2005年以来，已连续出版17年，多次入选长安街读书会推荐书单，为社会各界了解北京市社会发展情况提供了较为全面的记录，已成为政府、社会、市民之间沟通的重要桥梁。

2021年以来，全市上下坚持以习近平新时代中国特色社会主义思想为指导，紧紧围绕“七有”要求和“五性”需求，深入落实本市“十四五”规划纲要、社会公共服务发展规划和教育、医疗、养老等民生专项规划，系统推进社会公共服务领域“抓改革、促发展、推产业”，加大保障和改善民生力度，加快补齐民生服务短板，不断提升本市基本公共服务保障能力和水平，不断满足人民群众对美好生活的需要。

《2022北京市社会发展报告蓝皮书》系统总结北京市社会发展的形势与工作成效，加大了对重点问题的专题研究。报告共分为五部分，分别是：总报告、研究报告、专题报告、典型案例、附录。总报告全面总结近5年、2021年度社会发展情况，综合分析2022年度社会发展形势；研究报告针对社会领域发展形势、社会热点问题，分析全市社会公共服务和社会治理方面的现状问题，并提出对策建议；专题报告选择教育、卫生健康、养老、人力社保、文化旅游和公共安全六个领域，阐述2021年社会发展的主要情况和2022年的工作思路；典型案例结合社会领域发展新态势、新变化，突出各单位、各区的工作亮点，展示社会领域创新性发展成就；附录收集2021年北京市社会领域主要监测指标和社会公共服务重点工程计划。

由于涉及面广、内容繁杂，编写时间紧，报告中难免存在疏漏和不足，恳请广大读者批评指正。

编　者

2022年6月

PART 1 总报告

PART 2 研究报告

PART 3 专题报告

PART 4 典型案例

PART 5 附录

— PART 1 —

总报告

补短板强弱项提质量，推动首都社会公共服务高质量发展

教育、医疗、养老等公共服务，关乎万家冷暖、民生忧乐。公共服务的发展水平，直接关系着百姓的生活品质。过去五年，首都社会公共服务事业聚焦“七有”要求和“五性”需求，不断补短板、强弱项、提质量，推动服务供给更充分、布局更均衡、品质再提升。

一、坚持保基本扩普惠优服务分类发展，社会公共服务顶层设计不断完善

（一）印发本市“十四五”时期社会公共服务发展规划

从“保基本、扩普惠、提品质、优布局”四个方面构建“十四五”时期公共服务体系建设的任务框架，按照服务供给的权责属性，将社会公共服务进一步细化分类为基本公共服务、普惠性公共服务、纯市场化供给生活服务，提出了40项重点任务举措，是“十四五”时期乃至更长一段时期促进本市公共服务发展的综合性、基础性、指导性文件。“十四五”期间，将致力于提升基本公共服务均等化水平、扩大普惠性公共服务覆盖面、满足多样化生活服务需求，到2025年，将基本建成政府保障基本、社会多元参与、全民共建共享的公共服务供给格局。

（二）首次明确政府兜底的基本公共服务范围和保障标准

印发北京市基本公共服务实施标准（2021年版），突出保基本、兜底线、

优服务三个重点，提出幼有所育、学有所教、劳有所得、病有所医、老有所养、住有所居、弱有所扶、优军服务保障和文体服务保障等9大领域22个方面89项服务内容，并逐项明确了政府向市民提供基本公共服务的底线范围，为政府履行职责和公民享有相应权利提供了依据。

二、坚持资源优质与机会公平双向发力，教育现代化迈上新台阶

（一）学前教育普及普惠程度大幅提升

实施第三期学前教育行动计划，建立了以公办幼儿园和普惠性民办幼儿园为主体、公办民办并举的多种形式的学前教育公共服务体系，入园难、入园贵等问题得到有效破解，“十三五”以来共增加学前教育学位24.3万个，全市适龄儿童入园率达到90%，普惠性幼儿园覆盖率超过88%。

（二）基础教育优质资源布局更加均衡

回应群众关切，加快补充城市副中心、回天地区、新首钢地区、城南地区、生态涵养区等重点功能区、学位缺口突出区域教育资源，北京二中通州校区、紫金新干线学校二期、北大附中石景山学校、长阳镇起步区2号地九年一贯制学校等一批中小学加快建设，首都师范大学附属中学通州校区、大兴一中新校区等学校建成投用，更好地满足了群众就近入学需求，提升了区域公共服务承载力。

丰富优质教育资源供给，在全市范围内围绕重点功能区产城融合、职住平衡统筹建设17所优质中小学，北京市八一实验学校将在年底前开工，北京第四实验学校正在加快推进前期工作，清华附中广华新城校区、北大附中新馨苑校区等建成投用，让老百姓在家门口就能上好学校，也增强了区域对产业和人才的吸引力。

大兴一中新校区

首都师范大学附属中学通州校区

（三）高校教育空间布局不断优化

积极推动教育领域资源向中心城外疏解。北京工商大学等5所市属高校新校区加快建设，北京电影学院怀柔校区一期、北京城市学院顺义校区一期和二期完工，北京信息科技大学昌平校区、北京工商大学良乡校区二期、北京城市学院顺义校区三期部分校舍建成，建成新校区已入驻学生超2万人。强化高校与区域融合发展，规划建设首都医科大学大兴校区、首都体育学院延庆校区，相关前期工作正在加紧推进。

北京电影学院怀柔校区

（四）产教融合发展能力进一步强化

出台深化产教融合提升人力资源质量实施意见，促进教育链、人才链与产业链、创新链有机衔接，北京电子科技职业学院、北京财贸职业学院产教融合实训中心纳入“十四五”时期教育强国推进工程，北京祥龙资产经营有限责任公司、联想（北京）有限公司等16家企业开展产教融合建设培育试点，试点企业与院校通过深化产教融合，推进校企协同育人。

三、坚持补短板与提质量同步推进，医疗卫生服务水平有了新提升

（一）公共卫生应急处置短板加快补齐

深入贯彻落实《关于加强首都公共卫生应急管理体系建设的若干意见》及其三年行动计划各项任务。北京小汤山医院和地坛医院疫情防控应急工程建成投用，提高了本市传染病救治能力，在疫情防控关键时期发挥了重要作用。适应疫情常态化需要，支持市属医院发热门诊提升改造工程，配置筛查、诊查、检验、检查、留观、治疗等功能用房，筑牢了疫情防控的第一道防线。注重能力储备，坚持平急结合，增强医院项目院感防控、发热门诊、负压病房、急诊急救等资源配置。做优做强疾病预防控制中心，加强疾控中心标准化建设，顺义区疾病预防控制中心及卫生监督所迁建工程建成投用，市疾控中心迁建项目正在进行土护降工程施工，昌平区公共卫生服务大厦加快推进。

市疾控中心迁建项目效果图

（二）医疗卫生资源疏解加快推进

推动优质医疗卫生资源向城市副中心、回天地区、城南地区等资源薄弱地区均衡布局。积水潭医院新龙泽院区、北京天坛医院整体迁建、同仁医院亦庄院区扩建工程等一批优质医疗资源建成投用，累计疏解床位2200余张，区域医疗服务能力显著提升。北京友谊医院通州院区建成投用，友谊医院顺义院区进入内外装修阶段，朝阳医院东院、安贞医院通州院区、口腔医院迁建工程实现主体结构封顶，未来本市优质医疗卫生资源布局将更趋均衡。

北京友谊医院通州院区

北京天坛医院新院区

（三）基层医疗服务保障能力持续增强

通过区办市管、委托管理、技术帮扶等多种方式提升区属医院医疗服务能力，实现各区均有三级医院的目标。聚焦基层医疗卫生服务的短板弱项，强化区域医院、专科医院建设，补齐中医、精神卫生、妇幼保健等资源短板，潞河医院病房医技楼及地下车库工程、怀柔区中医医院迁建工程等建成投用，延庆区中医医院一期项目完工，平谷区妇幼保健院迁建项目主体结构封顶，怀柔医院二期、丰台医院提质改建、顺义区妇幼保健院改扩建等一批项目加快建设，基层医疗服务保障加快补缺提质，提升了区域承载力和吸引力。

丰台医院提质改建效果图

四、坚持保护利用与改革挖潜两手抓，全国文化中心建设取得新成效

（一）三条文化带建设构建全国文化中心建设新标识

城市副中心剧院、图书馆、博物馆三大建筑主体结构外立面亮相，打造城市副中心新的文化地标，路县故城遗址保护展示工程加快建设，中国长城博物馆改造提升工程面向全球征集改造方案，大葆台汉代墓遗址保护及博物馆改建

工程完成方案设计。通过三条文化带保护建设，进一步凸显了北京历史文化的整体价值，展现首都风范、古都风韵、时代风貌的城市特色。

城市副中心剧院、图书馆、博物馆三大建筑效果图

（二）深化文艺院团改革提升文化供给品质

深入贯彻落实《推进市属文艺院团改革发展方案》，采用原址重建、选址新建、改造提升、整合利用等多种方式解决院团发展空间问题，北京国际戏剧中心成为文化新地标，京南艺术中心项目完成选址，国有文艺院团活力将进一步激发显现，成为提供市民公共文化服务的重要力量。

（三）加强公共文化设施建设，更好实现文化惠民

传承发展红色文化，加强爱国主义教育，中国人民抗日战争纪念馆台湾展厅、香山革命纪念馆等设施相继建成并对外开放。支持公共文化空间建设，北京画院建成投用，北京市文化中心建成，为市民提供文化休闲新去处。

香山革命纪念馆

五、坚持赛事保障与群众体育相结合，双奥之城谱写全民健身新篇章

（一）圆满完成冬奥会、冬残奥会保障任务

落实可持续发展理念，高标准支持国家速滑馆、首钢滑雪大跳台等9个新建场馆，以及国家游泳中心、国家体育馆等4个改造场馆。落实赛后利用计划，积极推动场馆向社会开放，带动冰雪运动和冰雪产业发展，为市民运动健身和旅游休闲提供更多选择。

（二）加快补充完善基层健身场地设施

完善服务区域功能，支持一批区级体育中心建设，海淀区温泉体育中心、房山区良乡体育中心、平谷区体育中心等建成投用，回龙观体育文化公园南部场馆建设工程完成主体结构施工，通州区体育场升级改造项目开工。服务群众就近便利健身需求，推动建设一批乡镇文化体育活动中心，东城景山市民文化休闲中心及东城区、西城区、石景山区等体育生活化社区投入使用。

房山区良乡体育中心

回龙观体育文化公园南部场馆效果图

六、坚持“一老一小”问题统筹解决，积极应对人口老龄化工作打开新局面

（一）积极应对人口老龄化制度保障更加全面

落实积极应对人口老龄化国家战略，2021年出台本市积极应对人口老龄化实施方案，从“人、财、物、科技、环境、协同”六方面构建政策体系和制度框架。一方面注重对现有工作的巩固和完善，夯实应对人口老龄化的基础支撑；另一方面突出对关键问题的创新和突破，体现应对人口老龄化的北京特色。

（二）养老服务设施加快建设

支持北京市南城养老院和大兴、房山等一批区级养老院建成投用，昌平、丰台、通州3个区级公办养老机构正在抓紧建设。落实城企联动普惠养老专项行动，积极争取中央预算资金支持丰台区卢沟桥街道养老照料中心、丰台长辛店街道养老照料中心、昌平区中国福彩中心培训中心适老化改造项目建设，不断完善本市养老服务体系，努力为老百姓提供方便可及的养老服务。

北京市南城养老院

（三）老年人跨越“数字鸿沟”出真招见实效

聚焦涉及老年人的高频事项和服务场景，建立完善切实解决老年人运用智能技术困难的工作制度，多措并举助力老年人跨越“数字鸿沟”。2020年推进医疗机构增设老年患者“无健康码”绿色通道、“智慧助老”行动等73项具体措施，2021年细化落实整治拒收人民币现金工作、简化老年人网上办理就医服务流程等52条具体措施，2022年推动持续改善老年人政务服务办事体验等37条具体措施落实，让老年人切身体会科技进步对生活品质的提升。本市老年人便利出行试点工作被选为国家示范案例。

（四）积极推进儿童友好城市建设

落实国家推进儿童友好城市建设的指导意见，以儿童需求为导向，以儿童更好成长为目标，研究编制本市儿童友好城市建设实施方案。开展儿童友好城市建设试点，在社会政策、公共服务、权利保障、成长空间、发展环境等方面探索首都特色儿童友好城市建设路径，为儿童成长发展提供适宜的条件、环境和服务。

七、坚持统筹发展与安全，加快完善城市消防和基层政法设施

（一）城市消防设施布局更加合理

全市投入使用消防站总数达190座。推进城市副中心、东城区、朝阳区、丰台区等地区及轨道交通消防站建设，环球影城消防站、五里桥轨道交通消防站、大屯消防站、丰台消防指挥中心及马家堡消防站等建成投用，朝阳区北工大特勤消防站、郑常庄消防站主体结构完工，东城区前门鲜鱼口消防站及战勤保障消防站开工建设，助力城市消防体系建设不断完善。

环球影城消防站

（二）基层政法设施办公办案条件得到进一步改善

平谷区大华山派出所、通州区漷县人民法庭、朝阳区亚运村人民法庭已投入使用，通州区文景派出所、大兴区红星人民法庭、昌平区回龙观人民法庭已

开工建设，截至2021年底，全市共有派出所532座、人民法庭74个。基层政法设施建设有效提升了基层治理能力和基层工作法治化水平。

平谷区大华山派出所

百姓对公共服务的每一分关注，都寄予着对美好生活的殷切期盼。下一步，北京市将立足不断满足人民群众美好生活需要，持续推进公共服务高质量发展，力争以更尽心、更精心、更贴心、更称心的公共服务，切实提升百姓获得感、幸福感、安全感，让各领域发展成果更好惠及全体市民！

（北京市发展和改革委员会　供稿）

强调五个突出，加强四点着力，高质量推进北京市“十四五”时期社会公共服务发展

《北京市“十四五”时期社会公共服务发展规划》（以下简称《规划》）立足“十三五”时期的坚实发展基础，聚焦市民“七有”要求和“五性”需求方面还存在的短板差距，提出了“十四五”时期社会公共服务发展的新谋划。《规划》提出的主要目标是，到2025年，基本建成政府保障基本、社会多元参与、全民共建共享的公共服务供给格局，基本公共服务均等化水平进一步提升，普惠性公共服务覆盖面持续扩大，生活服务更好地满足多样化需求，整体推动公共服务更尽心、更精心、更贴心、更称心。

一、五个突出，让公共服务更优、更近、更暖

（一）突出首善标准，推动公共服务高质量发展

《规划》对标对表国际一流和谐宜居之都发展目标和市民对美好生活的新需要，以高质量发展为主线，提出“十四五”时期人均期望寿命达到82.8岁，新增劳动力平均受教育年限达到15.8年，“七有”“五性”民生保障指数达到120这一水准等20项民生发展指标，目标设定始终走在全国前列。同时，坚持尽力而为、量力而行，提出推进基本公共服务标准化供给，完善基本公共服务标准体系，合理引导社会预期。

（二）突出分类推进，满足群众对美好生活的多样化需求

《规划》按照服务供给的权责属性，将社会公共服务进一步细化分类。基本公共服务聚焦群众基本生存和发展需求，主要由政府兜底保障；普惠性公共

服务主要着眼于群众生活品质升级有需求、政府不能有效满足的需要，由政府和市场共同提供，实现品质更优、价格可承受。此外，《规划》还针对群众高品质服务需求，提出了发展纯市场化供给的生活服务，政府主要负责营造公平市场环境、引导产业规范发展。经过细化分层分类，进一步明确了政府职责，也向市场主体传递了更加清晰的导向信号，更有利于实现有效市场和有为政府相结合，更好满足市民多层次生活需求。

（三）突出统筹发展，从更广领域和更大区域加强社会公共服务顶层设计

《规划》充分对接北京市“十四五”时期教育改革和发展规划、健康北京建设规划等8项社会公共服务领域市级专项规划，做好思路统筹和指标体系衔接，在各领域专项规划的基础上，细化构建社会公共服务发展整体框架，着力促进跨领域、跨区域等方面政策统筹和均衡发展，提出鼓励公共服务设施功能兼容和复合利用，推进建立不同公共服务设施之间的共享机制等举措，有利于更好实现专业发展与融合发展相结合，促进民生统筹发展。

（四）突出效率提升，做优增量与盘活存量相结合，充分挖掘现有设施利用效率

针对基层养老床位等民生设施利用率不高的状况，提出进一步加大存量资源挖潜力度，打通存量设施用途转换途径，强化低效服务资源提升改造，鼓励腾退空间优先用于补充区域公共服务，着力提升公共服务资源高效利用水平。

（五）突出短板弥补，进一步优化公共服务资源布局

在中心城区，坚持空间腾退与功能提升并重，充分利用腾退空间灵活布局“微民生”，积极利用微空间弥补非标民生设施，因地制宜建设小微托儿所、嵌入型社区养老设施、复合型体育健身设施等，满足群众身边的迫切需求。在城市副中心，坚持补短板与提质量同步推进，一年一个节点，高质量规划建设管理副中心基本公共服务设施。在平原新城地区，编制实施平原新城公共服务补短板项目清单，强化功能承接，推进人口、产业、居住、服务均衡发展。在生态涵养区，坚持生态环境保护与农民生活改善相协调，健全城乡一体的公共服务体系。

同时，进一步发挥北京优质资源辐射作用，推进京津冀公共服务协同发展，推进教育、医疗、养老、就业等服务区域共建共享。

二、四点着力，实现公共服务分层分类精准供给

在任务谋划上，围绕抓改革、促发展、推产业，正确把握政府和市场关系，推进基本公共服务均等化，扩大普惠公共服务供给，发展多样化生活服务，将不断满足人民群众美好生活需要贯穿全篇，提出四个方面的重点任务：

一是着力提高基本公共服务均等化水平。以保障“七有”需求为核心，提出要牢牢兜住民生底线，提升基本公共服务均等化水平。《规划》的一大亮点是，明确提出要制定基本公共服务项目清单，落实国家相关工作要求，聚焦人民最关心、最直接、最现实的利益问题，围绕“幼有所育、学有所教、劳有所得、病有所医、老有所养、住有所居、弱有所扶、优军服务有保障、文体服务有保障”等民生保障目标，充分体现首善标准，构建北京市基本公共服务标准，明确服务项目及相应的服务对象、服务内容和保障标准。在补齐基本公共服务短板方面，《规划》针对“十三五”以来本市“七有”“五性”仍存在的不足和差距，提出要加强突发公共卫生事件应急能力建设，以应对因新冠肺炎疫情等对本市公共卫生应急管理体系带来的挑战，计划出台《北京市传染病防治条例》，推进佑安医院新院区选址建设，实现北京市疾病预防控制中心迁建工程建成投用，加强生物安全防护三级实验室能力建设等。全面推进健康北京建设，进一步推动优质医疗卫生资源向资源薄弱区疏解，推进积水潭医院、安贞医院、北京口腔医院等一批优质医院新院区建成投用。促进全民健身设施开放共享，打造百姓身边的“15分钟健身圈”，全市经常参加体育锻炼的人口比例超过53%。全面推进高质量教育体系建设，实施中小学建设专项行动，持续增加优质资源覆盖面，义务教育就近入学率保持在99%以上。大幅扩大郊区优质高中资源，持续加快重点产业功能区和人才聚集区优质学校建设。推进沙河、良乡高教园区向大学城转化，构建完善现代职业教育和培训体系。积极应

对人口老龄化，制定积极应对人口老龄化实施方案，完善应对人口老龄化制度设计，全面落实三孩生育政策，引导生育水平提升并稳定在适度区间。出台包括开辟老年人绿色通道、推动线上服务适老化改造等一系列举措切实解决老年人运用智能技术“数字鸿沟”问题。完善公共文化服务体系，优化重大公共文化设施空间布局，织密基层公共文化设施网络，构建以公共图书馆、综合书城、特色书店、社区书店等为支撑的15分钟现代公共阅读服务体系。千方百计稳就业促增收，确保年新增就业人数达到26万人，制定共同富裕实施方案，扎实推进共同富裕。建立更加公平可持续的社会保障体系，持续完善基本养老保险缴费和待遇计发政策，完善多层次医疗保障体系，健全工伤、生育保险政策，健全四级退役军人服务保障体系。多举措增加住房供给，新增各类居住用地5000公顷，供应各类住房100万套左右，新增保障性租赁住房套数占比不低于40%。

二是着力扩大普惠性公共服务供给。《规划》提出要聚焦基本公共服务不能有效满足的服务需求，着力扩大重点领域普惠性公共服务供给。托育方面，支持公办和民办普惠托育机构建设，鼓励和支持有条件的幼儿园开设托班招收2～3岁幼儿，到2025年底每千常住人口拥有托位4.5个。学前教育方面，实施第四期学前教育行动计划，实现普惠性幼儿园覆盖率达到90%。课后服务方面，统筹校内校外资源，完善中小学课后服务，开展假期托管服务。养老方面，实施普惠养老城企联动专项行动，推动一批培训疗养机构转型养老服务设施。优质医疗方面，增加产科、儿科、口腔、精神等专科医疗服务供给，规划建设首都医科大学研究型医院，加快建设一批研究型病房。

三是着力提升公共服务品质。《规划》提出为不断满足市民消费升级需求，要积极发展生活服务，提升优质服务供给。鼓励服务供给社会化，规范发展民办教育，促进健康服务提档升级，全面开放养老服务市场，丰富高质量文体服务，健全人力资源市场体系。推动服务发展国际化，加快发展国际教育和国际医疗，满足国际人才、引进人才公共服务需求，促进国际文化交流合作，讲好北京故事，大力举办高水平国际品牌赛事活动，打造国际体育赛事之都。推进服务模式智慧化，推进民生领域数据互联互通，推动信息技术与公共服务深度融合，强化科技赋能。引导服务产业品牌化，塑造健康、养老、托育、文化、体育等重点领域服务业品牌，推动连锁化发展。

四是着力优化公共服务布局。《规划》围绕落实北京城市总体规划，提出要进一步优化公共服务区域布局。推动中心城区功能优化提升，有序疏解非首都功能，推动老城整体保护，充分利用疏解腾退空间优先补充民生设施短板。推进北京安贞医院、宣武医院、首都儿科研究所附属儿童医院等中心城区大型医院向资源薄弱地区疏解，优化老院区功能。实现北京国际戏剧中心、北京市文化中心、北昆国际文化艺术中心、东单体育中心整体改造、月坛体育场基础设施升级改造二期等公共文体设施项目建成投用。提升城市副中心公共服务品质，推进北京第一实验学校、清华五道口金融学院、人民大学通州校区、北京友谊医院通州院区二期等一批优质教育医疗设施建设。高质量完成城市副中心剧院、图书馆、博物馆建设，建成路县故城遗址展示保护工程，依托环球影城、台湖演艺小镇等增强副中心文化吸引力和辐射力。提升多点新城公共服务承载力，聚焦回天、城南、新机场等重点区域，强化基本公共服务供给。编制实施平原新城公共服务补短板项目清单，继续推进北京工商大学良乡校区、北京信息科技大学昌平校区等高校项目建设，做强区域教育资源支撑。加快建设积水潭医院回龙观院区二期扩建、清华长庚医院二期、房山区中医医院新院区等项目，增强区域医疗卫生服务能力。推进琉璃河考古遗址公园、回龙观体育文化公园等项目建设，打造文化休闲新地标。补齐生态涵养区公共服务短板，统筹存量提升和增量需求，健全全民覆盖、城乡一体的基本公共服务体系。加快推进一零一中学怀柔校区、北京市八一实验学校等基础教育项目建设。推进怀柔、平谷妇幼保健院与密云中医医院迁建，加快怀柔医院二期等医疗项目建设。推动京津冀区域公共服务协同发展，发挥北京优质资源辐射作用，推进教育、医疗、养老、就业等服务共建共享，带动提升区域公共服务水平。

（北京市发展和改革委员会　供稿）

不断提升社会公共服务能力和水平，增强人民群众获得感、幸福感、安全感

2021年，全市上下坚持以习近平新时代中国特色社会主义思想为指导，坚决贯彻落实党中央决策部署，在持续做好常态化疫情防控的前提下，紧紧围绕“七有”要求和“五性”需求，积极推动民生领域重点工作，加快补齐民生服务短板。

一、不断提升公共服务保障能力

（一）疫情防控能力持续强化

统筹做好疫情应急处置和常态化防控，有效控制顺义、大兴局部疫情，持续跟踪研判境内外疫情趋势，做好流行病学调查和密切接触者追踪。全力推进疫苗接种，到2021年底已累计接种2244.17万人。新冠肺炎疫情快速监测联防联控平台建成投用，全市审批验收、登记备案的核酸检测机构达279所，每日最大单样本检测能力达到168万份。持续加强预检分诊和院感防控，成立医疗救治专家组和危重患者救治专家组，全力做好患者救治。加强首都公共卫生应急管理体系建设，市疾控中心新址开工建设，推进区级疾控机构标准化建设，全市开设发热门诊88个、负压病房达到1420间、负压救护车增至197辆。

（二）全力做好冬奥筹备保障服务

坚持节俭办奥，落实可持续发展理念，高标准建设冬奥比赛场馆，冬奥会、冬残奥会竞赛场馆全部完工并通过国际冬季单项体育组织考察和认证，各场馆、延庆赛区整体均已达到办赛标准。发布体育图标、火炬和第二届冬奥优秀音乐作品，举办倒计时一周年等系列活动，顺利完成火种采集和交接。扎实

推进可持续和遗产利用工作，制定实施碳中和方案，延庆赛区生态修复全面完成，所有场馆均制定赛后利用计划，北京延庆奥林匹克园区命名获批准。

（三）就业增收形势总体稳定

延续实施援企稳岗政策，全面推行失业保险费返还“免申即享”服务模式，累计核准发放补贴资金149.4亿元、惠及954.8万人次。实施以训兴业培训补贴，2021年开展补贴性培训120.6万人次。促进重点群体就业，完善引进毕业生管理办法，率先取消高校毕业生入职重复体检，北京地区高校毕业生总体就业率为96.9%。出台促进本市农村劳动力就业参保13条措施，扩大公益岗位安置，促进农村劳动力转移就业4万人，帮扶城乡就业困难人员就业19.7万人，零就业家庭动态清零。制定促进新就业形态健康发展的14条措施，支持和规范发展新就业形态。全市城镇新增就业26.9万人，城镇调查失业率、城镇登记失业率控制在年度预期目标之内。居民收入稳步增加，全市居民人均可支配收入为75002元，同比增长8.0%。

（四）教育服务质量持续提高

推进“双减”工作，出台进一步减轻义务教育阶段学生作业负担和校外培训负担的措施，启动“营改非”“备改审”工作，稳妥推进校外培训机构压减转型，原审批备案机构压减率超过80%。在8个区开展义务教育学校校长、教师交流轮岗试点，推动优质师资力量流动。丰富课后服务供给，做到义务教育学校全覆盖、学生全覆盖、周一至周五时间全覆盖。继续补充教育资源，精准扩增约1.3万个普惠性学前教育学位，新增中小学学位2.8万个，稳步推进17所市级统筹优质学校建设。优化高等教育资源结构布局，北京电影学院怀柔校区一期、北京信息科技大学昌平校区一期建成，北京工商大学良乡校区二期部分投入使用。出台推进新时代北京研究生教育改革发展的实施意见，推进高等教育内涵特色差异化发展，北京高校410个专业入选国家级“一流专业”。深化产教融合，开展第一批16家产教融合型企业建设培育试点，促进技能人才培养与企业需求精准对接。

（五）医疗服务水平不断提升

制定“十四五”健康北京规划，印发《北京市医疗卫生设施专项规划（2020年—2035年）》，积极推进健康北京行动，居民健康素养水平达36.4%，居全国之首。加快推进优质卫生资源疏解，积水潭医院新龙泽院区试运行，朝阳医院东院、友谊医院顺义院区进入装修阶段，北京口腔医院迁建工程、友谊医院通州院二期、安贞医院通州院区等医疗项目按计划实施。加强医药科技创新，北京协和医院、中国医学科学院阜外医院、北京大学人民医院、首都医科大学天坛医院获首批“辅导类”国家医学中心创建单位，全市研究型床位总数达1704张。不断优化医疗服务结构，打造基层卫生预约转诊服务平台，居民基层首诊率达51.9%，二级以上医疗机构实现非急诊全面预约就诊和实名制就诊，120和999实现统一调度、统一规划，呼叫满足率提高到97%以上。推进“互联网＋医疗”，全市提供互联网诊疗服务的医疗机构达到131家，全年在线服务患者约30万人次。印发《关于促进中医药传承创新发展的实施方案》，持续开展优质中医药资源下沉基层“四大工程”①。

（六）积极应对人口老龄化

制定《北京市积极应对人口老龄化实施方案（2021年—2025年）》，印发《北京市养老服务专项规划（2021年—2035年）》，构建积极应对人口老龄化的制度体系。持续推进养老服务设施建设，累计建成运营养老照料中心287家、社区养老服务驿站1112个、农村邻里互助点300个。启动“物业服务＋养老服务”试点，推进老年人家庭适老化改造、支持物业服务企业开展养老服务，2000张养老家庭照护床位建设任务超额完成（共建成3500张床位），1015个养老助餐点建成。印发深入推进医养结合发展的实施方案，开展医养结合机构医疗卫生服务质量提升行动。推进老年友好社会建设，出台多项措施助力老年人跨越“数字鸿沟”，29个社区被评为全国示范性老年友好型社区。落实“三孩”政策，开展托育机构规范化建设，规范发展多种形式的婴幼儿照护服务机构，创建首批45家示范性托育机构，完成102家托育机构备案。

---

① 中医药健康乡村、中医药健康养老、中医药治未病和名中医身边工程。

（七）文化体育事业繁荣发展

持续加强全国文化中心建设顶层设计，推动出台北京历史文化名城保护条例，发布北京市大运河国家文化公园建设保护规划、长城文化公园（北京段）建设保护规划。推进一批标志性文体设施建设实施，北京市文化中心基本完工，北京国际戏剧中心投入使用，城市副中心剧院、图书馆、首都博物馆东馆项目进入装修阶段。推进公共文化服务体系示范区建设，完成9000余场公益惠民演出，石景山区获批国家公共文化服务体系示范区。全民健身公共服务体系不断完善，创建41个全民健身示范街道和体育特色乡镇，建成367处体育健身活动场所，潞城全民健身中心主体结构封顶，成功举办北京国际长跑节·北京半程马拉松、城市副中心马拉松等赛事活动，精心组织全民健身体育节、体育大会等各级各类线上线下赛事活动2.1万余项次、参与人次超过1150万。

（八）社会治理水平稳步提高

优化调整“七有”“五性”监测评价指标和评价方式，更加体现区域差异、贴近群众需求，探索在回天地区试点建立街乡镇层面监测评价机制。深化街道社区改革，指导全市完成21个5000户以上超大型社区规模调整，稳妥推进3000户以上大型社区规模调整。第一轮回天地区发展行动计划圆满收官，天通苑体育馆、天通苑文化艺术中心等一批基础设施投用，公共服务水平大幅提升。“回天有我”社会治理不断深化，近九成回天居民认为提升效果显著。制定实施《深入推进回龙观天通苑地区提升发展五年行动计划（2021年—2025年）》，积极构建与首都城市发展相匹配的宜居之城、活力之城、幸福之城。完善基层安全设施，平谷马坊等一批派出所主体完工，通州环球影城等消防站建成投用。

二、2022年继续努力满足人民群众对美好生活的需要

2022年，本市将深入落实本市“十四五”规划纲要、社会公共服务发展规划和教育、医疗、养老等民生专项规划，紧扣“七有”要求和“五性”需求，加大保障和改善民生工作力度，不断满足人民群众对美好生活的需要。

（一）统筹抓好冬奥会疫情防控和常态化疫情防控

抓好涉奥疫情和社会面疫情防控，最大程度做到涉奥场所、人员与社会面的分离，切实保障赛事安全、首都安全。做好常态化疫情防控，健全传染病监测预警多点汇集和分析触发机制，及时科学调整防控策略。完善重大疫情防控机制，持续提升核酸检测、流调溯源和医疗救治能力，提高突发疫情应急处置能力。持续开展适宜人群疫苗接种，做好重点人群的补种和3～11岁人群疫苗接种。做好公共卫生应急管理体系建设三年行动计划收官工作，加强市区两级疾控中心基础设施、技术能力和标准化建设，加快推进市疾控中心新址建设，持续推进二级以上综合医院发热、呼吸、肠道门诊规范化建设，各区医院负压病房均不少于10间。

（二）借力冬奥会推动全民健身事业发展

有序开展活动展示和火炬传递活动，精心组织开幕式彩排和正式演出，为世界奉献一届简约、安全、精彩的冬奥盛会。营造热情友好冬奥氛围，开展系列冬奥主题活动、城市文化活动和群众冰雪活动。深入落实遗产战略计划和场馆赛后利用计划，加快京张体育文化旅游带建设，充分整合冬奥资源、放大冬奥会效应，努力交出冬奥筹办和本地发展两份优异答卷。落实全民健身实施计划，精心组织各级各类体育赛事，积极稳妥开展北京马拉松、国际雪联单板及自由式滑雪大跳台世界杯等赛事筹备工作。加快补齐体育健身场地设施短板，重点推进体育公园、社会足球场、冰雪场地设施等建设和利用，力争实现潞城全民健身中心完工，继续做好全民健身示范街道和体育特色乡镇创建工作。

（三）推动实现更加充分、更高质量就业

进一步扩大就业容量、提高就业质量，实施促进新就业形态健康发展若干措施和促进创业带动就业三年行动计划，建立健全就业需求调查和失业监测预警机制，实施提升就业服务质量工程，升级完善公共就业互联网服务平台，统筹市区两级招聘岗位信息，促进就业服务数据互通共享，提升服务质量效能，城镇调查失业率控制在5%以内，城镇登记失业率控制在4%以内。持续开展职业技能提升行动，实施大规模多层次培训，全年培训70万人次。突出抓好重点群

体就业，确保北京生源高校毕业生就业率不低于95%，有就业意愿的困难家庭毕业生100%获得就业帮扶，力争帮扶农村劳动力就业参保5万人，确保零就业家庭动态清零。

（四）积极推进全国文化中心建设

推动出台《北京中轴线文化遗产保护条例》，积极推进中轴线申遗，带动老城整体保护。推进首都文博事业高质量发展，实现路县故城遗址保护展示工程主体结构完工，推进城市副中心三大文化设施重点工程建设，推进中国长城博物馆改造提升。加强公共文化服务体系建设，开展首都市民系列文化活动，推进一批重大公共文化设施建设，加快推进京南艺术中心选址建设。落实进一步深化国有文艺院团改革发展实施方案，盘活市区各类文艺设施，推动低效闲置剧场引入院团演出资源。

（五）持续提高教育服务保障能力

推进学前教育普及普惠发展，防止和纠正幼儿园“小学化”倾向。加快义务教育优质均衡、普通高中多样化发展，新增中小学学位2万个，支持集团化办学、城乡学校“手拉手”等跨区协作学校高质量发展，全面推进区域内义务教育阶段学校校长、教师交流轮岗，切实扩大优质教育资源覆盖面。将“双减”工作与教育评价改革相结合，进一步规范教育教学秩序、提高课堂教学质量，用丰富的内容与优质服务将学生留在校内。促进高校内涵、特色、差异化发展，建设新一轮高精尖创新中心，继续推动高等教育疏解提升，推进首都医科大学新校区校本部、首都体育学院新校区建设项目前期工作。加快推进职业教育产教融合发展。

（六）全方位提升全民健康水平

优化医疗资源布局，加快推进首都儿科研究所附属儿童医院通州院区、北京儿童医院新院区、首都医科大学安定医院新院区等项目建设。完善分级诊疗制度，优化基层预约转诊平台，提升基层医疗服务能力，新建13个社区卫生服务中心，实现村卫生室“空白村”医疗服务全覆盖。加快推进国家医学中心和区域医疗中心建设，规划建设首都医学科技创新中心、北京大学怀密医学中心。加快发展研究型医院、研究型病房，制定相关标准，推进第三批研究型病房示范建设项目，强化医院科技创新带动能力。提升国际医疗服务能力建设，强化北京协和医院、北京友谊医院等医院国际医疗试点效应。促进中医药传承创新发展，实施中医药服务基层行动，做实中医进社区活动，建立一支基层中医药骨干人才队伍，制定一套中医治未病服务方案，提升基层中医药服务水平。提高应急处置和医疗救治能力，持续推进重点公共场所AED配置和急救人员知识培训。

（七）积极应对人口老龄化

制定“一老一小”整体解决方案，鼓励托育服务设施与社区服务中心（站）及社区文化、体育、养老等设施共建共享。推进普惠托育服务设施及监管制度建设，研究政府投资支持社会办普惠养老托育项目相关政策，鼓励引导多种方式增加普惠养老托育有效供给，支持幼儿园招收2～3岁幼儿，建成母婴友好医院30家，评选不少于35家示范托育机构。深入推进医养结合发展，鼓励医疗机构开展养老服务及大中型养老机构内设医疗机构，实现养老机构护理型床位占比不低于50%，推进医疗机构转型建设4家安宁疗护中心，增加安宁疗护床位200张。制定北京市养老家庭照护床位建设管理办法，推进家庭照护床位建设。

（八）完善城市基层治理和安全保障体系

强化基层治理改革统筹设计，出台加强基层治理体系和治理能力现代化建设的实施意见，制定建立以居民满意度为主要衡量标准的社区工作评价体系实施方案。优化社区治理体系，培育和发展社区社会组织，支持其有效承接社区服务管理事项，有效激发社区治理活力。完善城市消防安全保障能力，完成高精尖灭火救援装备购置，推动通州区、朝阳区等一批消防站项目建设。加快基层派出所、法庭建设，推进通州、石景山区等一批基层派出所项目建设，继续推动顺义、大兴区等一批基层人民法庭建设，维护社会和谐稳定。

（北京市发展和改革委员会　供稿）

— PART 2 —

研究报告

分段分类，构建多元供给的托育服务体系

增加托育供给是降低“三育”成本的有效途径，是落实中央经济工作会议提出的“推动新的生育政策落地见效”的重要民生实事。针对本市托育服务供给不足的现实，市发展改革委联合市发展改革政策研究中心开展专题调研，提出本市需要通过社区办托、“托幼一体化”、社会化办托等多种方式，实施分段分类供给的务实举措，构建“规范化、多层次、多样化、可选择”的托育服务体系，向居民提供安全放心、方便就近、价格合理的托育服务，减轻家庭养育负担，释放生育政策潜力。

一、本市托育服务现状与问题

（一）发展现状：托育服务尚处于起步阶段，发展缓慢

从总量上看，截至2021年4月，本市共有托位2万个，按常住人口测算，千人托位数0.91个，仅为全国平均水平的50%（1.8个）。从结构上看，本市托育服务机构以民办营利性为主，“托幼一体化”机构占托育机构比重远低于河北、上海等省市。

国家及本市“十四五”相关规划均提出，到“十四五”末千人托位数不少于4.5个，以本市常住人口2300万人为基数测算，需提供托位10.4万个。据调查，婴幼儿托育需求随年龄增长而提高，主要集中在2～3岁，本研究按照0～2岁托育需求占托育总需求45%、2～3岁托育需求占托育总需求55%进行测算[①]，

① 据2016年原国家卫计委在十个城市及2017年国务院妇儿工委在黑龙江、天津、山东、四川四省市的调查结果显示，在有社会托育服务经历的孩子中，2～3岁的占60%。据《2019—2020年中国婴幼儿托育产业发展白皮书》显示，2019年0～3岁婴幼儿托育中，2～3岁的占52.3%，1～2岁的占31%。

0～2岁需托位4.7万个，2～3岁需托位5.7万个。如“十四五”末千人托位目标实现并全部利用，按市卫健部门预测的0～3岁婴幼儿人口38万人为基数，入托率将达到27.4%，接近经合组织（OECD）国家平均水平。

（二）存在问题：“三大困境”制约托育服务发展

一是市场“供不上”：运营成本高、风险大，社会化办托呈萎缩态势。本市托育服务中低端供给空白，据有关部门统计，平均收费（含餐费）7000元/月，高于居民人均可支配收入5786元/月，也远高于家长预期。受场地限制，托育机构大多开设在商圈、临街底商，加大了开办成本。叠加疫情影响，托育机构长期暂停收托，许多机构刚起步不久就面临倒闭。如头部企业More Care（茂楷婴童学苑）在全国多地出现闭园潮事件。

二是政策“跟不上”：制度性障碍影响托育服务发展。相较于上海市已经出台了《上海市托育服务三年行动计划（2020—2022年）》系列政策，本市目前仅按照国家《托育机构设置标准（试行）和管理规范（试行）》和《托育机构登记和备案办法（试行）》出台托育机构登记和备案实施细则，缺乏用地用房保障支持，缺乏对社区托育服务设施、用人单位举办托育机构等的支持政策，不利于托育服务发展。如近年来出现的居家托育点，由于从国家层面缺乏相关规范及认定管理办法，大部分处于“黑托”状态。

三是专业人才“配不上”，制约托育服务质量提升。专业人才储备不足，素质不高，稳定性差。2021年，《职业教育专业目录（2021年）》中增加了婴幼儿发展与健康管理等专业，但本市高校和职业学校托育相关专业开设较少，现有从业人员以学前教育专业为主，且没有专门的托育师资格认证，知识技能储备与0～3岁保育相差较远。调查显示，60.2%的照护人员在目前的岗位未超过3年，54.8%的照护人员将当前工作作为过渡。

二、建立完善托育服务体系的对策建议

根据0～2岁、2～3岁婴幼儿差异化托育需求，采取分段分类、多元供给方

式，努力增加安全放心、方便就近、价格合理的托育供给，到“十四五”末，基本形成“规范化、多层次、多样化、可选择”的托育服务体系。

（一）多措并举，培育壮大“三个主体”，努力增加托育服务供给

重点支持社区托育服务建设，主要满足0～2岁婴幼儿就近就地入托。采取公办民营、民办公助、公办民助等多种方式，支持一批嵌入式、分布式、连锁化、专业化的社区托育服务设施建设，重点解决半日托、计时托、临时托等照护需求，兼顾少量全日托需求。鼓励社区引入社会组织或专业机构，开展“1（示范性照护机构）+N（社区照护设施）”模式的托育服务。充分发挥社区邻里互助作用，探索建设社区托育互助中心，统筹纳入“社区一刻钟服务圈”，由社区牵头组织休产假及专职育婴妈妈、社区志愿者、退休老年人等参与婴幼儿照护服务，并通过入户指导、举办亲子或家长交流活动、开设家长课堂等方式，为家长提供婴幼儿早期发展指导服务。

大力推进“托幼一体化”，主要满足2～3岁婴幼儿托育需求。据测算，“十四五”期间本市幼儿园学位需求逐年下降，根据国家关于托育机构和幼儿园班额相关标准进行折算，幼儿园将腾出托位近5.4万个[②]，充分用好未来几年幼儿园富余学位基本可满足2～3岁婴幼儿入托需求。要健全幼儿园新增和退出机制，优化幼儿园布局，确保幼儿园学位的总体稳定和布局合理，及时将幼儿园腾出学位用于招收2～3岁婴幼儿入托。结合实际情况选择已出现幼儿园学位余量的区域进行“托幼一体化”试点园建设，逐步在全市范围推广。鼓励有条件的幼儿园利用现有资源或通过改扩建等方式开设托班。鼓励新建幼儿园按有关标准设置适当比例的幼儿托班。

鼓励社会机构办托，丰富供给主体，更好满足家长多样化需求。鼓励早教机构办托，引导教培机构转型发展托育服务，提供全日托、半日托等多种类型的婴幼儿照护服务。鼓励有条件的用人单位采取独立办托、联合办托、委托办

② 测算依据：参考2018—2020年生育水平和2020年本市适龄儿童入园率，对照2015—2020年出生人口数，以2021—2022年年平均出生人数17万、适龄儿童入园率90%估算，2021—2025年全市幼儿园学位需求数逐年下降。根据国家关于托育机构和幼儿园班额相关标准，大、中、小分别按照57%、67%、80%的比例折算。

托等方式提供托育服务，在有余力的情况下，还可辐射周边社区。支持个人办托适度发展，因地制宜建设居家托育点，补充社区托育服务的不足。培育托育产业，为纯市场化托育服务提供良好的营商环境。

（二）加强资源整合，有效利用“三类空间”，降低托育服务成本

社区服务空间资源统筹利用。支持社区强化空间资源统筹利用，在配置居民生活服务设施时将托育服务摆在优先项，予以优先保障。支持社区服务设施共建共享，统筹用好妇联所属的儿童之家、养老服务驿站、社区服务中心（站）、党群服务中心等空间资源，增加托育服务场所。鼓励有条件的社区利用会所等资源办托。

闲置低效空间改造挖潜。充分利用国企闲置土地、集体闲置用地，探索“以房租、地租入股”等形式降低用地成本，有效增加办托场地供给。鼓励利用老旧厂房、低效楼宇、疏解腾退空间改造为婴幼儿照护服务设施，改造后5年内不变更土地用途和使用权，不收取土地用途差价，鼓励适当放宽最长租赁期限。允许居民住宅按照相关安全标准改造建设为居家托育点，不需要变更房屋性质。

配套新建空间增补托育服务设施。研究修订《北京市居住公共服务设施配置指标实施意见》，将托育服务设施纳入居住公共服务设施配建范围并明确配置指标。鼓励重点产业功能区利用公共空间补充一批托育服务设施。

（三）补齐人才短板，提升托育服务质量

补充托育服务师资力量。一是公开招考聘用一批，将托育岗位逐步纳入事业编制管理，并给予适当倾斜，以编制吸引招聘专业人才，优先满足“托幼一体化”教师岗位需求。二是退休人员返聘一批，充分用好本市幼儿园离退休教师队伍，积极吸引返聘教师回园，补充托育服务师资力量。三是教培机构人员转岗一批，抓住“双减”政策影响下教培机构撤销、裁员契机，加大宣传与培训支持力度，积极吸引教培机构人员转行托育服务。四是鼓励志愿服务充实一批，充分发挥本市高素质人才多、退休人员多、大学生多的优势，探索“专业人员＋志愿者”托育服务模式，鼓励托育志愿者进园、进社区参与托育服务管

理。五是社区赋闲人员聘用一批。推动下岗失业人员通过就业再培训进入托育服务行业，鼓励赋闲人员以全职、兼职、志愿者等多种方式参与托育服务，政府可以根据不同参与方式给予一定的社保补贴。

加强托育专业人才培养。鼓励幼儿师范、卫生职业等职业院校开设托育专业，培养专业人才。加强托育从业人员岗前培训、岗位技能提升培训、转岗转业培训和创业培训，构建全日制、继续教育、短期培训相结合的人才培养体系。将托育从业人员列入本市急需紧缺职业（工种）目录，把育婴员、保育师等托育从业人员纳入政府职业技能培训计划，按规定落实职业培训补贴、职业技能鉴定补贴。

严格托育服务人员管理。研究制定托育服务从业人员职业资格准入标准及职业技能等级认定制度。建立从业人员资格审查、考核、奖惩和退出机制，所有从业人员均需持证上岗，对违反相关规定者实行终身禁入，确保从业人员素质。

（四）完善配套政策，促进托育服务健康发展

做好顶层设计。结合托育服务行业发展需求，优化调整托育管理体制，进一步明确主管部门，建立市级统筹、区级主责的工作推进机制。建立完善由卫健、教育牵头，民政、市场监管，妇联、消防、发改、财政等多部门组成的婴幼儿照护联席会议制度，做好托育服务顶层设计和制度建设。研究制定社会化办托管理办法及细则，明确不同类型托育服务机构建设标准、管理规范和补贴政策，对托育服务市场进行引导和规范。完善托育服务定价机制，制定差异化、梯度式的托育收费标准，适度放开社会化托育机构收费，建立完善收费标准备案及公示制度，满足不同收入群体的托育需求。

加强政策支持。坚持普惠主导发展方向，加大适度合理的建设和运营补贴支持，补贴资金由市区两级共担。社区办托新增托位参照养老驿站托养标准补贴，“托幼一体化”新增托位参照惠普幼儿园学位标准并适当提高进行补贴，适时适度推进普惠补贴政策向社会化办托延伸。对托育服务设施用水、用电、用气价格执行居民生活用水、用电、用气价格标准。研究制定家庭友好的个税政策，将3岁以下婴幼儿托育费用纳入个税专项附加扣除项目。鼓励商业保险机

构开发托育机构综合责任保险。

健全监管机制。采用年检、巡检、抽检等方式，对托育机构安全、卫生、照护等情况进行监督检查，对违法违规行为进行严厉处罚。研究确定保证金制度，对预付费加强管理。积极发挥托育机构行业协会作用，促进行业自律，构建以信用为基础的新型监管机制。充分利用互联网、大数据和智能终端设备，对接国家婴幼儿照护服务信息管理系统，建设本市托育服务信息管理平台。加强正面宣传引导和社会舆论监督，畅通政府、社会、家长与托育机构的沟通渠道，建立互信共建机制。

（五）广泛动员社会力量，发挥慈善公益作用

鼓励社会力量支持托育发展。鼓励国有企事业单位、社会企业将闲置房屋、场地等以低价租赁或免费提供等方式支持托育服务发展。鼓励农民将闲置宅基地低价用于托育服务建设。鼓励企业、个人向托育机构捐赠资金、设施、图书等物资，改善托育服务条件。

鼓励社会公益组织参与托育服务。支持宋庆龄基金会、中国儿童少年基金会等公益组织以资金资助、项目资助等方式参与托育服务建设。鼓励公益类儿童社会组织开展助托服务，为托育机构提供咨询评估、能力建设、资源对接等帮扶行动，提升托育服务的专业化水平。

（北京市发展改革政策研究中心助理研究员王洋、副研究员荀怡、
副研究员朱跃龙　撰稿）

综合发挥首都资源优势，建设“五育并举”“三全育人”的课后服务体系

发展课后服务，减轻家庭负担，是舒缓家长“急难愁盼”问题，落实中央关于降低生育、养育、教育成本要求的重要举措，是新时代促进学生全面健康成长、推动教育现代化更高水平发展的战略任务。自2017年教育部推广开展中小学课后服务工作以来，本市积极行动、率先试点，已基本实现全市所有义务教育阶段学校每周5天的课后服务全覆盖。2021年6月，教育部印发的《关于推广部分地方义务教育课后服务有关创新举措和典型经验的通知》（以下简称《通知》）提出开展暑期托管服务要求，成为社会广泛关注的焦点。

一、本市中小学课后服务发展现状

目前，本市义务教育阶段在校生人数约132.5万人，按照家庭户规模推算，课后服务涉及家庭数达100万之巨，生活中常见全职妈妈、老人进京带娃、家长携子上班和各类课后培训班爆满等现象，课后托管服务还有较大提升空间。

（一）课后服务是应城市化进程而来的民生需求，本市作为超大型城市率先启动了相关试点工作

20世纪90年代，国家教委发文提出“小学不超过六小时，中学不超过八小时”要求，后因城市化进程加快，人们生活工作半径扩大，形成了市民反映强烈的“三点半”问题。2017年，教育部发文要求各地做好中小学生课后服务工作，并就覆盖率和参与率等指标提出考核要求。2018年，本市成为全国首批义

务教育阶段开展课后服务试点城市。2021年6月，教育部下发《通知》，要求各地课后服务结束时间原则上不早于当地普遍的正常下班时间后半小时。2021年7月市教委发布消息，要求各区教委组织面向小学一至五年级学生开展暑期托管服务，将课后服务延伸到暑期，多校已启动家长暑期托管意愿征集，部分学校已经开展暑期托管活动。

（二）本市课后服务工作整体水平较高，探索形成了一些典型案例和经验

根据教育部调查数据，本市课后服务在服务覆盖率和学生参与率方面均高于沪深等地，财政补贴虽高于全国平均但低于沪深，且服务时间也略短于沪深。（见表1）同时，本市还形成了一些典型案例和经验，如西城区借助地域优势整合优质校内外资源开展“城宫计划”、朝阳区借助高校资源“教授进课堂”为学生提供优质服务等。尤其是东城区，因覆盖率和学生参与率较高，且课后活动丰富多样优质，入选2021年教育部全国推广的23个典型案例。（见表2）

表1 京沪深课后服务开展基本情况

地区	覆盖率	学生参与率	服务结束时间	财政补贴（元/生/年）
北京市	100%	80%	17:30	700～900
上海市	100%	78%	18:00	900～1000
深圳市	100%	72.9%	18:00	1000

数据来源：教育部官网。

表2 课后服务典型案例

城区	课后服务内容	典型案例
东城区	“学区制”改革	东交民巷小学：增加眼保健操、大课间、体育社团等内容
西城区	“城宫计划”	育翔小学：整合区少年宫、科技馆及社会优质资源进入学校
海淀区	“1+x”	培英小学：校级课程、年级课程、看管课程三个层次的服务体系
朝阳区	高校师资助力课后服务计划	朝阳区实验小学：高校教师进课堂，带来优质教育资源
丰台区	社团活动	丰台五小：看管课程+社团活动
大兴区	艺术活动	育才学校大兴分校：安排无家庭作业的低年级学生进行阅读、绘画等活动
延庆区	“城区模式”“农村模式”“寄宿制模式”	开展课后服务时间：城区中小学为2小时，农村地区不少于2小时，寄宿制学校根据本校作息时间合理确定课后服务时间及内容

资料来源：教育部官网。

（三）家长对公立资源提供课后服务仍有较高期待

根据中国教育在线覆盖北京的多省市抽样调查数据显示，一方面，在校内课后服务承担主体上，67%的家长认为应该安排本校教师，15%的家长认为可以让本校教师和第三方机构教师搭配，14%的家长认为应该由当地主管部门统一安排。另一方面，在课后服务内容设置上，60%家长希望学校能够提供优质多样活动以提升学生综合能力，其中，26%的家长希望可以为孩子提供艺术类课程学习（音乐、美术及书法等），21%的家长希望为孩子提供体育运动或集体游戏等活动，13%的家长希望为孩子提供STEAM类课程[①]。

① STEAM教育课程是指由科学（Science）、技术（Technology）、工程（Engineering）、艺术（Arts）、数学（Mathematics）等多学科共同构成的跨学科课程。

（四）校外培训压力依然较大

除校内课后服务体系之外，各类课后培训机构也成为家长托管孩子的选择。2021年上半年调查显示，为孩子报名课外培训班的家长占比高达68.9%，其中有一半属于学科类培训，培训3门课程的占比最高（31.4%），义务教育阶段年均培训费用支出2～4万元的占比最高（3～4成）。

二、本市中小学课后服务存在问题分析

本市课后服务工作取得成绩的同时，距离家长期待仍有较大差距，在切实减轻家庭负担方面仍有不足，市民获得感不强，社会观感部分偏于负面，课后服务中出现的一些问题亟待解决。

（一）理念认知、法律基础和协同机制均有较大缺失

一是对课后服务的理念认知偏差较大。对课后服务的重要性认知不够，美日欧等多数发达国家均有针对课后服务的专门法律或国家行动计划，我国在这方面仍处于探索阶段。同时，课后服务定位不当，家长更多将课后服务简单理解为学科教育的延伸，更多希望孩子通过课后服务得到知识传授，本市课后服务内容占前三位的分别是做作业（87.6%）、自主阅读（78.2%）和拓展训练（61.9%）。

二是课后服务实践中缺少法律基础。根据《义务教育法》，公立学校主要对义务教育的学生执行教育教学权，即完成国家正式课程规定的教学义务，而学生托管属于家长监护责任，超出了义务教育学校管辖的权限。课后服务是义务教育学校课后看护和管理在校学生的行为，其实质是家长基于委托监护将部分监护职责转移给学校的合同行为，由于托管法律属性模糊、权限划分不明晰，尤其是涉及安全责任扩大，学校开展课后服务的教育主体作用受到制约。

三是课后服务缺少多主体统筹协作机制。学生课后服务的主体不仅应该有学校，还应该有社会和家庭。本市课后服务长期以来仍处在教育部门“单打独斗”状态，解决课后服务问题的责任绝大部分由学校承担，实际背离了学校、

家庭和社会“三位一体”的育人理念。课后服务的内容本应更多开展社会教育、自然教育和生命教育等，但学校出于安全考虑、社区受限于场地、人员和制度安排，加之缺少多主体间的统筹协作机制，导致课后服务偏离轨道且成本高企。

（二）学校、社区和机构等平台资源之间相互封闭

一是学校倾向于“闭门办服务”以减少成本。课后服务的组织实施，增加了学校管理难度和教育成本。课后服务需要统筹安排师资、场所，并设计服务的形式与内容，增加了学校的管理工作量。校内师资数量及精力有限，为提升课后服务质量需引进社会力量或利用外部资源，大部分学校缺少相应能力。

二是社区未明确提供课后服务的责任义务。现有社区商业服务设施大量向亲子、校外培训机构转型，社区一刻钟服务圈服务内容不包括课后服务，已有的社区课后服务商业氛围浓厚、公益属性不足。仅有个别高端社区开展“房地产＋托管”的社区课后服务模式，如万科地产的“万科四点半”、东原地产的“童梦童享”等。

三是丰富的机构资源对学生相对封闭。首都具有得天独厚的可供课后服务利用的优质资源，包括319个红色基地、179所博物馆、536个重点实验室、8大艺术类院校、6所高校农业基地以及2.7万个高精尖技术企业等，具有地域宽、门类广、数量多、质量优等特征。但这些资源针对学生群体却相对封闭，不仅开放时间与课后时间冲突，也有团体组织难度较大、工作对接积极性不高等问题。如清华大学实验室仅向清华附中、附小开放，没有对外开放；又如2020年本市博物馆围绕“我们的节日”主题推出展览及文化活动达485项，而纽约大都会艺术博物馆每年仅安排的教育项目就超过2万个；再如全市每年参与“学农”项目初中生3万人，仅占初中在校生人数的8.6%。

（三）政府、教师和家庭等各方均不满意

一是政府财政投入较大但供给优质课后服务难。本市课后服务主要依托财政支持开展，目前按每生每年700～900元经费拨付，按照学生参与率80%测算，政府财政每年投入约为8.5亿元。但是，以某校每周4天、每天延迟两节课

计算，每学期至少延迟80节课，一学年延迟160节课，每节课生均补助仍不足5元，加上学校水电费、消耗品购置等维护费用叠加，成本缺口较大。调查显示，因经费不足，部分学校难以维持基本课后服务运营，更难以邀请专家、校外机构支持课后服务，提质升级难度较大。

二是教师服务意愿低、抵触情绪重。校内课后服务主要由教师承担，一般采取轮班制，在学年度范围内每位教师至少轮流5～8次看管学生，教师工作时间延长，工作量加重。调查显示，部分学校除托管教师外还要求班主任跟班，教师存在抵触情绪。同时，课后托管及教学活动属于非义务教育并未纳入教师评价体系，缺乏相应的激励机制，学校内部教师提供课后服务意愿不足。

三是家庭对课后服务质量存在不满。服务形式方面，接送时间弹性化不足，参加课后服务的学生必须5点半统一放学，3点半至5点半期间不提供接送服务，家长必须在固定时间接孩子。部分学校课后服务没有在学期内全部推广，学校在开学后前两周及学期结束前两周一般不提供托管服务。服务内容方面，调查显示，部分未被选拔进乐团、舞团等社团的学生每周仅参加1～2次课外活动，其余时间均为大班自习。另据统计，除辅导作业课后托管外，目前，大部分学校仍以作业辅导为主，多样化课后活动设置较少。因此，家庭选择课后服务更多出于无奈而非自发，调查显示，32%的学生参加课外服务是因为“父母上班没时间接送”，26.3%的学生是因为“别人都参加”，19.1%的学生是因为“学校或教师有要求”。

三、推进中小学“规范化、多层次、多样化、可选择”课后服务体系建设的对策建议

满足课后服务需求是全社会共同的责任，建议围绕“一二三四五”试点探索具有首都特色的课后服务体系，即一体化统筹协调社会资源，充分利用好学校和社区两大平台，明确政府、学校和家庭三方责任，发挥好首都文化资源、科创资源、绿色资源和志愿者资源等四类资源优势，重点推进一项行动计划、一支师资力量、一部课后服务指南、一套经费筹集机制和一座友好城市的“五

个一”重点任务，建设“五育并举”“三全育人”（五育并举是指“德智体美劳”并举、三全育人是指“全员育人、全程育人和全方位育人”）的课后服务体系。

（一）建立一体化统筹协调课后服务资源的体制机制

强化党领导下的课后服务资源统筹调度。强化市委教育工委统筹调度课后服务资源职责，发挥好市人大、市政协、工青妇和文联等群团组织以及市关心下一代工作委员会等机构作用，联系国家机关事务管理局，建立专门议事协调机制，形成党领导下的全员育人、全程育人和全方位育人的“三全育人”教育格局。

（二）充分利用好学校和社区两大平台

以区或教育集团为单元统一组织学校对接社会资源。鼓励各区或教育集团自行探索符合本区实际的课外服务社会资源利用模式，支持中小学校自主开放对接各类社会资源的同时，发挥各区统一组织对接社会资源工作的规模效应，形成校外社会资源提供课后服务的筛选机制、奖励机制和支持体系。加强区级引导，积极探索创新“学校家委会主导、学校参与配合”的课后服务模式，鼓励学生家长、学校青年教师、退休老教师等群体共同参与课后服务。

强化社区层面课外服务供给责任。将公益性、普惠性的课外服务供给纳入一刻钟社区服务圈服务清单，并将供给情况纳入“七有”“五性”考评体系，明确基层在课后服务供给方面的职责。鼓励社区发挥平台作用，综合利用党员“双报到”、社区社会组织建设和志愿者服务等多种形式，形成社区提供场地、设施等条件，多方进入社区提供课后服务的新模式。

（三）综合利用文化、科创、绿色和志愿者等四类资源

突出利用好红色资源和文博资源。一是用好红色资源，传承好红色基因。推动爱国主义教育基地、红色革命遗址与中小学学校结对共建，逐步实现区域内中小学校与爱国主义教育基地全覆盖结对，明确各爱国主义教育基地在课后服务中的责任与义务。充分利用革命博物馆、纪念馆、党史馆等党和国家红色基因库，利用课后时段，组织中小学生到烈士陵园和纪念馆祭扫，开展中小学

红色文化研学活动，依托场馆开展中小学生党史讲解员比赛。二是推动博物馆等资源融入教育体系，增加学生历史人文素养。健全博物馆、文化馆、艺术馆、图书馆、青少年宫（活动中心）等与中小学校长效合作机制，着力推进针对中小学生的馆校衔接教育资源开发应用，利用课余时间、课后时段，经常性组织开展参与面广、实践性强的展示教育活动。开发各类馆藏资源用于课后活动课程，重点研发自然类、历史类、科技类等系列课后活动课程等，实现馆藏资源进校园，学生课后有序进展馆的“双进”互促活动。坚持“展教并重”，引导全市各类中小学将展教活动纳入年度教学计划，吸引社会力量参与活动开发和实施，策划适合中小学生的课后专题展教活动。

着重开展科技资源进校园活动。优化课后活动课程资源建设，重视发挥科技馆、科研院所、高校、企业科研力量及工业遗存等作用，丰富课后服务中科研科创类教育活动设计。引导学校将实验教学社会实践活动纳入教学管理规程，结合各类科研科创类社会教育资源，广泛开展科学课程、综合实践课程和研究性学习实践。由市科协、市教工委等组织开展“科学家进校园”“大师面对面”等优质公益类科普教学活动，丰富学校课后服务选择。

用好绿色资源，推动校园、田园和公园“三园合一”。推广田园劳动教育，按照教育部要求各学校建立或共享劳动实践基地，农村地区或郊野公园安排相应的田地、山林、草场或水面作为识农、学农和“惜粮”教育实践基地，学校安排固定学时课后实践课程。推广公园森林教育，用好本市“一环百园”生态格局优势，定期组织学生就近到郊野公园开展森林课后实践活动。

建设高水平课后服务志愿者队伍。充分利用本市机关企事业单位组织资源多、志愿者队伍庞大的优势，通过各级党政工团，组织有资质、有意愿、素质高的志愿者进校进社区提供课后托管志愿服务。探索“教师＋志愿者”托管服务模式，定向招募具有各级各类教师资格证书、未就业的大学毕业生（师范、艺术、体育类优先）以及大学优秀在校学生参与课后托管志愿服务。

（四）以“五个一”重点任务为抓手建立课后服务体系

出台一项课后服务体系建设五年行动计划。以课后服务专门议事协调机制为基础，研究制定出台课后服务体系建设五年行动计划，按照轻重缓急，实施一批支持课后服务设施建设的项目，推进一批促进课后服务资源综合利用的任务，建设一批以教育集团、学校和社区为主的平台，明确市区两级、各行业委办局和企事业单位等的职责分工，逐步推动课后服务供给实现全时段、贯穿式供给。

打造一支强大的课后服务师资力量。加强现有教师队伍考核激励，各区教委根据本区实际情况，制定课后服务绩效奖励性工资分配方案，把学校管理人员、教师参与课后服务工作按照课时数计入工作量，按量取酬。充分利用本市近200万高校在校生资源以及庞大的离退休教师队伍，采取志愿者招募形式，补充课后服务师资力量。鼓励各类教育培训企业转型为社会企业，培育成为课后服务新的市场主体，作为对接学校、社会和家庭资源的新兴平台。

制定一部课后服务活动指南。制定课后托管活动指南，包括课后活动组织的主体、活动时间及时长、活动人员的任职资格、收费标准和政府财政补贴等，为课后托管机构、组织者及教师等提供专业指导，并及时分享不同地区和学校的有益经验。在指南指导下给予学校适当的自主权，形成必修课＋“一校一策”选修课模式，提高课后服务质量。在指南基础上，积累经验适时以地方立法形式出台专门课后服务条例，明确课后服务的法律属性和各方权责。

建立一套多方共担的经费筹集机制。强化政府保基本职责，将开展课后服务工作所需经费纳入年度教育经费预算，在区财政教育经费、市对区财政教育转移支付中予以保障落实。建立家庭作为受益者的成本分担机制，由教育部门、市（区）发展改革部门按照非营利原则核定课后服务性收费或代收费标准及分担比例，同时对家庭经济困难学生参加课后服务予以费用免除。支持机关企事业单位以职工福利形式提供更多课后服务项目，并适当对社会开放。鼓励慈善机构、少儿基金会等以慈善捐助形式为课后服务提供资金支持。

建设一座“三全育人”的儿童及青少年友好城市。编制本市可用于课后服务的场地设施资源目录，统筹利用社区图书馆、社区学校、青少年活动中心、科技馆、体育馆等场地，推动实现片区、学区内教育资源互相开放共享。参照“京尤码”设计，为中小学生提供“一人一码”的课后服务，实现中小学生只要身处北京，就能够在不同机构、不同地域间衔接享有课后服务。以团市委和少工委名义向全社会发起倡议，号召各级各类机关企事业单位和社会组织每年至少开展一次支持儿童及青少年的课后服务公益活动。

（北京市发展改革政策研究中心助理研究员王洋、副研究员刘烨　撰稿）

发力第三方医学机构建设，推进本市数字健康产业发展

本次新冠肺炎疫情促进了第三方医学检测机构的蓬勃发展，其以快速增长的业务能力、急速提升的检测效率和迅速扩张的机构覆盖为抗击疫情做出了突出贡献，也展示了第三方医学机构建设可复制性强、设置方便灵巧、资源链接效率高等重要优势。我们认为，依托第三方医学机构优势，建立第三方医学服务网络，将是优化医疗资源配置、催生新型健康服务业态、落地数字健康产业应用场景、推进北京建设高水平健康城市的关键举措。

一、数字健康与第三方医学机构的概念

“数字健康（Digital Health）”是世界卫生组织在其发布的《数字健康全球战略（2020—2024）》[①]中提出的概念，用以一体化概括电子健康、医疗信息学、卫生信息学、远程医疗、远程健康和移动医疗等术语。世界卫生组织认为数字健康正在改变医疗行业的运行方式和医疗保健服务的提供方式，在全球战略背景下，数字健康不仅仅是“数字技术在医疗保健行业的应用”，而应理解为“采用数字技术以改善健康的、从启动到运行的所有相关知识和实践”。据中商情报网信息，截至2019年，我国数字健康产业总规模约为3000亿元，年均

① 2018年5月，第71届世界卫生大会通过关于数字健康的WHA71.7号决议，决议要求总干事“与会员国密切协商，并在利益攸关方的共同努力下，制定数字健康全球战略，确定优先领域，包括世界卫生组织应集中努力的领域”。此外，促请会员国：“……评估他们在医疗保健领域使用数字技术的情况，包括医疗卫生信息系统在国家和地区层面的应用，以便确定改进领域，优先考虑开发、评估、实现、推广和更多的利用数字技术，实现公平的、负担得起的和普遍可及的医疗保健服务，包括弱势群体特殊需要的数字健康”。

增速40%左右，对应到北京约为130亿元。

“第三方医学机构”又被称为独立医学机构，是指独立于患者和医生之外，专注提供某项医学服务功能（如诊断、检验、手术和康复等）的医疗服务机构。这些机构依靠健康信息数字化传输，既可以为各类综合医疗服务机构提供服务支撑，未来也可以在标准化建设的基础上，相互链接形成分布式的医学服务网络，为患者提供方便快捷的健康服务，实现“让信息多跑路，让患者少跑腿”。第三方医学机构本身功能单一，只有依靠互联网链接数字化信息，才能实现功能整合输出服务，因此，其既是数字健康产业发展的产物，也是推动数字健康产业高水平发展的动力源，当前全球数字健康产业融资排行前列也以远程医疗、移动无线技术等为主②。

第三方医学机构最早出现在欧美，起初以独立医学检验实验室为主，到目前的市场渗透率美国为38%、欧洲为50%、日本为67%，而我国仅为5%～6%。这直接导致我国医疗卫生服务体系中基层专业能力不足，虽资源倾斜发展多年，但仍以大型综合医院接诊为主。而欧美的个体诊所和家庭医生通过第三方医学机构获得优质廉价的辅助和支持性医疗服务，能够为患者提供便捷专业和更加可及的健康服务③。今后，随着我国各类第三方医学机构的建设和普及，健康信息数字化水平将不断提高，覆盖从诊断到康复的全流程及常态化健康信息监测、健康管理和健康干预，数字健康产业将实现对大健康产业全链条全行业的渗透，在快速扩充自身规模的同时改造大健康产业，进而衍生出以健康为中心、以大数据为依据的制造业、服务业大变革，成为健康城市建设重要基石。

② 2018年融资金额前六的数字健康领域：数据分析（21亿美元）、健康医疗APP（13亿美元）、远程医疗（11亿美元）、移动无线技术（8.47亿美元）、临床决策支持（7.11亿美元）、可穿戴传感器技术（7.03亿美元）。

③ 在欧美等发达国家的医疗卫生服务体系中，由于存在大量作为国民健康守卫人的私人医生和家庭医生。他们通常独立从业、自建诊所，购置价格昂贵的检验和诊断设备对于他们来说存在资源浪费的风险，因此医学检验实验室和医学影像中心等医技类第三方医疗服务机构应需而生。它们通过整合分散在不同区域的不同类型的医院和诊所的需求，从而批量提供低成本的辅助和支持性医疗服务，互惠互利。而在我国，很长一段时期，第三方医学机构无法作为医疗卫生机构通过审批设置程序，从而无法获得合规运营资质。

二、第三方医学机构的优势特征及对数字健康产业的作用

第三方医学机构是当前医疗健康技术数字化、网络化和智能化的结晶，由于体量小、建设周期短、标准化和专业化程度高，加之对建设环境的要求和综合设计的难度远低于一般医院，因此相较于传统医疗卫生机构具有服务更加可及、覆盖更加快速、专业程度更高、资源利用集约、组合更加灵活等优势。

（一）服务更加可及，能够彻底解决优质资源布局不均衡问题

首先，医疗服务产品标准化的同时也意味着同质化，优质医疗服务资源通过统一管理的临床路径和标准建设的医学服务机构能够实现远程辐射、协同服务。其次，各类医学服务机构之间不存在等级差别，只存在功能不同，在资源配置方面仅需考虑服务量多寡而不论级别高低。最后，机构布局不再从级别和专科维度出发，而主要考虑各类型医学服务中心的服务密度和辐射半径，如一般性检验检测服务通过社区卫生服务站实现高密度全覆盖、康复中心按区域服务人口配置、影像中心在城市周边统一建设。此外，从患者的角度来看，诊疗流程不再是家与医院之间的反复，而是在居住地附近不同功能的第三方机构间穿梭，患者获得了极大便利。第三方医学机构打破了提供医疗服务的地理局限，通过实现医疗服务体系扁平化，打通了医疗服务机构信息化渠道，发挥了数字健康产业的智能化优势。（见图1）

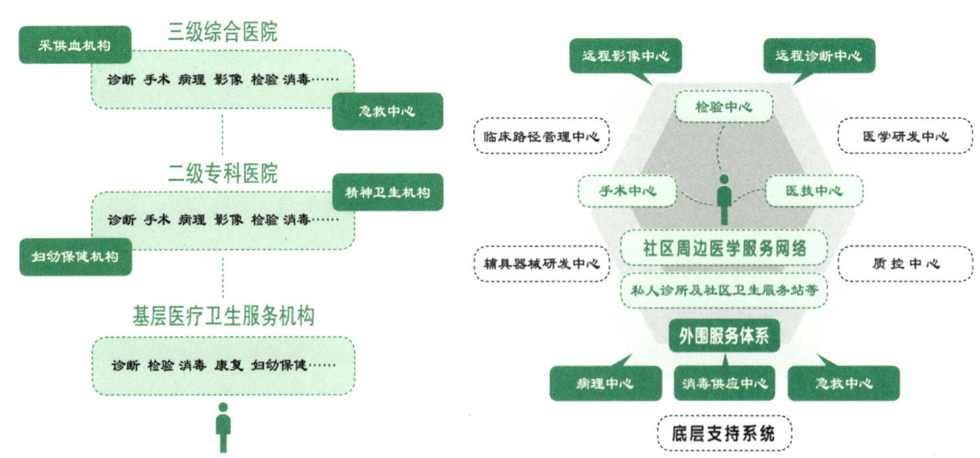

图1 传统医疗卫生服务体系与第三方医学服务网络的比较

（二）覆盖更加快速，能够快速增加重点区域和薄弱区域供给

首先，医院的建设周期至少为3年，而第三方医学机构的建设周期由于设计简单、体量小，仅需半年到一年半，还可以更加灵活地与周边交通基础设施和水电配套相适应。在此次新冠肺炎疫情防控中，武汉市政府联合华大基因共建火眼实验室（气膜设施）甚至仅需2～3天即告建成，实现日检测量10万人份，被誉为“公共卫生新基建”。其次，对于“三城一区”和城市副中心等区域，可以优先快速建成一批主要依靠设备的辐射延伸类医学服务机构（如检验检测中心），高水平医技人员通过远程协作提供服务。再次，紧急情况下，利用移动医院、野战医院、方舱医院等多种形式，只要接入协作网络，就能快速增加即时补充供给。最后，有利于增加基层医疗卫生服务供给，新型医学服务体系大幅降低了个体诊所的开设门槛，对于诊所而言，设置检验、病理、影像部门成本无疑太高，将检查检验资源在区域内共享，给这些机构的发展也提供了有力支撑。第三方医学机构避免了传统医疗服务机构对场地、设备的要求，实现了医疗服务的快速供给，提升了医疗服务效率，发挥了数字健康产业的即时性优势。

（三）专业程度更高，能够迅速更新迭代最新医疗技术成果

一方面，第三方医学机构的业务能力更强，聚焦于医疗服务某一细分领域，能够紧密跟踪前沿医学最新成果。另一方面，一些医疗服务项目服务量小，在医院单独设置开展业务的成本较高，通过第三方医学机构进行集中供给，能够迅速实现规模效应，更有能力快速更新设施设备。以医学检验为例，三级医院可检测项目通常在300～500项，而基层医疗卫生机构只有几十项，但基层医疗机构只要将检验外包，检测项目就可达到2000余项。第三方医学机构适应医学技术的发展趋势，突出了体量小、精细化、业务强的特点，发挥了数字健康产业的专业化优势。

（四）资源利用集约，能够大幅降低人力资源占用和设施设备使用

人员方面，从多省市开展检验、病理、影像和消毒等四大类服务集中外包，由第三方医学机构展示的效果看，医疗机构中医技人员占职工总数比重将由目前的4%～5%降至1%～2%，就北京来看将减少约7500人，这将极大缓解药师、技师和检验师普遍缺乏的现状。此外，通过人工智能和大数据辅助诊断，准确率和效率将超过三甲医院高年资医生水平④。设施设备方面，各家医疗机构设备使用率取决于病种类型和诊疗服务量，容易出现旱涝不均，且一些医院购置大型医疗设备时仅出于配置齐全目的而缺少足够使用量支撑，造成重复投资和闲置浪费，在服务外包于第三方医学机构的情况下，能够最大限度降低设备使用成本。金域医学检验公司就通过“社区乡镇服务模式”支持社区及乡镇卫生服务机构建设，承接免费孕前检查、妇女“两癌”筛查项目、新生儿遗传代谢性疾病检测、慢病监测等项目，节省政府财政支出。第三方医学机构应用最新科技手段，通过人工智能、大数据等满足健康领域的精准性、广覆盖要求，发挥了数字健康产业的集约化优势。

（五）组合更加灵活，能够整合多种业态的医疗卫生服务模式

医学技术的提升，5G、人工智能和大数据的应用，带来的是医疗卫生领域的新型服务模式和服务业态，研究型医院、物联网医院等新概念不断提出，医生集团、国际医院、医学中心等新需求不断迸发，功能组合型的医学服务体系相比框架固定、层级固化的医疗卫生服务体系，能够提供更多接口和排列组合的可能。目前，依托第三方医学机构建设，各种形态的新型诊所正在成为民营医疗机构发展的风口，成为公立医疗机构的有益补充，提升居民的健康体验。第三方医学机构更加适应新型医疗卫生服务模式，既是对健康新业态的积极探索，也是对传统医疗卫生服务的有益补充，发挥了数字健康产业的多元化优势。

三、本市健康领域发展现状及瓶颈制约

北京作为全国医疗资源最为丰富的城市，在数字健康产业发展方面原本应当独占鳌头，但强大的传统行业优势往往形成“路径依赖”，掣肘束缚行业转

④ 以谷歌大脑近期完成的乳腺癌病理诊断测试为例，病理学家准确率为73.3%，人工智能准确率为88.5%。

型升级。北京在数字健康产业方面已面临诸多挑战，在医疗健康行业的龙头地位受到威胁，进而影响健康城市高水平发展。此外，最坏的情况是，如果北京在本轮数字健康转型升级中处于弱势或者失败，将可能沦为外地数字健康企业竞相角逐的市场蛋糕，现有优势医疗资源则沦为价值链下游的“打工人”，丰厚的财政和医保支出成为纯粹的“买单客”。

（一）本市数字健康产业发展处于不利生态位

数字健康产业包括数字化健康设备、网络化健康资源、信息化管理系统和远程化健康服务等4个方面，从目前的区域发展格局来看，呈现粤京浙沪领先发展，长江经济带集聚发展态势。其中，北京重点布局的是信息化管理系统和数字化健康设备部分，上市公司数量具有领先优势，集聚了东华软件、东软集团、数字政通、用友网络等龙头企业，还有万东医疗、乐普医疗等依托原有健康设备优势企业，已向数字健康领域延展，如乐普医疗打造心血管全产业链，布局远程心电监测和基层医疗业务。

广东省依托传统医疗器械及医学服务企业的战略布局在数字健康领域形成较强的竞争力，重点企业数量和上市公司数量均具有领先优势，白云山、华大基因、迈瑞生物等一批医药健康龙头企业分别依托自身在药械及检测产品的优势，布局智慧医院、远程医疗和健康大数据等领域。

浙江省以杭州市为核心，在医疗信息化和医疗互联网两个方面形成了全国引领，集聚了思创医惠、创业惠康、和仁科技等全国医疗信息化龙头企业，涵盖了智慧医院、远程医疗、AI医疗、健康城市等多层次的数字健康业务。同时，还在5G领域方面积极布局，集聚了微医集团、阿里健康等一批互联网健康企业，在互联网医院、互联网家庭医生签约、分级诊疗、医药电商、健康咨询等领域都具有较强的竞争实力，并形成较好的探索模式。在“服务+监管”一体化共享互联网医院平台、邵逸夫互联网医院等方面的建设为全国提供了标杆经验。

上海市在医疗信息化、互联网医院方面形成了独特的竞争力，集聚了卫宁健康、万达信息等医疗信息化龙头企业，并领先北京在互联网医院建设方面开展积极探索，推动徐汇区中心医院、中山医院、华山医院等6家医院第一批互联网医院建设，并在华山医院推动首家5G智慧医疗应用示范基地建设。从城市看，上市公司数量前11个城市，有6个位于长江经济带；从各省份重点企业数量看，四川、湖北、安徽、江苏、浙江、上海等地区均显示出较强的数字医疗发展活力，数字健康产业正在形成沿长江经济带集聚发展态势。

从数字健康企业上市总量来看，全国71家企业中，北京有9家，仅次于广东的15家，与浙江并列，多于上海的7家。但是，从产业生态布局来看，北京主要延续原本B端业务的优势，集中于信息化管理系统和数字化健康设备等软硬件设施，在代表网络化健康资源的互联网医院和代表远程化健康服务的5G远程健康服务方面，全方位落后于粤浙沪等地。粤浙沪都在数字健康产业进行了全产业链布局，且与本地优质医疗健康资源联合互促趋势明显，大型综合知名医院和基层医疗卫生机构都为其数字健康产业发展提供了广阔应用场景。长此以往，北京作为产业链上游的软硬件产品供给端，极大可能受制于产业链下游的服务需求端。

此外，从发展潜力来看，全球数字健康创业公司150强⑤中，我国以7家次于美国（116家）排总量第二，但7家企业（微医、微脉、思派、森亿智能、企鹅杏仁、零氪科技、小鹿医馆）总部均集中于粤浙沪地区，仅起家于天津的零氪科技在海淀区设立了控股总公司。估值超过10亿美元的17家上榜独角兽公司中，中国企业占据3席（无本市企业），杭州微医以55亿美元估值遥遥领先。

（二）第三方医学服务发展整体落后于长珠三角地区

北京第三方医学服务整体处于全国第一梯队，据天眼查数据不完全统计，北京共有第三方医学机构467家（占全国1.78%⑥，详见附件2）。以目前发展势头最为迅猛的第三方医学检验中心为例，截至2021年3月北京共有144家第三方医学检验中心，仅占全国的4%，少于广东和浙江。虽拥有贝瑞和康、安诺优达等一批龙头企业，但在市场规模方面，与广东、浙江等地尚存较大差距，广州的金域医学、中山的达安基因、杭州的迪安诊断和艾迪康已经占据了

⑤ 数据来源：2019年，全球知名数据智库CB Insights发布的全球首个数字健康150强和17家独角兽公司榜单。

⑥ 2019年，北京医疗卫生机构占全国医疗卫生机构的比例约为1.34%。

市场份额的68.7%，本次“新冠”肺炎疫情中，各第三方医学检验机构借助与公立医疗机构和网络电商平台合作，迅速扩大了市场份额，进一步提高了行业集中度。其中，金域医学和迪安诊断就对本市核酸检验企业卡尤迪医学和吉因加形成竞争。

第三方医学服务发展落后于长珠三角地区，既有本市医疗健康产业发展的侧重点选择有关，也与本市卫生健康系统提供的应用场景不足有关。北京现行政策中仅允许基层医疗卫生服务机构将检验、影像和病理等服务外包给第三方医学服务机构，而在全国已普遍允许所有医疗卫生服务机构将医疗辅助服务外包，且以市县为单位由政府主导正在大力推进检验、病理和影像等服务集中外包。如浙江桐庐县卫计局将县医院、县中医院、妇幼保健院检验科与第三方合作，共同组建县域医疗检验中心，所有检验科的医护将成为新的医疗检验中心的员工。又如四川资阳市雁江区一次性将4个社区卫生服务中心、8个中心卫生院、14个乡镇卫生院的医学检验科室与金域医学检验中心共建。

当然，即使是在政策允许的情境下，本市第三方医学服务发展仍将面临掣肘。一是优质医疗资源对第三方医学服务的挤出效应。北京三甲医院多、硬件设施相对完备，能够为患者提供大多数检验项目，且出于规模经济考虑，常规检验的外包动力不足，目前主要将“三高一新”项目（指“高投入”“高成本”“高风险”“新技术”项目）[⑦]交由第三方医学诊断企业完成。二是基层医疗机构对第三方检验检测服务需求度较低。由于分级诊疗推进尚在进程中，基层医疗机构在疾病治疗方面的参与度还不高，对第三方检验检测服务的需求较低。

同时，本市对第三方医学服务发展的重要性认识仍有不足，现有政策长期停留在鼓励公立医疗机构与社会办医疗机构合作方面，在医学影像、医学检验等结果互认和医疗机构消毒供应中心（室）等资源共享方面长期停留于基础阶段，缺少类似“一码通行、一网通办”的实质性进展。同时，第三方医学机构

⑦ “高投入”项目如细胞表面抗原（流氏细胞仪）、基因检验（荧光定量PCR）等，“高成本”项目如染色体变异、FISH等，“高风险”项目如组织病理、血液病诊断等，“新技术”如个体化治疗、T-SPOT、精子碎片等。

暂时不能享受基本医疗保险报销，在商业保险尚未普及的情况下，出于价格方面考虑，面向个人的检验检测业务开展较为困难。而深圳以打造基层医疗集团为抓手，强调将第三方医学服务功能置入社区健康服务中心。上海则通过申康医联平台，实现医疗机构之间检查结果统一调取。雄安新区在规划中首次将独立设置机构作为医疗服务体系的补充专门提出。

（三）数字健康产业发展与优势医疗健康资源结合不充分

本市现有医疗健康资源相较外省市具有极大优势，但大量资源困顿于体制内的条块分割和多头管理，在资源整合、信息共享和成本控制等方面远不如外省市灵活进取。随着数字健康产业的发展，循证医学的不断深化⑧，医生诊断逐渐由经验支持变为证据支持，能否认真遵循并及时更新治疗指南对诊疗效果形成决定性作用，智能大数据临床诊断系统的病案累积和算法优势将代替医生年资成为诊疗效果的决定性因素。随着第三方医学机构的市场渗透率逐渐提高，数字健康产业将对传统健康产业形成“降维打击”，北京现有在医疗健康资源方面的所谓人才优势、技术优势和设备优势将不堪一击。

首先是医联体建设“有形无实”。医联体建设原本的目的是优质医疗资源向外扩张辐射，既有先进带后进的目的，也有整合高效利用存量资源的考虑，但在医联体中各医疗机构的合作始终停留在互相学习、帮扶阶段，少有如上海、深圳的一体化建设。如北京新近成立的某医联体，有23家成员医院，既有知名大型综合医院，又有社会福利医院和民营医院，以及社区卫生服务中心，但合作协议仅仅停留在专科对口帮扶、双向转诊、远程会诊、医学检验、人才培养、信息支持、预约挂号等方面，难以达到优质医疗资源通过医联体发挥辐射带动作用的目的。

其次是诊疗服务标准化“起大早、赶晚集”，诊疗服务标准化是实现医疗健康协作的基础，也是健康服务数字化的基础。尽管本次新冠肺炎疫情防控当

⑧ 近年来，基于几项发表于英美顶级医学期刊、涉及超过200万名患者的结果分析表明，北美地区的年轻女医生由于更加倾向于与患者充分沟通、更加认真遵循并及时更新统一临床路径的治疗指南，其治疗效果更好。如一项发表在*JAMA*（美国医学协会杂志）的研究结果显示，通过对158万例内科住院患者的分析，对于处理同样难度的病例，发现由女医生治疗的患者入院30天死亡率比男医生低了0.42%，再入院率则低了0.55%，具备统计学意义的显著差异。

中，国家卫健委和协和医院两版统一临床路径⑨的诊疗方案都出自北京，本市大量医疗机构和医学专家也为之做出了重要贡献，但本市诊疗服务标准化方面却落后于全国先进地区。如浙江已经明确，到2019年底，二级以上医疗机构实施临床路径管理的病种数达到1212种，各医疗机构全年开展临床路径病例数占出院总病例数的35%以上⑩，并实现临床路径信息化管理。此外，本市推进多年的病案首页书写规范、疾病分类与代码、手术操作分类与代码、医学名词术语“四统一”，仍主要停留在有限的DRGs按病组付费试点医院。

最后是信息互联互通共享“表通里不通”，信息互联互通共享是健康数字化的载体和流通渠道，也是最大程度发挥数字健康效能的前提。但截至目前，全市医疗健康系统没有统一的信息管理系统后台，简单的电子病历共享互认仍无法实现，全市层面的病案信息统计、病理分析、诊疗方案优化和诊疗协作等无法实现。表现在本次新冠肺炎疫情防控中，本市的病例统计依靠分级分类分块的系统传输上报，而上海依托统一的信息管理系统后台，能够实现信息实时汇总。

本市现有医疗健康资源的组织体系事实上承袭自英国的NHS（National Health Service，英国国家健康服务体系），只不过行政化色彩更浓。近些年来，随着生活水平的提高，人们对健康服务体系的期望不断升高，多国袭自英国的健康服务体系日益臃肿庞大，成为财政和医保的沉重负担。本市医疗卫生服务体系同样面临高费用低效率侵扰，外省市个别医院在新冠肺炎疫情期间因诊疗量过少出现技术性破产，自“十三五”以来本市医疗服务量整体增速趋缓，医疗服务市场从增量竞争转向存量竞争，上海2019年外地患者手术总量超过北京，这些都为本市医疗健康行业发展敲响了警钟。如何利用好本次健康数字化的技术红利和改革红利，将本市优势医疗健康资源转化为数字健康产业的发展优势，亟须引起重点关注。

---

⑨ 临床路径的统一化管理。临床路径（Clinical pathway）是指针对某一疾病诊断、治疗、康复和护理建立一套标准化治疗模式与治疗程序，是一个有着严格工作顺序、有准确时间要求的规范化的医疗护理照顾计划。其以循证医学证据为指导来促进治疗组织和疾病管理的方法，最终起到规范医疗行为，减少变异，降低成本，提高质量的作用。

⑩ 有关专家认为，医疗机构诊疗服务以常见病和多发病为主，未来统一临床路径的病例数占比有望超过90%。

（四）数字健康产业无法适应高水平健康城市建设要求

长期以来，本市健康城市建设走在全国前列，但是，随着健康城市建设迈向更高水平发展，健康城市建设从过去简单的环境卫生和个人生活习惯改善，逐渐升级为健康管理、健康干预和健康公共政策等，涉及的链条更长、环节更多。为此提出了“以治病为中心”向“以健康为中心”转变以及“将健康融入所有政策”等先进理念，但一直以来缺少实质性的工作抓手，导致工作进展不尽如人意。究其原因，是数字健康产业发展水平不够，导致一些新技术手段无法应用于新形势。

首先是居民电子健康档案使用率不高。早在2016年，原国家卫计委已经提出居民健康档案规范化电子建档率要达到75%以上的目标，市卫健委在“十三五”期间提出的规划目标是达到80%以上。为此，在较长一段时间内，居民都有在社区卫生服务站被要求建档的经历。但是，由于居民电子健康档案在不同医疗机构中无法调用共享和录入更新，档案大多沦为空档、死档，较高的建档率与极低的使用率让居民完全没有获得感，也使得围绕电子健康档案才能开展的健康管理和健康干预工作无从谈起。

其次是公共政策决策中的健康数字化应用不足。现有健康城市建设工作推进中，要求将健康融入所有政策，但具体到主责部门或各职能单位的具体执行，完全依赖于各自对健康城市理念的理解。在缺少健康数字化应用的情况下，各自决策对全民健康产生的影响往往很难量化、无法评估，甚至无法判定是正向作用还是负向作用。如发展夜经济、鼓励24小时书店等，这些政策是否有损健康就值得商榷。又如公共卫生领域的癌症早期筛查工作，现有大样本健康数据统计已能根据不同人群患癌风险提出精准筛查方案，但本市却无法实施，关键在于部门决策中缺少数字健康信息系统辅助决策。

最后是不同领域不同行业间健康数字化协作不足。理想的数字健康应用场景，是个体在吃穿住行方面的全周期生命体征监测和行为记录，全部纳入数据模型综合测知健康指数和健康风险系数，依此对个人健康行为习惯和运动膳食方案提出建议，同时与医疗保险缴费比例和报销比例挂钩，最终形成不同领域不同行业间的健康数字化协作。其中，以医疗保险串联各类健康数据的方案最为现实可行，但医疗保险目前尚难以全面准确掌握投保人健康信息。就本市而言，不同机构、不同环节之间的健康信息数字化程度存在较大差异，标准化程度不够，都掣肘了不同领域和不同行业间的健康数字化协作。

四、以第三方医学推进数字健康产业发展的对策建议

如前所述，第三方医学机构既是数字健康发展的产物，也是推动数字健康高水平发展的动力源，要实现数字健康产业更好更快发展，就必须为第三方医学机构发展创造更加有力的外部环境。

（一）筑牢第三方医学机构发展的五大基础

一是加强标准化建设，加快临床路径标准化建设及按病组付费试点。学习浙江经验，加强市级统筹逐步扩大实施临床路径管理的病种数规模和占比，并实现临床路径信息化管理和按病组医保付费。鼓励一批横向医疗联合体即专科联盟出台专科临床路径标准规范，将达到标准规范的第三方医学机构纳入专科联盟，提高优质专科医疗服务资源辐射能力。落实国家医疗健康数据资源目录与标准体系，在市属三级医院全面推广病案首页书写规范、疾病分类与代码、手术操作分类与代码、医学名词术语“四统一”。积极参与国家医保支付按病组付费试点工作，在提高医疗健康服务产品标准化的同时，激励试点医疗机构采取外包第三方医学辅助服务的方式降低成本。

二是加强信息化建设，着力打造后台共享型统一信息平台。在“北京通”框架下，协调推进统一权威、互联互通的全民健康信息平台建设，推动各级各类医院逐步实现电子健康档案、电子病历、检验检查结果等在同一医疗卫生信息数据库内共享。建设链接合规医疗卫生机构的检查检验信息网络，实时呈现检查检验资源余缺情况，满足患者就近就快检查检验需求，减少富余检查检验设备浪费。支持社会办独立设置机构接入信息平台。社会力量举办独立设置的医学检验、病理诊断、医学影像、消毒供应、血液净化、安宁疗护等专业机构，医疗质量控制达标的允许其接入京医通全民健康信息平台。

三是加强服务平台建设，批量建设各类第三方医学服务平台。深入推进

北京市远程会诊中心建设，开展基于5G应用场景的医疗机构远程会诊、远程影像、远程超声、远程心电、远程病理、远程查房、远程监护和远程培训等服务。支持第三方医学机构向基层社区卫生服务机构置入功能。在眼科、骨科、口腔、妇产、儿科、肿瘤、精神、医疗美容等专科以及康复、护理、体检等领域，加快打造一批具有竞争力的第三方医学机构品牌。在新机场临空经济区、天竺保税区等特殊区域建成一批基于人工智能技术、医疗健康智能设备的移动医疗示范。

四是加强信用体系建设，建立完善第三方医学机构征信系统。出台规范第三方医学行为的管理办法，建立适应健康产业新技术、新业态、新模式的包容审慎监管制度，加快建设具备统一标识的第三方医学机构数字身份，完善以执业准入注册、不良执业行为记录为基础的信用记录数据库。发挥行业监督作用，严格监督检查，掌握第三方医学机构的运行情况，推动第三方医学机构向社会公开诊疗服务项目、流程、人员资质、收费标准等信息。第三方医学服务产生的数据应全程留痕，可查询、可追溯，满足行业监管要求。从严惩处违规违法行为，对不合格的机构严格执行退出机制。

五是加强人才梯队建设，满足第三方医学机构对复合型人才的需求。依托高校、科研机构，委托培养、定向培养检验、影像、康复护理等相关专业人才，开展产、学、研一体化培养，特别是要培养知识交叉型复合人才，具备医学、计算机科学、人工智能等不同学科背景，形成第三方医学机构的人才梯队。

（二）完善更加友好的第三方医学服务发展政策

一是京津冀协同发展和非首都功能疏解中优先布局第三方医学服务。支持配合雄安新区医疗卫生规划落地，将第三方医学机构建设作为支持雄安建设的重点内容，推动首都优质医疗卫生资源以第三方医学服务网络的形式在雄安落地生根，为首都医疗服务体系转型积累经验。鼓励更多如零氪科技等数字健康企业走出去和引进来，通过数字链接，耦合优势资源，形成京津冀数字健康产业发展协作群落。将第三方医学服务网络发展建设作为非首都功能疏解中的重要途径，在中心城大型综合医院疏解中，学习上海经验，将其转型互联网医院，然后从整体疏解转为功能拆解再分步骤疏解，实现减体量不减功能。

二是依托“两区”政策支持第三方医学发展。在北京自贸区试点医技人员和护士开展独立执业，鼓励符合条件的注册医技人员和护士开办第三方医学机构。探索建设基于区块链技术的全民健康管理系统，平台可对居民进行身体健康监测、健康趋势分析，将居民医疗健康数据进行链上化、标准化存储，各机构通过智能合约查询本地数据，患者通过私钥授权查看链上个人健康信息，政府可用以辅助公共健康政策制定。重点引进能够将本市现有优势医疗健康资源网络化、远程化的数字健康企业，聚焦前沿医疗技术发展，在自贸区建设具备第三方医学完整健康链的国际一流医学园区，打造面向世界的健康目的地。

三是加大社会办医政策对第三方医学的支持力度。在财政资金支持上，采取公办民营、民办公助的方式支持第三方医学机构提供服务。在人才使用上，创新医务人员使用、流动与服务模式，参照外省市经验支持医技人员多点执业机制，公立医院医技人员可到第三方医学机构执业，保留原单位身份。在医保管理政策上，将符合条件的第三方医学机构纳入医保定点范围，抓紧试点针对互联网诊疗行为的医保报销制度，在医保总量控制方面给予倾斜。在用地需求上，将部分疏解腾退土地优先用于第三方医学机构建设，快速补充医疗服务资源的同时支持第三方医学机构发展。

（三）加强数字健康产业的补链强链和优势互补

一是重点支持健康管理平台型企业发展。引进具备先进的健康管理理念与AI健康等前沿技术的健康管理平台型企业，向职业人群、老年人群、慢性病人群等提供职业健康、心理健康、慢病管理等不同层面的精准健康服务，提高本市数字健康产业资源整合能力。支持现有体检机构和健身机构向健康管理平台型机构发展，开展全方位、全生命周期的健康跟踪与健康干预。鼓励企业应用现代信息技术记载人类遗传图谱与构建家族健康区块链，为居民提供优质、可持续的数字健康管理。

二是支持数字健康产业全产业链发展。针对本市数字健康产业发展短板，抓紧推进中心城区知名医院启动互联网医院建设试点工作，消除优势医疗健康资源壁垒，为互联网健康企业提供广阔生长空间。支持本市现有从事软硬件开发的数字健康企业开展全产业链布局，通过并购、合资和参股等方式，加强与产业链上下游联动发展。发挥本市有关政府部门数据资源优势，推动健康数据要素交易平台发展，引导本市优势软件开发企业业务由B端向C端延展，开展面向居民的数字健康服务，平衡本市数字健康产业链布局。

三是突出优势资源对新兴业态的孵化支持。鼓励首医系和北医系与在京大型互联网平台公司开展合作，以合作共建、特许经营等方式建设一批第三方医学机构。支持个别业务量不足、长期设备闲置的医疗机构转型为主要从事远程服务的第三方医学机构。为社会资本发展专业化、连锁化、智能化的门诊手术中心、医学检验中心、商超零售诊所等新业态提供行政审批指导，扩大第三方医学应用场景。

（北京市发展改革政策研究中心副研究员刘烨、副研究员陈洪磊　撰稿）

建设安全卫生、营养可口、便利可及、经济合理、多方供给的养老助餐服务体系

开展养老助餐服务是解决老年人吃饭难题的民生工程，是实施积极应对人口老龄化国家战略的具体行动，是在全社会营造养老、敬老、孝老良好氛围的重要体现。本市自2009年开展养老餐桌建设以来，部分缓解了长期困扰老年人的吃饭难问题。随着人口老龄化进一步加剧，养老助餐服务需求快速增长，而助餐服务供给却出现萎缩，特别是受疫情影响，12345热线反映的老年人吃饭不便问题急剧上升，引起市领导高度关注。2021年初，市委市政府将养老助餐工作列入为民办实事项目。

一、本市养老助餐服务的基本情况

养老助餐服务由制餐、配送和用餐三个环节组成，是社区居家养老服务的重要内容。

（一）老年群体助餐服务需求大、刚需多

多数老年人吃饭靠自己或子女以及保姆、钟点工等解决，但部分老年人吃饭需要得到帮助。从近年来养老助餐工作实践看，养老助餐服务刚需主要来自于高龄、独居老年群体以及失能失智等基本养老服务对象。截至2021年末，本市80岁以上常住老年群体约61万人、独居老年人约30万人、基本养老服务对象约30万人。三类群体存在一定交叉，且规模随着人口老龄化加深还将进一步增长。

开展养老助餐服务除了要解决这些老年人吃饭难问题，还要解决老年人常吃冷饭、剩饭、凑合饭，不注重健康饮食的问题。调查显示，老年人健康饮食

观念不强，30%老年人不注重营养搭配，60%老年人早餐随便对付或常吃剩饭。另据中国营养学会重点覆盖北京等城市的调查显示，15.8%的老年人存在营养不良的情况，31.4%的老年人存在营养风险，90%以上的老年人钾摄入不足，这些老年群体都是养老助餐服务体系的潜在服务对象。

（二）开展养老助餐服务路径多，受疫情影响大

本市开展养老助餐服务大致可以分为三个阶段。一是养老（助残）餐桌建设阶段。2009年，在出台“九养”政策推动下，本市大力开展养老餐桌建设，到2010年通过签约餐饮企业、开放辖区单位内部食堂、社区（村）自办等形式建立养老餐桌[①]，覆盖了全市8成左右社区（村），后期由于政策支持和运营能力不足，到2014年陆续有25%的养老餐桌退出。二是养老助餐服务体系试点建设阶段。为落实《北京市居家养老服务条例》，2015—2017年，本市在城六区及房山、顺义等8区开展养老助餐服务体系试点建设，市级财政每年安排资金，对试点区给予项目建设补助支持。试点过程中探索出“中央厨房制作分餐＋社区配送＋集中就餐”“老北京、老字号、老年餐”等助餐服务模式[②]。三是养老助餐服务规范发展阶段。2018年，本市出台《关于进一步加强老年人助餐配餐服务工作的意见》，对养老助餐服务加强规范，积极推进老年餐集中配送中心“1＋X”服务、养老服务机构助餐配餐服务、社会餐饮企业参与助餐配餐服务等模式。据统计，2019年养老驿站共开展助餐服务300多万人次[③]。2020年，在多种因素特别是新冠肺炎疫情影响下，养老助餐服务供给再次出现萎缩，老年人“做饭难”“吃饭难”成为本市“接诉即办”高频难点问题之一。2021年，本市将养老助餐工作纳入市政府为民办实事项目以及市委市政府“每月一题”内容，并首次将“发展老年餐桌工作”纳入全市“疏解整治促提升”专项行动统筹推进。同时，为进一步完善养老助餐服务体系建设，民政部门牵头研究制定《北京市养老助餐服务管理办法》。

---

① 数据来源：北京市2010年老年人口信息和老龄事业发展状况报告。

② 数据来源：北京市老龄事业和养老服务发展报告（2016年—2017年）。

③ 数据来源：北京市老龄事业发展报告（2018）。

（三）助餐服务供给主体多样，服务状况总体欠佳

经过十多年发展，本市养老助餐服务体系初步形成，其服务供给主体主要有养老服务机构、社会餐饮企业、机关企事业单位食堂、社区（村）养老餐桌，以及处于上游的集中配送中心（中央厨房）。据市民政部门初步统计，截至2021年12月，各类养老助餐点共有1000多家。在区域分布上，中心城区养老助餐点最多，主要由养老服务机构和社会餐饮企业提供；平原新城主要由养老服务机构提供；生态涵养区主要由养老服务机构和社区（村）养老餐桌提供。

目前，养老服务机构助餐是民政部门推进养老助餐工作的主要着力点，主要通过引入运营方开展助餐服务。从运营模式看，有的养老服务机构能够自行制餐，在助餐点提供堂食或对高龄失能老人提供送餐服务。有的养老服务机构通过集中配送中心（中央厨房）为老年人提供送餐服务，如昌平区通过建设中央厨房统一给社区养老服务驿站提供配送餐服务。有的养老服务机构与互联网平台合作，如西城区6家社区养老服务驿站与“饿了么”平台合作，筛选周边3公里以内符合标准的餐厅作为供应商，为老年人提供“外卖”助餐服务。从经营状况看，除少数助餐点经营较好外，多数助餐点经营困难。从服务效果看，助餐点服务的老人比例低，老年人满意度有待提高。调查显示，部分地区助餐服务利用率不到50%。助餐点以提供午餐为主，多数养老驿站助餐点周末不供餐。另据调查，37%的居民认为养老助餐服务不能满足需求，在朝阳区西坝河、海淀区西王庄、大兴区黄村兴盛街、昌平区小汤山等区域缺少助餐服务。

二、制约本市养老助餐服务体系健康发展的主要因素

尽管本市养老助餐服务取得了一定成效，但仍然存在体系脆弱、服务效能不足、老年人群体获得感低等问题，老年人“吃饭难”并未得到根本解决。从根本上看，主要是受政策机制不完善、市场和社会发育不足、老年群体观点等三方面因素制约。

（一）政策体系和机制设计仍不完善

养老助餐服务政策存在体系交错和机制缺失，具体表现有：一是政策着力

点不断变化。从注重社区（村）养老餐桌建设到探索试点，再到主推养老服务机构开展助餐服务，政策重点不断变化，虽有多种服务模式，但未能形成有效路径。二是政策支持缺乏合力。养老助餐涉及民政、商务、卫健、市场监管、交通管理等多个部门，民政部门支持政策主要针对养老驿站等养老服务机构，社会餐饮企业等非养老机构无法享受；商务部门对连锁餐饮企业、中央厨房、绿色餐饮等项目有资金支持，但对参与养老助餐缺少单独支持。三是监管措施较为软弱。强调事前审批准入，事中事后监管弱化，对于实际经营中不规范行为缺少实质性惩处措施，缺乏市场退出机制。四是补贴政策效用不高，未能充分发挥撬动市场的作用。五是支持方式较为单一。主要依靠补贴支持，缺乏优化资源配置、降低运营成本的政策机制。

（二）发挥市场和社会力量存在诸多困难

社会餐饮企业和机关企事业单位食堂是重要的服务资源，但养老助餐服务参与率低。本市共有餐饮门店12万个，参与养老助餐的仅有1600多家，占比仅为1.3%。本市规模以上机关事业单位超过3000家，而参与养老助餐服务的仅有19家。主要原因在于：一是老年餐要求高，专业服务难。由于老人身体机能因年长或疾病退化，老年餐更加“众口难调”，基本要求“低油少盐”，稍高要求要达到“软酥碎”，患有糖尿病、痛风等慢病老人、失能失智老人要求的更高，增加了专业服务难度。二是经营成本高，规模供应难。受房租、人工、原材料成本普遍上涨影响，助餐服务要达到一定规模才可能盈利④，而养老驿站助餐点通常规模较小。再加上老年人用餐需求不稳定、疫情期间防聚集等因素，更是增加了规模供应难度。三是配送服务环节存在堵点。受疫情影响，居家老人送餐需求增加，助餐点配送人手不足，专业配送机构在最后100米的分餐环节配送成本偏高。由于老年人行动迟缓，等待时间较长，与互联网平台合作配送存在外卖员不愿意接单的困难。四是市场激励机制不足。大多数机关企事业单位食堂由于疫情防控、保密、安全等原因实施封闭管理，同时也受养老助餐卡支付系统接入难、使用难、有效激励不足等因素影响，对外开放的意愿低。

---

④ 以拥有3名员工的养老助餐点为例，按每餐毛利润1元测算，每天要供餐400多人次才能持平。

（三）老年群体观念亟待转变

老年人是助餐服务的最终对象，其社会观念、消费观念、健康观念等对开展助餐服务也有较大影响。一是老年群体乃至全社会消极老龄观仍较普遍。部分老年人缺少自主参与社会生活的意识，对政府依赖性过强。二是老年群体支付意愿不高、支付习惯未形成。老年群体尤其是远郊区农村地区的老年群体，对用餐价格较为敏感，付费享受服务意愿不足，希望政府提供免费或低价服务，而按照本市恩格尔系数测算，老年人每天约30元的餐费为合理水平⑤，补贴后18元左右的餐费应在可承受范围内。三是老年群体对健康饮食重视不足或受错误观念误导。部分老年群体对日常饮食重视程度不够、健康知识不足。延庆区反映老人一大袋馒头就着咸菜吃几天的现象普遍存在。门头沟区曾出现大量老年人受电视健康节目误导，盲目吃素导致营养不良就医。四是部分老年人受“数字鸿沟”阻碍。有些老年人不会使用智能化服务，难以独立订餐下单。有些老年人对养老服务助餐点知晓率不高，不清楚社区周边养老助餐点的具体位置。

三、完善养老助餐服务体系的思路与建议

建设完善养老助餐服务体系要以满足多样化的老年人助餐需求为中心，以提供“安全卫生、营养可口、便利可及、经济合理”的老年餐为目的，畅通制餐、配送、用餐三个环节，发挥社会餐饮企业、养老服务机构、社会单位食堂、社区（村）养老餐桌四类主体作用，促进多方参与、共享开放，切实解决老年人吃饭难问题。一是坚持政府引导，社会参与。发挥政府统筹资源、政策支持、规范发展的引导作用，积极鼓励社会餐饮企业、社会单位食堂、平台企业、社区、志愿者等社会力量参与，营造共建共享的社会氛围。二是坚持市场运营，专业供给。充分发挥市场机制作用，放开养老助餐服务市场限制，同时建立退出机制。提倡专业但不专门，充分利用好各类助餐资源，发挥专业化机构优势，降低综合

⑤ 2021年上半年，北京市居民人均消费支出21564元，食品烟酒类支出4834元，恩格尔系数为22%，按照北京市平均退休金4157元计算，老人每天用餐消费可支出30元。

成本，提高整体运行效率。三是坚持公益属性，持续发展。强化街道（乡镇）属地责任，重点保障基本养老服务对象需求，兼顾其他老年人用餐便利性、丰富性。发挥市区两级政府支持作用，建立完善财政补贴政策与激励机制，增强服务主体持续运营能力，促进养老助餐工作健康可持续发展。

（一）多方参与，促进养老助餐服务共建共享

发挥社会餐饮企业助餐的主导力量。社会餐饮企业点多面广、社区覆盖率高，是最广泛、最便捷的助餐服务资源。要全面放开养老助餐服务市场，鼓励各类型的社会餐饮企业开展养老助餐服务，通过适老化改造、安装养老助残卡（或民生卡）POS机、开设老年人就餐专区、增加适老餐食品种等，为老年人用餐提供便利条件和多样化选择。

发挥养老服务机构助餐的重要力量。养老服务驿站、养老照料中心等服务机构开展养老助餐服务自成体系，目前是开展养老助餐服务的主渠道。要继续用好这一重要力量，运用市场化机制招募运营方，支持运营方提高服务质量，开展堂食和点餐、送餐服务，重点保障高龄、失能失智老人、困难家庭老人等基本养老保障对象助餐需求。

发挥社会单位食堂助餐的辅助力量。中心城区机关企事业单位食堂资源丰富，目前，大多数单位食堂由后勤服务中心或餐饮集团承包运营，具备一定开放条件。鼓励社会单位食堂积极承担社会责任，与周边社区建立合作共建关系，通过错峰用餐、订餐配送的方式参与养老助餐服务，加大开放力度，政府予以表彰奖励。鼓励医院食堂向周边社区患糖尿病、痛风等有特殊用餐需求的老人开放，提供关爱慢病老人助餐服务。

发挥社区（村）养老餐桌的补充力量。对公共资源难以覆盖的社区（村）或有条件的社区（村），支持引进运营方或自办养老餐桌，或依托旅游接待户、乡村民宿等为老年人提供助餐服务。

发挥老年餐集中配送中心（中央厨房）的专业力量。集中配送中心（中央厨房）具有规模化、专业化优势，承担重要的制餐、配送功能。要积极支持引入社会力量建设集中配送中心（中央厨房），通过市场化方式公开遴选确定，在乡镇（街道）的参与下，与养老助餐点签订三方服务协议。同时，促进享有

补贴建设的中央厨房企业增加老年餐制作，丰富老年餐品种供给，积极参与养老助餐服务。

支持互联网平台企业参与养老助餐。与“饿了么”“美团”等平台公司和其他市场化物流配送公司加强合作，鼓励平台企业对配送老年餐的外卖人员给予特殊积分奖励。用好老年群体居住、健康状况和用餐习惯等大数据，发挥京东、抖音等平台企业智能化、资源整合优势，为优化养老助餐服务体系布局和提升精细化、精准化服务水平提供技术支持。

倡导社会力量参与养老助餐。发挥党建引领作用，将助餐服务纳入党员双报到、志愿服务、驻区单位服务社区和工青妇团等工作体系。鼓励社区周边超市、餐饮食品企业等为社区老年群体免费或低价提供符合食品安全要求的临期食品、富余饭菜和定损产品。通过购买服务、补贴激励、积分兑换、表彰奖励等方式，支持物业服务企业、志愿者参与养老助餐服务。应对疫情期间限制集中用餐的特殊要求，调动社区自治力量，发挥邻里互助功能，开展“我为老人送次餐”活动。

（二）完善政策，为养老助餐服务体系提供有力保障

打通政策堵点。全面清理限制社会力量进入养老助餐服务市场的政策障碍，对于制餐单位符合食品安全要求的、配送单位具备食品配送资质的、用餐场所满足环境卫生要求的，不另设标准、规范和准入程序，不另做要求。在制餐环节，充分利用社会餐饮企业、养老机构、单位食堂等现有资源设立集中配送中心（中央厨房），提升规模效应。在配送环节，统筹联动社会组织、物业企业和志愿者队伍等各种社会力量，将餐食配送到社区助餐点或老人家中。在集中就餐和分餐环节，充分发挥社区食堂、超市、便利店、中介门店等空间资源，为老人提供助餐服务。

完善补贴政策。按照“供需并补、以需为主、市区共担”的补贴思路，对集中制餐配送单位、养老助餐点、基本养老服务对象实施差异化补贴，提高补贴效率，提高老年人获得感。一是对集中制餐配送单位按配送流量予以补贴，补贴标准由各区制定，补贴资金由区财政承担。二是对养老助餐点实行以奖代补，对各类养老助餐点进行综合评价，达到优秀的给予一定的年度资金奖励，

所需资金由市区两级财政各承担50%。三是对老年人用餐给予补贴或优惠，基本养老服务对象按实际用餐进行定额补贴，补贴资金由市区财政各承担50%；非基本养老服务对象到助餐点用餐由助餐点给予9折优惠。

强化监督管理。一是制定养老助餐点运营监管办法和评价标准，委托第三方机构对服务流量、服务质量和居民满意度进行绩效评价，评价结果与奖励、补贴等支持挂钩，并向社会公开。二是进一步健全监督管理制度，严格监管食材采购、储存、加工、配送等各个环节，消除食品安全隐患。加强对养老助餐点的诚信评价，实行诚信评价等级管理，建立黑名单制度，严格奖罚。三是制定负面清单，建立养老助餐点退出机制。一旦发生食品安全事故、疫情防控不力等情况，服务质量较低、老人负面评价较多的，取消养老助餐点运营资格。出现骗补行为的，应严肃追究法律责任。

加强业务指导。一是统筹优化布局，综合考虑地区老年人口规模及分布状况、用餐需求、服务半径等因素，统筹谋划养老助餐点规划布局。二是卫健部门向养老助餐点推荐老年餐典型食谱，老年餐集中配送中心和养老助餐点要制定具体化食谱，每周要更新食谱。三是价格管理部门制定公开老年餐参考价格，以老年餐成本价测算为基础，结合区域、季节、物价波动、适当利润等因素，向社会公布一日三餐的参考价格区间。

（三）加强宣传，引导促进老年人合理消费

推广健康营养膳食理念，鼓励老年人合理消费。一是在社区、老年大学等宣传健康膳食理念，引导老年人树立健康的饮食观和合理的消费观。二是通过“补需方”的补贴政策，促进老年人消费意愿提升，增强老年人花钱买服务意识。三是通过消费积分、累积优惠等方式，增强老年人消费黏性和消费意愿。

积极开展智慧助老行动，帮助老人跨越“数字鸿沟”。依托养老驿站等服务设施、社区、老年大学等，向老年人普及智能化知识和操作技能。落实好互联网应用适老化及无障碍改造专项行动⑥，推动互联网平台、餐饮企业数字服务

⑥ 2021年工业和信息化部出台《关于进一步抓好互联网应用适老化及无障碍改造专项行动实施工作的通知》，要求相关互联网网站、APP在2021年9月30日前，参照《互联网网站适老化通用设计规范》和《移动互联网应用（APP）适老化通用设计规范》完成适老化及无障碍改造，并分别向中国互联网协会、中国信息通信研究院申请评测。

适老化。

加大对养老助餐点的宣传力度，提高居民知晓率。通过多种渠道公布养老餐桌、开放的机关企事业单位食堂等助餐点地图和详细信息，组织社区工作人员或志愿者为高龄、失能失智和行动不便的老年人提供电话或上门宣讲，提高老年人对养老助餐点的知晓率和利用率。

（北京市发展改革政策研究中心副研究员段婷婷、副研究员朱跃龙、副研究员刘烨　撰稿）

推动文商旅居融合协调发展，彰显前门商圈古都韵味和现代城市活力

前门大街商圈紧邻天安门广场，是我市历史最悠久的传统商圈，曾历经5次大规模改造，商贾云集、游人如织的场面延续了几百年。地处首都功能核心区中心的前门商圈是向世界展示中国文化的一个窗口，是满足市民和游客文化休闲消费需求的高品质空间，是国际消费中心城市建设的重要支撑。目前前门商圈的文化、商业、旅游、居住功能发展不均衡，消费品质有待提升，与首都功能核心区的定位不匹配。建议立足于国际消费中心城市建设，以打造“国门天街”为营销符号，全方位推动前门商圈历史文化挖掘和商业业态创新，提升旅游体验、改善居住环境，向世界展示古都韵味和现代城市活力。

一、历史悠久的顶级商圈

前门大街位于北京“一核”的中心，“两轴”交汇处，毗邻天安门广场、人民大会堂、故宫、国家博物馆、国家大剧院等，区位极其特殊，集政治、历史、文化、商业价值于一体，极具象征意义和商业潜力。前门商圈目前规划范围为东起前门东路，西至煤市街，北起前门东、西大街，南至“两广路”（见图1），南北长约850米，东西宽约530米，占地面积约0.5平方千米。现有建筑面积近50万平方米，待完成的规划建筑面积约30万平方米。目前商业集中于前门大街主街、鲜鱼口、大栅栏和北京坊四个区域，其中前两个为东城辖区，后两个为西城辖区。

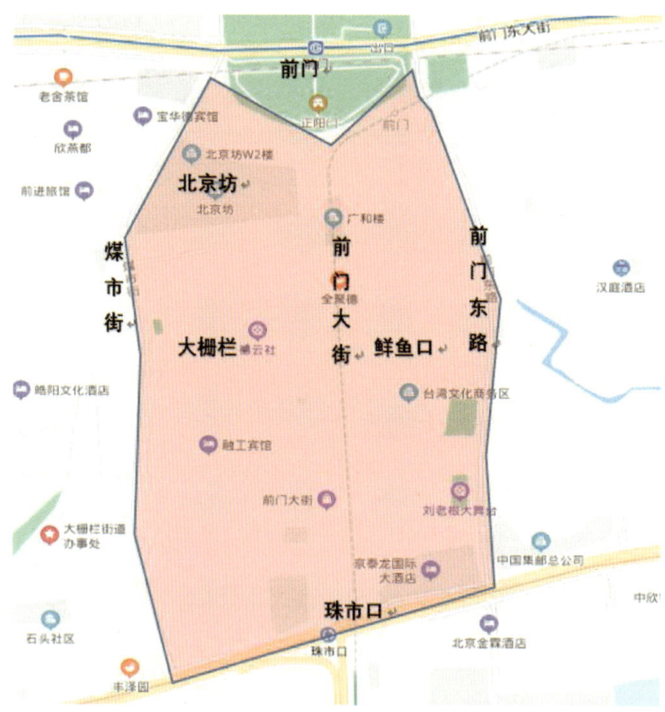

图1　前门商圈规划范围示意图

（一）前门商圈在我市商业史上地位显要

前门是明清两代北京内城的正南门，为九门之首。前门商圈也是北京形成年代最早的商圈。其兴起源于明代国都北迁，至今已有600年历史，清代取消北京内城坊制划分后商业规模进一步扩大。清末民初时期，城墙的部分拆除及前门火车站、电车的加入更是促进了商业在前门聚集。

新中国成立后，前门与王府井和西单并列为我市三大市级商业中心。在“九五”至“十二五”时期的商业方面的相关规划中，前门都被列为最高层级的商业中心之一（见表1），延续着商贾云集、游人如织的历史画面。2019年编制的《北京市商业服务业设施空间布局规划（征求意见稿）》中，前门商圈与王府井并列为广域级[①]。

---

① 根据《北京市商业服务业设施空间布局规划（征求意见稿）》，在全市域规划四级商业中心体系，从高到低依次为广域级、区域级、地区级和社区级，其中广域级包括王府井和前门大栅栏地区2个。

表1 “九五”至“十二五”商业方面的相关规划对前门的定位

规划时期	对前门的定位
“九五”	与王府井、西单并列为三大商业中心之一
“十五”	与王府井、西单并列为城市中心区三大商业中心之一
“十一五”	与王府井、西单并列为第一层级——广域级商业中心
“十二五”	与王府井、西单并列为三大标志性商业中心

（二）历史长河中历经5次大的改造

历史上的前门大街曾经历5次大规模修缮更新。其中前2次为自然灾害和战争破坏后的被动修缮，后3次均是为适应发展而进行的主动更新（见表2）。在改造的推动下，前门地区不同历史时期呈现不同风貌。

表2 前门大街历史上的5次大规模修缮更新

	时间	修缮更新背景	效果
第1次	1880年前后	大地震导致建筑损毁严重	基本恢复被损毁建筑
第2次	1900年	八国联军入侵时被烧毁	部分恢复被损建筑
第3次	20世纪20年代	民族工商业发展需要	增建大量西式建筑，中西混合形成独特“民国风”
第4次	20世纪70年代	商业发展需要	增加一批较大的单体商业建筑，老字号云集
第5次	2007—2008年	历史风貌遭到破坏，亟待恢复	主街建筑恢复民国初期风貌

（三）业态升级成效初显，商圈整体发展仍不及预期

2007—2008年实施的改造重点在硬件，即着力恢复前门大街清末民初时期的历史景观。改造过程中对商业定位缺乏长远考虑，对未来消费趋势特别是新兴业态把握不足，导致近十几年商圈定位模糊，新业态发展滞后，整体商业氛

围不足，在全市商业体系中的地位逐步下降。20世纪80年代和90年代，前门地区的商品销售额可占到全市一成左右，近年占比仅为1‰左右②。横向比较，成都的历史文化商业街区宽窄巷子与前门大街同年完成改造，宽巷子和窄巷子休闲文化等新业态分别占40%和57%，建筑面积只有前门商圈的1/10，2019年营业额已超过10亿元。

2009年以来升级重点转向景观和业态升级，成效初显（见图2）。陆续完成了风貌保护院落修缮、煤市街以东地区景观提升、主街景观提升等改造项目，并引入故宫冰窖餐厅、曼联梦剧场等文化体验业态。鲜鱼口特色美食街、北京坊先后开业，成为融合传统与时尚的新晋"网红"。

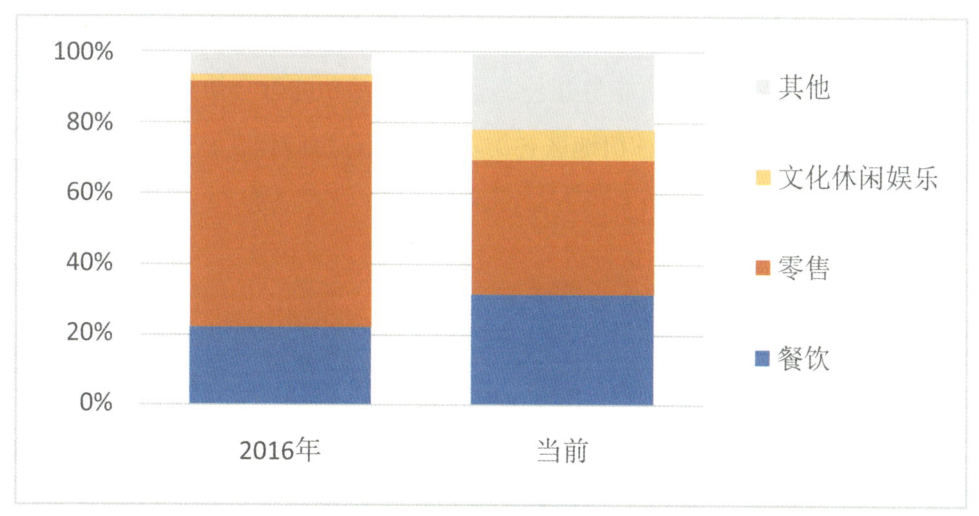

图2　前门商圈业态构成变化

注：2016年数据引自李馥佳、韩凝春著《北京前门商业街区发展调研与产业提升研究》，载《时代经贸》2018年第10期。

② 2019年和2020年前门商圈销售额为前门大街主街及以东地区（即东城区辖前门商街地区）、大栅栏地区和北京坊销售额的总和。

二、文、商、旅、居功能发展不协调制约消费升级

前门商圈在业态转型升级方面成效初显，但整体发展仍存不足。从功能上看，表现为文化功能发展不足，商业功能偏低端化，旅游缺乏深度吸引力，地方特色居住空间遭到挤压，文、商、旅、居四大功能发展不协调。从消费方面看，存在“游客数量多、人均消费少；商品零售和餐饮业态多、文化休闲等服务消费少；一般旅游服务业态多、品质店和特色店少；国内消费多、国际消费少”的问题。

（一）文、商、旅、居四大功能发展不协调

当今国际著名商圈均具有商业、商务、酒店、餐饮、娱乐等多种业态，尽管比例因地而异，但商业功能与办公、居住、休闲功能融合协调发展是共同趋势（见图3）。相比之下，前门地区各类功能的融合协调程度有待提高。

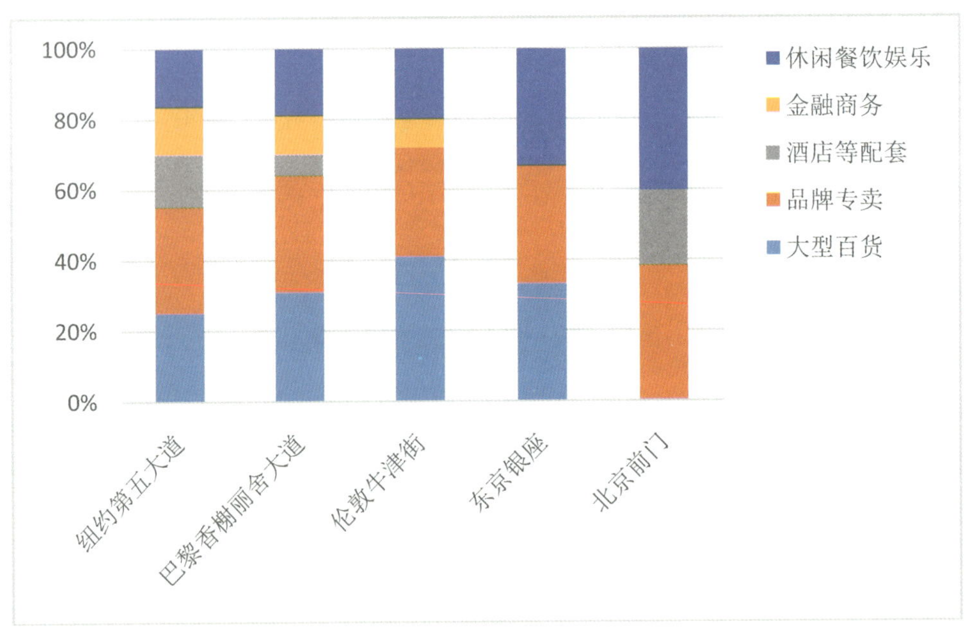

图3 世界知名商圈业态组合比例

一是文化资源发掘不到位，文化休闲功能不足。目前前门商圈已经着手围绕“京味儿”增加文化业态，成效初显。但目前“京味儿”的体现主要是依靠北京老字号、老北京小吃等，内容比较单薄，无法支撑起整个商圈的文化功能。文化资源有待深入发掘。对中国传统商业文化内涵发掘不够，老字号普遍停留在商品销售上，或仅对自身历史的简单展示。商圈各类文化主题活动规模较小，影响力不足，缺少有知名度的文化活动品牌，北京文化名人聚集的优势没能得到充分利用。

二是商圈定位不够明晰，业态升级缓慢。迄今为止前门商圈定位仍不够清晰。比如文化休闲业态是鼓励发展对象，但在京味文化、中国文化、现代时尚文化的选择方面尚需细化。一些店铺产权在民企和小业主手里，在选择业态时偏重短期经济产出，管理方缺乏强有力的手段和管理依据，制约着商圈业态升级。高租金下“薄利多销”的低端旅游纪念品遍地开花。商圈建设时断时续，部分地块处于建设或待开发状态，整体客流动线不完整，制约着商圈发展。

三是旅游以短时观光为主，缺乏深度游吸引力。前门地区本身是我市著名旅游景点，周边又环绕着故宫、天安门等著名景点，游客云集。但自天安门广场至前门大街的游客中，60%为无消费过境客流。市场需求作用下，针对短时停留游客的低端旅游纪念品、简餐在前门商圈聚集。商圈内公共休息空间较少，休闲、绿化设施不足，游客难实现长时间停留，也制约着消费深度。

四是居住空间更新滞后，京味儿生活被冲淡。前门大街两侧原是传统居住区。随着商业和旅游开发，“老北京人”外迁，来自全国各地的旅游商品经营者入住，冲淡了胡同里的传统京味儿，让为体验老北京生活而来的游客感到失望。居住环境有待改善，管线入地尚未全面完成，居民院内普遍无独立卫生间和正规厨房，街道排水设施不足，雨污合流造成二次污染。旅游住宿方面，目前以低端小旅馆和一般经济型连锁酒店为主，中高端品质住宿和特色住宿不足。据携程网数据显示，距前门1公里范围内4星（钻）以上的酒店只有4家，而同为历史文化类商业街区的成都宽窄巷子附近有10家，苏州观前街附近有14家。原本属于市民生活一部分的亲民类小吃在高租金下被排挤，部分北京老字号生存困难。老字号“爆肚冯”因难承受高租金从主街搬到廊坊二条，曾经10元一碗的爆肚如今50多元一碗，本地人吃不起，游客还嫌贵，店家就没利润。

（二）消费领域存在“四多四少”问题

一是游客数量多、人均消费少。前门商街（即主街及以东地区，不含大栅栏和北京坊）2020年人均消费不足25元，2021年五一期间人均消费不足20元。

二是商品零售和餐饮业态多、文化休闲等服务消费少。国际知名商业街区的业态分布大致为：购物30%～35%，餐饮20%～25%，休闲、娱乐、酒店、服务等30%～40%。如巴黎香榭丽舍大道文化休闲娱乐业态约占20%，商务服务业态和酒店约占17%。成都宽窄巷子，宽巷子和窄巷子休闲文化和其他业态分别占40%和57%。相比之下，前门商圈餐饮比重偏高，而休闲娱乐和配套服务业态比重偏低。

三是一般旅游服务业态多、品质店和特色店少。前门商圈人流中，外省市来京旅游者约占70%，人均消费较低。主要面向外来旅游者的大栅栏区域人均餐饮消费在30～100元，而北侧主要面向本市消费者的北京坊人均餐饮消费可达150元。老字号企业数量虽然增长明显，但同样存在供给偏低端、业态重复、人均消费不高的问题，目前经营范围集中在小吃点心、服装鞋帽，与一般旅游业态重合度较高。适合重复消费、高端消费的品质店、特色店较少。商圈活力不足，对年轻人的吸引力较弱，夜间经济有待发展。

四是国内消费多、国际消费少。我市国际消费中心城市建设离不开国际游客入境消费支撑。伦敦西区游客中25%为外国游客，伦敦西区剧院全年消费中约1/3是外国游客消费，摄政街和牛津街国际游客消费分别约占22%和20%[③]。故宫外国游客比例达到20%左右，而前门地区外国游客占比仅为2%左右。区域内对国际游客具有吸引力的店铺和面向国际游客的文化活动较少，配套服务设施的国际化程度也有待提高，国际消费潜力有待激发。

---

③ 王庆先.老字号历史魅力引领时尚消费潮[N].消费日报，2012-09-13.

三、多方协力推动文商旅居功能融合协调发展，打造新时代的“国门天街”，进一步彰显古都韵味和现代城市活力

前门地区首先应严格落实降低“四个密度”和“让核心区静下来”的要求，保障好中央政务环境。按照“四个中心”的城市功能定位，前门商圈应作为文化中心和国际交往中心功能的重要承载区，进一步彰显古都韵味和现代城市活力；在商业定位方面，以本市居民消费升级趋势为主要导向，将时尚元素融于传统文化，为市民和游客提供高品质文化休闲消费空间，积极拓展国际消费。基于这一定位，建议以控制商业总量、人流规模为前提，以“国门天街”作为营销符号，着力挖掘文化资源、优化商业业态、提升旅游体验、改善居住环境，统筹谋划、多方协力推动文、商、旅、居功能融合协调发展。

（一）挖掘文化资源，丰富文化业态

文化是国际知名商圈不可或缺的组成要素。纽约“第五大道”聚集圣帕特里克教堂、中央公园、大都会博物馆等，也被称为“博物馆大道”；巴黎香榭丽舍大道的星形广场、凯旋门与附近的卢浮宫、埃菲尔铁塔等共同形成聚合力；伦敦西区剧院是全球性演艺中心。前门商圈既是我市最高层级商业中心，也是我国面向全球的传统文化展示窗口，目前需深挖文化资源潜力、丰富文化业态。

在京味儿文化体验区基础上，增加全国代表性文化展示。前门自古以来就是全国文化汇聚之地，作为大国首都的主要商圈和文化展示窗口，文化展示不应局限于本市地域性文化，还应包括全国性传统文化，如茶文化、书画艺术等中国传统文化。站在国际交往中心建设的角度，强化国家门户形象功能，增设面向国际游客的文化展示平台。建议设立中国传统文化展示和体验场所，有目的、有计划地引入全国各地的世界级和国家级非物质文化遗产并进行展示，结合中国主要传统节日举办大型主题活动。

打造以传统文艺表演为特色的演艺群落。我市作为文化中心，尚未形成

有全球影响力的演艺聚集区。上海“演艺大世界”一带如今已成为全国规模最大、密度最高的剧场群，全球范围内仅次于纽约和伦敦。区域内共有专业剧场22个、各种形态的“演艺新空间”38个。2019年上海共有商业演出3.8万场，比我市多1.5万场，其中一半在“演艺大世界”上演。前门商圈位置优越，知名度高，周边环绕国家大剧院、北京音乐厅、中山音乐堂等知名大型演出场所，区域内已入驻德云社、刘老根大舞台等演出场所，具备发展演艺群落的基础。建议利用现存在建地块及会馆等存量资源，结合传统“茶馆”“书馆”文化，打造以中小型剧场为主、以传统艺术演出为特色的演艺群落。

利用各地会馆资源集中展示地域文化。前门商圈共有会馆31处。建议通过推动会馆腾退和利用，恢复历史上会馆的部分功能，为来自全国各地的“新北京人”提供交流聚会、感受“乡情”的场所。结合演艺群落打造，定期组织全国各地的知名演出团体、地方剧种来京在各会馆进行展演，组织各会馆举办地域性文化集中展示、体验活动。

引入公共和公益性文化场所。借助低价、免费的公共或公益性文化场所吸引客人驻足，提升商圈文化含量是国际上推动商圈升级的常见方式。“新加坡2050”规划提出，大型公共设施不再给独立用地，而是结合经营性服务业态集中配置。我市已有相关实践，如隆福大厦内的“更读书社”将公共图书馆与书店融合，望京小街引入公益图书馆“晓书馆”，均取得了良好效果。建议在前门商圈重点引入各类以历史文化、民俗等为主题的博物馆、公共图书馆。借助“名人效应”提升文化影响力，鼓励文化名人开办公益性和经营性文化场所。

借助艺术家力量，提升商圈艺术品质。在国际知名商业街区，艺术是不可或缺的元素，街头雕塑、街头艺人等常常构成独特风景。艺术也是让老旧地区焕发新生，推动城市更新的有力工具。我市798、宋庄等一批有影响力的文化产业聚集区均是在艺术家“拓荒”后发展起来的。艺术机构、艺术家云集是我市突出优势。建议前门地区在升级改造中组织艺术人士参与到街道规划、小品设计、四合院改造等工作中，提升区域景观。组织非物质文化遗产代表性传承人、传统艺术专业人士开展文化展示、交流、培训等活动，开设名家讲堂。

运用现代技术，以虚拟方式复活历史景观。历史文化景观虚拟再现技术已在国内外得到广泛应用，不仅可以作为线上宣传手段，也可以与实地游览相结合，丰富游客体验。美国弗吉尼亚大学2007年即开展“重生罗马”项目，供人们在线“游览”鼎盛时期的古罗马。浙江良渚古城在5G正式商用当天即启动“双5计划”，利用5G网络SDN（软件定义网络）和NFV（网络功能虚拟化）等技术全景展示历史文化遗产，游客佩戴AR眼镜进入景区即可感受古城“复原”。故宫通过新技术实现手机扫描景点即可弹出相关的历史影像，扫描历史图片可看到立体的文物投影。前门地区可借鉴其他景区经验，运用虚拟技术重现现实中难以复原的历史景观，展现不同历史时期前门地区的风貌。

（二）控制商业规模，优化商业业态

为应对网络购物的冲击，实体商业将商品消费与线上难以替代的休闲娱乐等服务消费融合，发展体验经济已成为大势所趋。我市居民消费已经进入服务消费主导阶段，前门商圈需提高文化、娱乐、休闲等服务消费业态比重，将传统与时尚相结合，推动业态融合发展，引入现代科技手段提高消费便利性，以适应消费趋势变化。

控制商业体量，利用现有空间资源实现转型升级。无论是从落实核心区功能定位的要求看，还是从我市商业面积总供求关系看，前门商圈都不宜再扩大商业体量。我市按常住人口计算的人均商业面积已经达到2平方米，加上流动人口，人均商业面积为1.4平方米，与其他大型城市基本相当[④]。2021年一季度市级商圈空置率为4.7%，区域商圈空置率高达9.3%，比2020年下半年有所升高[⑤]。对低端业态的清理和对两侧街巷胡同的有效利用，可以为新业态提供更多发展空间。

推动传统与时尚相结合，提升商圈活力。传统商圈要注重保留历史文化底蕴，但作为商业经营场所，时尚元素的缺位又容易导致引力不足，特别是脱离年轻人的需求。鼎盛时期的前门商圈是时尚汇聚之地，清朝京剧兴起时期的七大戏园、民国时期的铛铛车，都代表了当时的“流行文化”和先进技术。今

④ 资料来源：《北京市商业服务业设施空间布局规划（征求意见稿）》。
⑤ 资料来源：赢商大数据。

日的前门商圈除北京坊外，其他区域从业态到经营方式都处在传统有余、时尚不足的状态。上海南京路步行街通过强化娱乐体验类特色品类，使年轻客流和本地客流的占比大幅提升，2020年娱乐体验类业态增加31%，销售额同比增长30.1%，25～34岁客流同比增加17.5%，本地客流同比增加8.7%。前门商圈要推动低端旅游服务业态为新业态让路，持续支持首店经济，鼓励发展胡同特色小店。推动老字号在保持传统工艺、传统文化的基础上，以中高端需求为导向创新经营模式，强化产品设计，增设体验业态。

运用大数据分析助力商业经营决策。大数据已成为商业经营的得力工具。伦敦牛津街2016年运用大数据监测系统对客流量进行记录和分析，针对夏季和12月两个客流旺季，引入了适宜的夜生活设施和业态，为伦敦再添“夜间经济圣地”。上海黄浦区针对南京路、淮海路建立了“客流分析平台”，为商户提供季度和年度分析报告作为经营决策参考，大数据成功帮助世茂广场重新确立了“潮玩盛世”定位。杭州推进武林商圈在支付宝商圈平台上线，让顾客在购物消费的瞬间成为商圈和品牌的双会员，基于会员基础信息进行消费习惯分析和精准营销，帮助实体商业摆脱运营困境。前门商圈在推动业态升级过程中可借鉴相关经验，充分运用大数据进行客流分析，为商户提供经营决策参考，帮助新商户进行选址和客流预判，开发跨品类、跨商户交叉销售机会。

引入智慧科技缓解商圈交通问题。交通拥堵、车位稀缺是传统商圈普遍面临的难题。引入智慧停车系统有助于缓解这一问题。杭州武林商圈通过对传统停车场管理系统实施智慧化改造，实时监控商圈内16家停车场并实现一键导航，以2500个车位日服务1万余车次。我市望京小街智慧停车系统通过错峰停车共享车位，在区域车位紧张的情况下停车增容400～600辆，停车效率提升60%。公共交通也需要提高科技含量。设置智能公交站台，不仅能显示实时公交信息方便乘客，还可根据客流情况、乘客目的地分布等大数据调整调度，提高运行效率。前门商圈应加快引入上述技术手段，在智能交通上为商圈升级提供保障。

提高规划用途的灵活性。业态跨界融合是当代休闲式商业街区的典型特征。现行土地用途按照商业、办公、居住、工业等传统划分，土地出让方式、地价标准、不动产登记等都以此为标准，与业态融合发展之间存在一定冲突。需建立与新产业、新业态发展相适应的规划用途分类体系，主动适应新产业、新业态发展用地需求。可借鉴新加坡土地规划中“白色地带”的概念，选取部分空间作为试点，允许经营主体在符合禁限目录的前提下自主决定用途，在转换用途时无须审批和付费。

（三）提升旅游体验，支持发展“深度游”

前门地区的特殊区位决定了游客是重要消费群体。国内的旅游需求正处于从观光式为主向休闲度假式为主过渡的阶段，而前门地区的人流仍以短时停留游客为主，既不符合“让老城慢下来、静下来”的要求，也不利于商圈消费升级。

取消旅游集散功能，谢绝旅游团队。参考南锣鼓巷景区的做法，禁止旅游大巴停靠，拒绝旅游团队集体进入街区。取消前门城楼下的旅游集散中心。始发站在前门地区的旅游巴士线路一律撤出。引导团队游客以“自由行”的方式分散游览，必要时采用预约制限流。

拓展休闲空间，延长游客停留时间。由专业机构对建筑形象、空间尺度、交通组织等进行统一细致的规划设计。着重恢复部分历史景观，并通过增加小尺度共享空间、互动设施、景观小品等“停留节点”，实现传统建筑与新休闲空间融合。由政府出资支持公共服务性质的设施建设。重点支持市政管网改造、与公交地铁的衔接、周边国际化引导标识和人性化服务设施等。前门地区公共空间狭小的局限，可借鉴成都宽窄巷子的经验，利用街道两侧窄巷、拐角、屋顶等边角空间构建立体化的休闲街区⑥。

适当建设中小体量的高品质酒店。前门商圈本身体量较大⑦，再加上周边旅游资源丰富，“一日游”的游客难有时间进行文化休闲消费、夜间消费。要提高人均消费量，就要变“一日游”为“深度游”。可利用南部剩余地块建设高

---

⑥ 宽窄巷子过去的商业集中在宽巷子，且以面向旅游者的商品销售和餐饮业态为主。2006—2008年间进行了升级改造，在宽巷子的基础上，利用窄巷子和井巷子构建立体化的休闲街区，形成“闲在宽巷子，品在窄巷子，泡在井巷子”的格局，如今已成为著名“网红”打卡地。

⑦ 国际上商业街的长度集中在500～700米，纯步行街200～350米，前门大街主街长约850米，已经超出了单次步行舒适距离。

品质酒店。酒店应主要面向中高收入群体和国际游客，建筑体量不宜过大，可结合增绿需求打造园林式的居住空间。同时，鼓励现有快捷酒店进一步向主题化、特色化改造。

适当支持利用四合院发展特色民宿。加强政策支持，推动民宿规范发展。我市已出台《关于促进乡村民宿发展的指导意见》，但城市民宿多处于“非法经营”状态，亟须制定城市地区民宿发展的指导意见，细化胡同地区民宿标准和管理办法。鼓励原住民开设或以多种方式参与经营特色民宿，留住胡同京味儿，让北京人能感受到“乡愁”，让游客实现沉浸式体验。在明确政策的基础上，切实帮助经营者解决申报、达标评定、办理证照等实际问题。

以老北京小吃“后移”带动后街经济。鼓励引导炒肝、爆肚、卤煮等亲民类老字号小吃向“后街”胡同地区迁移，并统一进行宣传推广。一方面将客流引向深入，避免游客在主街沿线过度聚集。另一方面也有利于这一类老字号降低租金成本，改变外界对老北京小吃“又贵又难吃”的印象，也让游客能够在胡同中体验老北京市井文化。

加强针对国际游客的营销和服务。积极开展境外营销，加强商业街区内针对国际游客的文化体验项目设计和推广。完善多语言引导标识等国际化公共服务设施。运用虚拟漫游等方式，通过互联网向国际游客展示景区魅力。

（四）改善居住条件，留住胡同京味儿

紧扣“七有”“五性”要求，改善前门地区居住环境，留住胡同“京味儿”，展现首都风貌。在旅游需求从观光式向休闲式、体验式发展的趋势下，改善历史文化区的居住环境也是改善消费环境。

持续推进背街小巷环境精细化提升。落实《背街小巷环境精细化整治提升三年（2020—2022年）行动方案》，更加精细化地提升环境，着重体现首都风范、古都风韵。因地制宜增加小型休闲绿地。结合智慧商圈打造智慧胡同，开展智慧胡同建设。加强街巷日常管理，巩固整治成果。

改善居住配套基础设施。推进胡同雨污分流、电气管线入地、上下水改造，解决平房院落无法设独立卫生间等问题，在改善居民生活条件的同时，也为发展特色民宿奠定基础。利用前门商圈配套的大型地下停车场，配合智慧停

车设备，实现居民与游客错时停车，缓解胡同停车难问题。

补足社区生活性服务业短板。推动部分旅游商品销售店铺向便民商业转型，满足居民买菜、理发、维修等日常生活需求，提高居民日常消费便利性。

补足公共服务设施短板。除由街道、社区提供免费的公共文化活动场所外，也可结合新业态引入，适当以市场化方式增加文化休闲空间，如民营的茶馆、图书馆，作为本地居民与游客共享的文化场所。

留住“老街坊”，留住胡同“京味儿”。在落实人口疏解要求的前提下，留住世代居住在前门地区的“老街坊”。落实“老城不能再拆”的要求，推广雨儿胡同“申请式腾退”和“共生院”经验，逐渐恢复传统民居风貌。

（五）组建商圈统一管理机构和商会，多方协力推动升级

商圈升级是一项系统工程，需政府、企业、社会多方参与，共同推动实施。特别是要尊重商业市场规律，充分吸收商家优秀建议。

完善工作对接机制。前门商圈行政上分属东城、西城两区管辖，产权比较分散，既有市级、区级企事业单位，也有民营企业和个人。分割管理、产权分散造成需要协调衔接的事项较多，难度较大，整个商圈业态参差不齐。为推动前门商圈发展，建议完善包括市级相关分局、西城、东城在内的工作对接机制，由东城、西城两区政府负责人轮流召集，定期沟通协调，推动实现商圈的统一规划、统一营销和业态调整。对主动引入和鼓励发展的文化场所、老字号、新业态等统一制定支持政策。

推动组建前门商会，发挥企业家智慧。商圈升级由党政机构主导实施，有利于统筹规划。同时，为避免出现与市场脱节、商户积极性不高等问题，要充分发挥民间组织的力量。20世纪80年代，巴黎香榭丽舍大道在由商家和居民代表组成的“香榭丽舍委员会”的推动下启动修复工程，逐渐恢复原貌[8]。我市望京小街在升级改造中建立以党建协调委员会为核心、以小街自治委员会为支

⑧ 1989年，由街道两侧商家和居民代表组成的“香榭丽舍委员会”在开展了4年跟踪研究的基础上提出“拯救香榭丽舍计划”，在它的推动下巴黎市政府于1992年启动大道修复工程，令香榭丽舍大道逐渐恢复高贵典雅的原貌。

撑、以商户自治联盟和流动党支部为补充的治理架构，两个多月即确定了统一的改造方案。前门商圈可通过组建商会，以商会为沟通交流平台，在升级改造中充分听取企业家、商家的意见和建议，尊重商业市场规律，发挥民间智慧，提高改造效率。

（北京市发展改革政策研究中心助理研究员滕秋洁　撰稿）

多业融合、集群发展、突出特色、打造精品，以门头沟小院助推山区绿色转型发展

门头沟区自退出以煤矿为代表的资源型产业以来，努力探索绿色转型发展之路，着力培育乡村旅游富民产业，近几年积极推进乡村精品民宿（以下简称民宿）发展，成功打造了“门头沟小院”（以下简称小院）区域品牌。小院已成为实施乡村振兴战略的有力抓手，推动山区绿色转型发展的新支点，“绿水青山”转化为“金山银山”的有效途径。为进一步促进小院健康持续发展，我们开展专题调研，分析了小院发展的优势与短板，提出了相关对策建议。

一、乡村精品民宿发展基本情况

民宿是民俗旅游接待户“农家乐”的升级版，是近年来随着市民休闲旅游需求提档升级和消费模式转变快速发展起来的乡村旅游新业态。为引导民宿健康发展，2019年，文旅部发布《旅游民宿基本要求与评价》，本市出台《关于促进乡村民宿发展的指导意见》，并将民宿纳入乡村旅游三大金融平台[①]服务范围，组织开展星级民宿评定工作，民宿逐渐步入规范化、品牌化、集群化发展的新阶段。截至2021年上半年，全市共有民宿1000多家，盘活利用闲置农宅3000余处，日接待能力4.4万人次，成为生态涵养区各区发展乡村旅游的新热点。其中，怀柔、延庆、密云三个区民宿发展起步早、品牌多、影响力大，占全市民

① 包括乡村民俗旅游政策性保险服务体系（本市星级民俗户、乡村旅游特色业态经营户以及民宿经营者在经营业务发生意外事故，或因其提供的食品、饮料造成游客的人身伤亡时，可由保险公司负责赔偿）、乡村旅游融资担保平台和旅游资源交易平台。为应对疫情，2020年在乡村旅游融资担保平台上，针对性地出台了“民宿应急保”产品。

宿的80%以上。门头沟区自2018年以来，紧抓乡村旅游消费升级需求，借助与西城区结对协作及与高校名企战略合作契机，以打造小院为载体着力推动民宿发展。截至2021年8月，小院已覆盖51个村，品牌民宿已由2018年底的18家发展到63家，其中在营46家，在建17家，盘活闲置农宅300余处，总体接待能力超过2000人，上半年民宿接待量近2万人次。

二、门头沟发展民宿的优势与短板

（一）主要优势

一是传统文化优势。民宿根植于山区村落，绿水青山的优美生态是必备条件，传统文化底蕴是重要吸引。门头沟区拥有国家级传统村落12个，占全市总数一半以上，保留传统村落风貌的有54个，约占全市现存传统村落的七成，现存古商道、古军道、古香道近300公里，京西古道独树一帜。作为北京母亲河的永定河贯穿全区，共计百余公里，孕育形成永定河文化。地处太行山革命老区，是平西抗日根据地和八路军冀热察挺进军司令部所在地，红色文化资源众多。潭柘寺、戒台寺等宗教文化历史悠久，具有较大影响力。拥有京西太平鼓、妙峰山庙会、琉璃烧制技艺、千军台幡会4个国家级非遗项目，民俗文化精彩纷呈，被称为“华北地区独一无二的民俗发祥地”。

二是空间资源优势。发展民宿主要利用闲置宅基地及农房，闲置农宅的数量及分布决定着民宿发展的空间和潜力。门头沟区现有闲置农宅3300多处，约占全市闲置农宅的16%，主要集中在斋堂、潭柘寺、雁翅、清水4镇，全区尚有90%以上的闲置农宅可供盘活利用，空心村、无人村数量多，有数十个村落具备规划利用条件。在生态涵养区中，门头沟区山区面积大，而乡村人口少，地广村少人稀[②]，人均山地资源丰富，为发展民宿提供了广阔的拓展空间。农村人

② 门头沟区山区面积占98.5%，近年来随着山区人口搬迁工程实施，乡村人口逐步减少。据“七人普”调查显示，2020年全区乡村居住人口3.4万，比2010年下降19.7%，仅占全区常住人口的8.6%，在生态涵养区中占比最低（密云乡村人口占33.6%，延庆乡村人口占40.5%，平谷乡村人口占39.1%，怀柔乡村人口占24.1%）。门头沟区有社区120个，村委会178个；延庆区有社区47个，村委会376个；平谷区有社区40个，村委会272个，在生态涵养区中村委会数量最少。

居环境在全市名列前茅，2019年考核位居第一，生活污水处理设施基本实现全覆盖，显著高于全市农村平均水平。

三是组织推动优势。门头沟区民宿发展起步晚，但起点高。成立了由区委书记、区长任双组长的民宿发展工作领导小组，推出“大额度、长周期、广覆盖”的民宿政策服务包，设立总额8亿元的乡村振兴绿色产业发展专项资金。搭建村企合作平台，连续举办北京精品民宿发展论坛暨门头沟小院推介活动，引进西城区国企、北京电影学院、同仁堂集团、北京演艺集团等高校和名企，积极吸引社会投资落地。推进“门头沟小院＋”田园综合体建设，在全市率先破解了民宿“一照两证一系统③”手续办理难题，培育了创艺乡居、槐井石舍、爨舍、妙峰山居、朗诗乡居等一批民宿品牌，“门头沟小院”已成为具有一定影响力的区域性民宿品牌。

（二）主要短板

一是基础配套服务仍不完善。山区对外交通主要依靠109国道，缺乏交通微循环，回头路多，“鱼刺状”道路制约明显，在主要交通节点缺乏民宿标识系统。村庄原有的供电、供水、污水处理设施难以满足民宿发展需求，适应小汽车出行的配套条件不足，尤其缺乏停车场、充电桩等配套设施，高速通信网络覆盖还存在盲区。多数村庄公共活动空间不足，与民宿发展相匹配的餐饮、购物、娱乐设施较为缺乏。

二是内生发展动力不足。目前民宿发展主要依靠外部力量推动，村集体、本村居民参与形式较为单一，主要依托农房租赁。民宿在建筑设计、主题营造、经营模式等方面存在趋同现象，特色化不够鲜明，来访者多为一次性消费，复游率不高。对当地传统文化、革命故事、特色美食等挖掘不深，与农耕体验、健康养生、户外运动、文化创意、科普教育等多业态融合不足，与周边旅游资源联动性不强。小院布局零散，尚未形成互动发展的民宿生态，难以发挥民宿集群效应。

三是普遍性瓶颈仍未突破。乡村旅游淡季长、旺季短，冬季游客少，夏季

---

③ 指营业执照、公共场所卫生许可证和食品经营许可证（如经营餐饮），以及安装使用公安机关的信息采集系统。目前，全区已有12家精品民宿项目申办完成“一照两证一系统”相关手续。

受汛期影响大，全年可经营时间不足60%。民宿订房需求谷峰明显，周末、节假日一房难求，而周一至周四空置率高达七成以上。民宿注重风格设计、服务品质与个性化体验，对运营服务人员要求较高，而相关专业人才不足。农村老龄化程度更高，普遍缺乏劳动力，民宿用工较为短缺。点状供地政策试点进展较慢，民宿配套产业项目仍然落地难。

三、促进门头沟小院健康持续发展的建议

作为后起之秀，面对生态涵养区民宿竞相迸发的态势，小院发展要坚守功能定位，立足生态富民，紧紧抓住乡村旅游消费升级机遇，依托“绿水青山门头沟”旅游品牌，发挥资源优势，激发内生动力，促进民宿业态融合、集群发展，注重突出特色、打造精品，将小院打造成践行“两山”理论新样板、京西高端生态休闲新空间、全区绿色发展新名片。

（一）提升定位、拓展功能，明确小院发展导向

提升定位，凝聚发展共识。乡村旅游是促进城乡融合发展、带动农民增收、满足城乡居民美好生活向往的重要民生产业，乡村民宿是乡村旅游提档升级的重要引擎。经过近几年的培育，门头沟小院已初具品牌效应，下一步要在推动乡村振兴、带动集体经济发展、促进共同富裕上发挥更大作用，在保护传承传统文化、壮大文旅体验主导产业、促进文旅兴区建设上做出更大贡献，在打造市民休闲康养后花园、树立绿色转型发展新典范、展现全区发展新形象上要有更大作为。

度假为主，拓展小院多样化功能。民宿作为乡村旅游高端接待场所，乡村环境、文化体验、田园乡愁是其主要吸引，休闲度假是其基本功能，目前，小院已成为北京市民重要的休闲目的地。为适应市民多元化消费需求，要在满足小院休闲度假功能的基础上，在招商新建小院过程中，充分发挥民宿独特优势，进一步拓展小院会议会展、创作设计等商务功能，团建聚会、亲子研学等社交功能，乐享田园、健康疗养等养老功能，发挥小院的经济、文化、社会等多重价值，促进小院多元化开发经营。

优化网络化布局，促进集群化发展。民宿集聚式发展有利于提升基础配套与公共服务品质，有利于打造民宿生态，发挥民宿集群效应。要重点依托109国道、108国道、门大线、丰沙线等主干线路，串联17家A级景区，以斋堂镇为中心，以雁翅镇、清水镇为两翼，联动王平镇、潭柘寺镇、妙峰山镇发展民宿重点镇，选择基础配套好、资源条件优、发展空间大的村，以民宿小院占本村10%~30%为宜培育民宿专业村，由点带面，分步实施，重点打造10个左右集群式小院片区，形成网络化布局，提升民宿分布集中度。

（二）突出特色、促进融合，做好"门头沟小院＋"的大文章

聚焦主题，凸显小院鲜明特色。汲取门头沟古村古道、民风习俗、乡村艺术、红色革命等文化元素，通过老物件、老手艺、文创产品、非遗项目等将当地文化融进小院，凸显乡土文化特色。结合家庭出行、商务人士、文艺青年、退休老年人等不同来访群体的需求，融入亲子、美食、游戏、科技、时尚、军旅、怀旧等元素，鼓励小院差异化设计、个性化经营，凸显小院不同风格，营造"一院一世界"，丰富来访者体验。鼓励民宿主人与来访者建立朋友式关系，分享民宿故事，引导来访者全面感受乡村的生产、生活、文化，打造有故事、有情怀、有念想的小院，体现小院"家"的温度。

促进融合，打造小院发展共生体。入住民宿的体验感不仅源于小院本身，还有赖于所在村落民宿体系的完善。要以满足来访者需求为中心，以小院为原点，集聚民宿相关业态，完善民宿上下游供给，构建功能互补、业态丰富的民宿共生体。推动村庄自产农副产品、"灵山绿产"精品农产品、特色手工艺品进小院，既为小院提供新鲜优质食材，也为来访者提供精品伴手礼。鼓励在村内开办文创店、便利店、咖啡厅、书吧、特色餐饮等消费场所，打造多业态融合创新的民宿消费综合体。引进文化社团举办沙龙、读书会、音乐会、创意集市、国学研习、传统制作等文化活动，增强民宿村文化氛围。鼓励设立物业公司、洗涤公司等服务主体，为民宿统一提供客房服务。

挖潜资源，丰富"小院＋"生态圈。发挥民宿在文旅发展中的高品质配套和高价值引流作用，以小院为核心，整合、联动各类文旅资源，构建"小院＋"生态圈，促进文旅体商农融合发展。推进"小院＋"田园综合体建设，充分利用

农田、林地、水塘等农业资源，因地制宜建设采摘园、亲子农场、市民菜园、中草药基地、林间乐园等，丰富农业科普、农事体验功能，将小院休闲拓展到村边田园空间。促进“小院＋”户外运动，依托京西古道、山地等资源，积极开发古道徒步、登山、骑行、攀岩、越野线路，拓展小院户外运动空间。促进“小院＋”景区联动，鼓励小院与周边景区建立互惠共享关系，通过设立联票、免费赠票等方式提升小院附加值。鼓励小院与影视拍摄、摄影、写生、演艺、康养等相结合，延伸民宿服务功能，不断拓展“小院＋”生态圈内涵。

（三）内外兼修、协调发展，构建民宿发展良好生态

加强行业组织建设，发挥民宿协会积极作用。行业组织在促进民宿健康发展中起着重要的桥梁和平台作用，要大力支持门头沟区旅游协会民宿分会行业组织发展，强化其行业引导、行业自律、行业交流、行业促进职责，积极培育和推介民宿经营品牌，促进民宿行业健康发展，聚力打造“门头沟小院”共有品牌。鼓励民宿协会开展行业培训、定期举办民宿主分享会、推广民宿品牌活动、对接民宿营销平台、参与民宿发展规划与政策制定等工作，引导民宿在提高服务质量、维护市场秩序、落实政府决策等方面发挥示范引领作用，提高行业组织公信力、凝聚力、影响力。

推进设立民宿学院，培养民宿管理与服务人才。借鉴延庆北方民宿学院经验，以门头沟小院联盟就业培训基地为基础，依托领军型民宿平台企业，设立门头沟民宿学院，打造小院“孵化基地”，并向外输出民宿设计、业务培训、金融服务等民宿衍生品。针对小院发展实际需求，设置特色化课程与实战化培训，重点培养民宿主、运营管家、服务人员三类人，为投资创业者提供全方位指导，为小院输送运营管理及实用技能人才，解决民宿人才、用工短缺难题。

社区共生，与乡村建立利益共同体。民宿是城市资源流向乡村的入口和平台，也是乡村资源价值提升后的输出载体。要促进民宿融入乡村，让本地农民成为民宿发展的参与者、建设者、受益者，实现民宿与乡村共建、共治、共享、共赢。鼓励村集体成立住宅合作社，通过对外招租、合作经营、自建自营等方式，统一盘活闲置房屋资源，完善“保底＋分红”的利益联结机制，发展壮大民宿集体经济。鼓励民宿优先招用本村及就近劳动力，由村集体协助建立

民宿用工资源库，满足民宿临时性用工需求。支持民宿投资创业者及运营人员以“荣誉村民”身份参与村庄社区治理，鼓励民宿积极参加公益活动及公益事业，投身美丽乡村建设，增强民宿的在地感、归属感。

分类指导，促进民宿经济协调发展。发挥品牌民宿示范带动效应，鼓励村民农家院按照小院模式进行升级改造，自营或托管经营。支持品牌民宿网络化布局、连锁化经营，扩大自有品牌影响力。重点吸引返乡下乡人才、外来企业投资创业，发挥自建自营成本优势、个人创业经营优势、企业投资规模化优势，引导形成特色发展、错位竞争的良性格局。积极推进“一线四矿”文旅康养休闲区建设，借助“流动民宿”的引流和品牌效应，引导小院合理布局、集聚发展。

（四）完善配套、创新政策，为民宿发展营造良好环境

补齐短板，提升基础设施与配套服务水平。以开通109国道新线为契机，优化山区路网布局，提升交通通达效率。加快推进双大路二三期建设，连通斋幽路、北韩路、上燕路等道路，打通山区交通微循环。用好铁路门大线、丰沙线，改善站点周边交通，研究开设永定河山水旅游专线。支持民宿村利用边角地因地制宜建设停车场，并配建充电桩，通过与非民宿户、临近村共享停车等方式，开设临时、应急停车场，解决停车、充电难题。制作发布并及时更新小院地图，建设小院道路标识系统，为自驾车导航提供精准服务。鼓励民宿村建设村史馆或专题性小型博物馆，作为公共文化设施向来访者免费开放。支持5G基站向民宿村延伸覆盖，提高网络通信能力。

创新规划用地政策，促进三次产业融合发展。加快推进民宿重点镇国土空间规划编制审批，充分考虑小院建设需求，完善民宿专业村村庄规划。积极推进点状供地政策试点，将点状供地指标集中用于民宿村，优先用于会议、餐饮、停车场、充电桩等服务设施建设，以及特色农产品加工、储运项目。创新“村地区管”新模式，由区属国有企业搭建集体产业用地服务管理平台，对民宿相关产业项目实行代建、代管、代收、代租、代转服务，缩短项目落地运营周期。

加大支持，完善培育扶持政策。用好8亿元乡村振兴绿色产业发展专项资

金，在对三星级以上精品民宿及优秀民宿设计方案给予奖励的基础上，设立民宿专业村奖励资金，对达到一定评优条件的民宿村给予奖励，主要用于村庄景观环境、服务设施、数字乡村等项目建设。重点吸引返乡下乡人才创办民宿，对优先推荐小院投资创业者、运营管理者评选门头沟区领军人才、优秀人才、青年人才。将具备一定会议、培训功能的民宿纳入政府采购目录，借助与西城区结对协作契机，鼓励西城区机关、企事业单位优先采购小院服务。鼓励民宿四季全时运营，冬季采暖按用电量给予一定比例补助，田园综合体项目也可参照执行。

改善监管服务模式，促进民宿规范化发展。考虑山区乡村自然地理条件特性，细化科学制定适合民宿经营的卫生、消防、环保、食品、应急等行业监管标准，适当放宽市场准入，加强事中事后监管，加快推进民宿“一照两证一系统”全覆盖全接入。研究制定门头沟区民宿管理办法，进一步规范民宿经营管理，提升民宿服务质量，保障来访者与经营者合法权益，促进小院持续健康发展。

（五）坚持高位策划营销，不断提升小院品牌影响力

加强全方位宣传。借鉴“永定河文化”品牌打造经验，注重利用微信、抖音、快手等新媒体传播资源，打响“小院喊你来串门”口号，全方位打造“门头沟小院”品牌。依托妙峰山庙会、永定河文化节、国际山地徒步大会等品牌活动，在民宿重点镇、专业村策划举办丰富多彩的文化旅游、体育赛事、节庆展会等各类活动，形成月月有大活动、周周有小活动的热闹局面，持续不断营造文旅消费热点。积极参与全国民宿大会、全国民宿博览会、京津冀民宿发展论坛等业内活动，积极承办北京市乡村民宿大会，继续办好小院推介活动，将“门头沟小院”打造为全国知名民宿品牌。

促进多元化营销。支持专业运营商做强做优“门头沟小院”公众号、小程序、APP，面向投资者、消费者分别设计板块功能，丰富预订、导航、购物、周边景区、活动安排等信息，吸引全区品牌民宿集中入驻，统一打造区域性营销平台。加强与携程、去哪儿、爱彼迎等知名平台合作，发挥“网红”带动效应，鼓励品牌民宿开展个性化营销。向西城、海淀、石景山区等重点区域，中

关村园区、商务区等重点功能区，中高收入家庭、退休老年人等重点群体开展针对性营销，提升目标消费人群口碑效应。开展民宿消费季促销活动，支持民宿协会联合全区品牌民宿推出优惠性小院年卡、季卡，重点提升周一至周四入住率。

（北京市发展改革政策研究中心副研究员朱跃龙　撰稿）

挖内涵、演故事、构场景、铸灵魂，加强双奥遗产保护利用的建议

北京冬奥会完美举办，成就了世界上首个“双奥之城”。“双奥之城”的核心内涵，绝不仅仅是成功举办了夏季奥运会和冬季奥运会两届国际体育赛事，更为重要的是北京坚持以人民为中心，贯彻五大发展理念，将两次奥运会筹办与城市建设治理发展紧密结合，大幅提升城市基础设施、生态环境、公共服务和城市治理水平，切实增强人民群众幸福感和获得感，加快建设国际一流的和谐宜居之都。史上最“火”的奥运吉祥物——冰墩墩带动的“奥运热”及消费热潮，正是这种核心内涵的集中体现。整理、挖掘、传承、发扬“双奥之城”实践经验，演绎好“冰墩墩长成记”，不仅有利于持续放大奥运效应，擦亮北京“双奥之城”新名片，还有利于展示中国形象，推进新时代首都发展再上新水平。

一、充分挖掘丰富冰墩墩等双奥遗产的深刻内涵，铸魂“双奥之城”

（一）冰墩墩等双奥遗产凝练了“双奥之城”的历史渊源

国宝熊猫是盼盼、晶晶及“顶流”冰墩墩等亚运、奥运吉祥物的原型。1990年北京第十一届亚运会吉祥物盼盼，手持金牌奔跑的形象至今仍为人津津乐道；2008年北京夏季奥运会吉祥物晶晶，头顶荷花的造型象征着人与自然的和谐共存，深得人们喜爱；2022年北京冬奥会吉祥物冰墩墩更是被大众追捧，收获了一波又一波“粉丝”，成为时下的流行风潮。北京可探索将冰墩墩等“双奥”IP与其他双奥遗产，如国家体育馆（鸟巢）、国家游泳中心（水立

方）、国家体育馆（冰之帆）、国家会议中心等进行文化碰撞，以国宝熊猫由1990年的盼盼成长为2008年的晶晶、再成长为2022年的冰墩墩的长成故事为驱动，演绎“冰墩墩长成记”，并通过持续运营这一IP，不断设计包装新的文化项目，推进“双奥”遗产向历史纵深拓展。

（二）冰墩墩等双奥遗产展示了“双奥之城”的发展历程

从1979年恢复国际奥委会席位，到20世纪80年代全面参加冬季和夏季奥运会，到1990年成功举办第11届亚运会，从2008年成功举办夏季奥运会，到2022年成功举办冬季奥运会，中国全面参加奥运会和举办亚运会、奥运会的过程，正是中国改革开放40多年艰辛探索、融入世界和取得辉煌成就的过程。北京成为世界上首个“双奥之城”，靠的是改革开放40多年持续快速增强的综合国力，靠的是社会主义制度能够集中力量办大事的优越性，靠的是全国各族人民的团结奋斗，靠的是世界各国人民和国际社会的大力支持。国宝熊猫从1990年亚运会吉祥物盼盼到2008年夏季奥运会吉祥物晶晶，再到2022年冬季奥运会吉祥物冰墩墩的过程，直观反映了三个重要历史时期，展现了我国经济社会发展从小到大、从弱到强、从信心不足到成熟自信的不断发展过程。

（三）冰墩墩等双奥遗产彰显了中华民族开放包容自信的文化担当

文化自信是更基础、更广泛、更深厚的自信。中国2008年奥运会和2022年冬奥会的吉祥物、会场布置、图标图案、主题口号及开闭幕式等，处处体现了中华文化的魅力，让世界看到了中华文化的博大精深。奥林匹克运动承载着人类对和平、团结、进步的美好追求，中国在全球疫情防控形势依然严峻的背景下，重信守诺，言出必行，克服重重困难，如期如约举办北京冬奥会，彰显了负责任大国的担当。北京冬奥盛会的成功举办，促进了不同文明交流互鉴，弘扬了全人类共同价值，为构建人类命运共同体提供了生动注脚，使“构建人类命运共同体”这一中国方案成为引领时代潮流和人类文明进步的方向。

二、充分挖掘“冰墩墩”等双奥资源的建议

（一）环球主题公园建设“冰墩墩长成园”，改编创作“熊猫变形记”故事和游乐项目

与美国康卡斯特集团商谈，在环球主题公园现有园区内积极营造冬奥场景，用冰墩墩IP项目补齐环球主题公园冬季旅游短板。

探索在环球主题公园二期设立“冰墩墩长成园”，根据北京1990年举办亚运会、2008年举办夏季奥运会、2022年举办冬季奥运会三个阶段所经历的挫折、失败，最终不畏艰险、不屈不挠，直至成功的奋斗历程，改编创作类似环球影城中“哈利波特秘境之旅”式的“熊猫变形记”故事和游乐项目，但要避免和现有功夫熊猫等项目重合。

在“冰墩墩长成园”中，可分别设计盼盼、晶晶、冰墩墩三个特色游乐片区，每个片区适当加入各自赛事的特色项目、特色建筑、特色故事等元素，供游人自由游乐、充分体验、驻足欣赏。

（二）奥林匹克公园区打造“双奥之城”国家形象展示园和双奥体育文化休闲园

一是调整奥林匹克公园标识，将冬奥项目纳入园区。奥林匹克公园区是北京“双奥之城”的核心代表区。要在标识和公园布置中加入冰墩墩等冬奥元素，在细节处融入盼盼—晶晶—冰墩墩成长历程，使整个园区从理念和视觉上既体现历史纵深感，又体现现代美感，彰显首都北京蝶变成为世界首座“双奥之城”的历史过程和坚毅刚健的精神。

二是开发“冰墩墩智能导览系统”，建设智慧园区。利用北京全国科技创新中心优势，开发以幽默、欢快语言为主要形式的智能手机导览系统，研究生产装载这套系统的可供租赁使用的智能导览仪，并在园区增设多处智能导览问询机器，解决园区地广、点多，服务人员少，游客易迷路问题。

三是着力解决奥林匹克公园区域停车问题。雅典等奥运举办城市的经验深刻表明，配套基础设施是影响赛后场馆利用的重要因素。尽管奥林匹克公园区

地下停车空间充足，但非大型活动期间只有部分开放，且汽车出入口较隐蔽，行人出入口离场馆较远，停车极其不方便。建议增加奥林匹克公园地下停车场车辆出入口和通向各场馆的行人出入口，加强标识标线引导，为出入国家体育场、奥森公园、国家科技馆、中国革命博物馆等区域的车辆提供便利。

四是整合打造双奥博物馆。建议整合相关资源，建立双奥博物馆，并设主馆、民间分馆、科技分馆、志愿者分馆等。其中，科技分馆要集中展示两届奥运会使用或研发的新科技，强化科技展示的问题导向和动手体验，激发观众的思考意识和探索兴趣。同时，搭建奥运新技术的转化平台，推进奥运新技术向社会转化，转化为现实生产力。

五是探索与相关俱乐部、协会合作，推进专业场馆的有效利用。与专业俱乐部合作，是很多奥运会城市赛后场馆利用的一种有效方法。在正常承接相关国内外赛事、大型活动之外，鸟巢、水立方、国家速滑馆、国家体育场要积极与各专业俱乐部、协会、培训机构或机构联合体合作，利用奥运会场馆优势，吸引专业机构，让场馆成为他们的训练场地。

六是建设双奥主题乐园。在合适区域或奥北森林公园区域，以盼盼—晶晶—冰墩墩为主题，仿照亚运会、夏奥会、冬奥会特色项目，在降低难度、保证安全的情况下，引入盼盼—晶晶—冰墩墩形象元素，打造以亲子、年轻人为主要对象的游乐设施，通过大众参与，为奥林匹克公园各专业场馆吸引潜在参与群体。比如，仿造小型的雪游龙、雪飞燕、雪如意、雪飞天、U型池等游乐设施，引入雪圈、雪地摩托、攀岩、攀爬、障碍、网红桥、射击、射箭、VR/AR/MR/XR体验等形式，打造大众游乐设施，冬天可玩冰、玩雪，夏天可玩水、玩滑道。在园区内投放运营根据盼盼、晶晶、冰墩墩形象设计的游乐车等，既吸引孩子乘坐，也解决地广路远走路不便的问题。

七是打造双奥灯光大道和灯光秀。目前北京还缺乏标志性的夜景灯光秀。可以借鉴2008年夏季奥运会、2022年冬季奥运会开闭幕式灯光色彩运用经验，利用投影追光等声、光、电技术，在北中轴景观大道打造沉浸式双奥灯光大道，将盼盼—晶晶—冰墩墩、相关比赛剪影等元素纳入其中。利用冬奥开幕式《立春》节目中的发光棒和《雪花》节目中的小白鸽分别建设花坛，并用地下机械手臂控制发光棒和小白鸽，晚上定时演出《立春》《雪花》等节目。聘请专业团队，利用公园内的鸟巢、水立方、冰之帆、冰丝带、玲珑塔、莲花碗、钻石馆、映月馆、气膜馆、奥林匹克塔、北中轴大道等既有建筑，打造固定时段的双奥灯光秀，使奥林匹克公园灯光秀成为北京特色夜生活新标志景点和“网红”打卡地。

八是增加双奥元素雕塑等公共艺术建设。要进一步加强双奥元素雕塑等公共艺术建设，包括冬奥雪花、双奥吉祥物及吉祥物演绎故事的雕塑或雕塑群，亦可探索在合适位置建造“双奥之城”纪念碑，并以其为核心配合系列雕塑作品，构成永久性“双奥之城”纪念雕塑群。这既能提升“双奥之城”的纪念意义，又能填补公园空白，提升局部景致美感，引人驻足欣赏，在移步换景中传播体育项目和体育精神，增强观众获得感。

（三）新首钢地区要用好冬奥资源打造冰雪特色产业，用好科幻资源激活工业遗存景观

一是积极争取举办国内外重要赛事。借助新首钢地区冬奥组委办公区和首钢滑雪大跳台及国家体育总局短道速滑、花样滑冰、冰壶、冰球训练中心驻地等冬奥资源，新首钢地区要积极与国际奥组委、国际雪联等相关国际国内重要赛事组织机构联系，争取举办更多专业性比赛。

二是积极争取租用国家体育总局训练场地。积极与国家体育总局沟通，进一步敲定租用既有的训练场地。国家体育总局不再租用的场地，要积极进行环境改造，打造大众滑雪滑冰休闲健身场所。

三是积极争取建成相关冬季项目全国教练培训考试基地。要积极与相关部门和运动协会接洽，争取将首钢地区打造成全国单板滑雪、自由式滑雪等滑雪项目及花滑、速滑等冰上项目的全国教练培训和考试基地。

四是探索建立全国运动员康养基地。要积极与国家体育总局、各运动协会、相关医疗康养管理部门沟通，依托优美的永定河畔环境、高端的训练场地，引入运动员康养机构，争取在首钢地区建立全国运动员康复疗养基地。

五是结合工业遗存引入科幻体验元素。联合石景山地区的优秀文创和科幻资源，以冰墩墩长成记等奥运元素为载体，利用首钢地区既有的厂房、高炉、

冷却塔、天车、皮带通廊、管道走廊、火车、轨道等工业遗存及新建的滑雪大跳台、冰场、冬奥办公区等冬奥设施，结合MR/XR等技术，打造科幻体验场景。比如采用虚拟现实技术，设计穿越云端、旋转绕行冷却塔、穿越厂房、穿越熔炼高炉、飞跃人工湖、穿行天车、穿行皮带通廊、观看冬奥比赛等场景的过山车、滑道或滑雪项目，提升体验的新奇性、趣味性，彰显中国科幻类虚拟现实应用场景的国际水平，构建北京冬季奥林匹克国际知名地标，打造城市复兴典范。

六是努力打造冰雪特色产业。利用举办过冬奥和持续举办国际重要赛事的优势，积极吸引众多体育品牌入驻，开设消费体验店，推动国潮体育品牌做大做强。通过提供一系列优惠措施，包括租金优惠、金融政策、补助奖励等多元措施，吸引大众及专业冰雪项目、冰雪设施制造企业、冰雪产业运营管理企业向首钢地区聚集，提升北京在冰雪运动和冰雪产业方面的引领示范力和辐射带动力。积极发展线上体育产业产品，打造具有较强体验感、场景化和获得感的线上体育产品和活动。

七是承办会展和大型文化艺术活动。依托特色的冬奥资源和工业遗存，大力发展京西会展经济，举办国际性的文化艺术活动，如公共艺术与雕塑的双年展等。与北京设计周、艺术北京等文化活动形成横向联动，为冬奥场馆群注入可持续发展的文化活力。塑造文化、娱乐、科技、教育的新型复合式公共空间，促成冬奥资源和工业遗存资源从“自然景观”到“在地文化”的创新转化，实现从“视觉系统”到“体验系统”的全面升级。

八是发展研学经济。聚焦京津冀和南方重点城市的大中小学生，开展冰雪体育、历史文化、生态文明、工业遗存、城市复兴等研学合作，将首钢地区打造成研学实践基地，进一步激发后奥运经济活力。

（四）延庆赛区和张家口赛区用好冬奥比赛场馆优势，打造高级别滑雪体验基地

延庆赛区的国家雪车雪橇中心（雪游龙）、国家高山滑雪中心（雪飞燕），张家口赛区的冬季两项中心、国家跳台滑雪中心（雪如意）、国家越野滑雪中心以及云顶场馆群的云顶滑雪公园，凭借诗意般的名字、灵动的外形和

精彩的比赛，给全世界观众留下了深刻印象。

冬奥会、冬残奥会结束后，这些场馆都将成为保留场馆。凭借原汁原味的奥运赛道优势，这些场馆完全可以打造成国内一流的冰雪运动中心和户外运动体验中心，打造成世界一流的比赛场地和项目训练基地。同时，可以依托周边奥运村、酒店、便利交通等设施和优美的自然景色，打造特色休闲度假区、国内领先的大众奥运冰雪项目体验区，还可以举办音乐会、露天户外展览等大型文化艺术活动。

（五）强化“双奥之城”经验总结分享和打造系统的“双奥之城”视觉品牌形象

作为世界上首座“双奥之城”，北京的经验是世界奥林匹克史上非常珍贵的奥运遗产。北京应对“双奥”筹办和“双奥之城”的建设经验进行认真总结，分享给全世界。同时，北京也应将赛后文化遗产的开发与场馆城市空间的利用有机结合，从统一的视觉形象入手，创造“双奥之城”的视觉品牌形象系统。整合赛后场馆文化主题策划、相关城市公共空间改造利用、国际文化艺术交流等要素，将分布在北京奥林匹克核心区、石景山首钢片区、延庆片区的空间在文化品牌形象上进行一定程度的整合，形成理念共生、内容共享、体验串联的“双奥之城”国际文化品牌形象，逐步开发“双奥之城”文旅线路产品。

（六）将“全民健身日”扩大为“双奥全民欢乐健身周”，打造“冰雪中国年”品牌

自2009年起，为了纪念北京成功举办奥运会，也为了倡导人民群众更广泛地参加体育健身运动，我国将每年8月8日设立为“全民健身日”。冬奥会结束后，可考虑将“全民健身日”进一步扩大为“双奥全民欢乐健身周”。以体育健身为主题，以欢乐为氛围基调，吸引市民参与健身、体验和消费。运用大数据技术，建立“双奥周”健身和消费指数，期间每天发布全市健身和消费总体情况以及相关场馆、景点的健身、参观、商品消费数据。每天根据指数情况抽奖或大数据随机产生一万名幸运参与者或消费者，发放数字荣誉证书、冰墩墩纪念品及NFT（具有唯一性的加密数字资产）等，带动健身和消费人气的提升。

借冬奥热度，打造“冰雪中国年”品牌。可开发“冰雪中国年APP”，引入中国年元素，如年俗、庙会、打铁花、高跷、旱船、剪纸、相声、戏曲等优秀传统项目，在主场地和各涉奥分场地，以红为基调，以雪为背景，以冰雪运动和冰雪旅游为主要形式，吸引国内外人士“冬季到北京来玩雪”，来过“冰雪中国年”。

（七）持续打造系列产品及故事，推进冰墩墩等双奥遗产持续活化利用

从国际上众多奥运举办地的案例来看，“奥运经济”效应具有短暂性、易消失的潜在风险。冬奥期间，冰墩墩火遍全球，成为爆款，常常“一墩难求”。冰墩墩能不能成长为长期爆款IP，创新发展和持续运营IP是关键。数据显示，我国吉祥物衍生产品产值占比30%，与发达国家的70%～80%相比仍然有很大差距。美国迪士尼和日本熊本熊都是持续运营IP的经典样本，经历长期发展市场热度依然不减，形成了很多由其形象转化的可消费的产品和服务形式，实现了文化、旅游、版权服务、制造业、商业等液态的横向跨界融合。北京可借鉴美国迪士尼和日本熊本熊运作经验，持续打造冰墩墩系列产品及故事，使冬奥影响持久发力。

在人物灵魂上，可将中国人重“信”、重“义”的基本价值观赋予冰墩墩，构建持续性的故事情节和生活憧憬，突出人类命运共同体理念，彰显中国人民光明磊落、善恶分明、重信守诺、为国为民精神，打造中国文化IP明星。“信和义”在一定程度上和西方文化中的“responsibility（责任）”“honor（荣誉）”有异曲同工之处，更容易产生文化认同，实现与国外文化的有效链接和传播。

在产品领域上，要细耕各类领域，开发影视、游戏、图书、音乐、小说、玩具、主题公园、衍生周边、VR/AR/MR/XR、IP授权等各种盈利模式，打造服装、手表、家居用品、毛绒玩具、电子等多元产品形态，实现“影动游图文VR/AR/MR/XR”联动。同时要串联环球影城、首都体育馆、奥林匹克公园、新首钢区、延庆小海坨等相关双奥、文旅资源，打造北京运动休闲娱乐旅游新亮点，让“双奥之城”的奥运遗产以及山水林田湖草冰、历史名胜、非物质文化遗产等成为传承奥运精神、做强首都“双奥”文旅实力、展示北京全国文化中心形象的新载体。

（八）做好“冰墩墩”等双奥遗产知识产权保护和授权工作

作为北京冬奥会的吉祥物，冰墩墩形象的开发利用涉及大量知识产权保护和法律问题。根据《奥林匹克标志保护条例》，吉祥物“冰墩墩”是北京冬奥组委的重要财产，北京冬奥组委对“冰墩墩”的形象依法享有著作权、注册商标专用权、外观设计专利权。但是，按照国际奥委会和北京冬奥组委签订的《主办城市合同》的要求，北京冬奥组委将于2022年12月31日之前将“冰墩墩”所涉包括奥林匹克标志专有权在内的所有知识产权转让给国际奥委会。所以，我们要继续开发和持续使用冰墩墩形象，就必须与国际奥委会加强协作，做好后续的授权工作。

（北京市发展改革政策研究中心研究员鹿春江、高级经济师吴玲玲、
助理研究员吕天泽　撰稿）

房山燕山地区“12345”接诉即办机制调研及启示

2018年，北京市开始实施“12345”一号响应的“接诉即办”机制，并建立了月度通报制度。两年多以来，房山燕山地区在历次“接诉即办”月度考评中成绩均比较突出，全市前十名的街道中，燕山地区四个街道轮流上榜。2020年，向阳街道、迎风街道西里社区获得全市“先进集体”称号，东风街道工委副书记、星城街道第七社区党总支书记获得全市“先进个人”称号。2021年5月和6月，向阳街道、星城街道在全市“接诉即办”月度考评中均位列前五。为探寻基层治理的有效路径，近期，我们赴房山燕山地区进行专题调研，总结分析其典型经验，得到完善基层治理机制的一些启示。

一、燕山地区基本情况

燕山地区位于北京西南郊，距市中心50公里，总面积40平方公里。燕山办事处为房山区人民政府的派出机构，辖区主要为北京燕山石油化工（集团）有限公司（以下简称燕化公司）家属区，下辖向阳、星城、迎风、东风四个街道办事处，常住人口近10万人，其中，户籍人口占75%。

（一）居民素质相对较高

燕山地区的居民主要为燕化公司的职工及配套服务人员。这些职工大多是在20世纪70年代从五湖四海到燕化公司工作的，大学及以上文化程度人口占比较大，居民素质整体较高。

（二）老年人口比例高

燕山地区是北京典型的老工业区，建设初期大量青壮劳动力汇集于此，2019年底，燕山地区60周岁及以上户籍老龄人口2.64万，老龄化率高达32.7%，已进入重度老龄化阶段。部分社区老龄化率更高，属于老人社区。比如星城街道60岁以上人口占比达36.76%；东风北里社区60岁以上人口占比达45%，80岁以上人口占比6.5%。

（三）熟人社会下居民自组织能力强

燕山地区的住宅小区多以工厂为单位分配给职工，同楼同片区居民形成熟人社会，服从意识较强，楼门长、网格员的作用能够较好地发挥。同时，居民自组织能力强，在遇到问题时，形成了先找居委会、街道的习惯，有利于在主观上做到“小事不出社区、大事不出街道”。

（四）历史遗留问题较多

燕山地区是燕化公司的所在地，企业社会化改制后，教育、医疗等公共服务职能由燕山办事处负责统筹管理，而土地、基础设施、房屋等所有权仍然归燕化公司所有，造成了土地统筹利用和城市更新方面的一些难题。

一是土地所有权带来的统筹利用问题多。土地归燕化公司所有，街道和居委会在统筹区域土地方面没有自主权。比如东风街道郊野公园建设，通过四年的多方协调，与燕化公司签订了土地无偿使用协议，推动了郊野公园建成投用，但在土地相关的停车场、公厕等后续配套设施建设方面，仍然存在一些困难，造成建设滞后，容易形成居民投诉热点。

二是房屋产权不明晰，影响老旧小区改造和厂中村腾退。一方面，老旧小区普遍面临危旧房维修、翻新任务，资金需求量大，部分楼房修缮成本已经超出翻新所需费用。根据测算，解决燕山地区房屋漏水、墙面和地面问题，共需资金60亿元，而燕化公司只拨付了3.6亿元，缺口依然很大。同时，除必选项目外，老旧小区楼房加装电梯等自选项目统一推进也存在一定难度。另一方面，企业及事业单位的公房、单位改制后的自购公房、私产房混杂，且历史年代久远，涉及利益较多，对违建的辨别也没有统一标准，厂中村腾退和环境改造协调难度大。

三是物业费征收方式难统一，容易引发物业矛盾。燕山地区的物业服务原来由燕化公司的物业公司提供，国企改革后，物业服务大多由北控中燕物业提供。原来1元的物业费，居民自付0.5元，燕化公司补贴0.5元，改制后，燕化公司的补贴停止，物业费全部由居民承担，因而部分居民不接受，从而进入“物业费涨价→居民不缴费→物业服务不到位→居民不满意→居民不缴费”的恶性循环，容易引发针对物业服务的矛盾冲突。

二、燕山地区“12345”接诉即办的主要做法

面对复杂多样的民生需求，燕山地区坚持问题导向，以“接诉即办”为抓手，聚焦为民服务解难题，加强干部队伍建设，形成了从地区办事处到街道、社区层层负责的基层治理工作机制，成为“12345”接诉即办机制在基层的实践探索。

（一）办事处建立“三呼三应”常态化工作机制，全面统筹区域基层治理①

未呼先应，主动研判分析问题。按照网格化指挥体系分工，燕山工委、办事处领导牵头相关职能部门，每月不少于8次到对应的街道、社区、企业等基层单位，采取随机走访座谈、现场答疑解惑等多种形式相结合的方式，深入基层、企业开展调研，听取居民、职工代表、社区工作人员反映问题，征集意见建议，主动报到、主动发声、主动服务。调研后，将所有问题、意见建议进行分类梳理、统筹分析，明确牵头部门和责任单位，制定处置预案，紧盯办理进展，多措并举做好问题反馈、情况通报和政策宣传。总结、研究、制定出常规性、政策性答复，多渠道做好宣传解答，把问题想在前，把工作做在前，争取群众对地区工作的理解与支持。

有呼必应，畅通群众诉求渠道。向地区群众公布燕山办事处“网格化管理”24小时值班电话，随时接听、受理群众诉求。在“直通燕山”微信公众号

① 资料来源：http://www.bjwmb.gov.cn/xxgk/xcjy/t20190920_949522.htm。

开通了“问燕山”平台，实现群众诉求线上受理、在线答复。成立燕山办事处总值班室，负责地区“12345”市民服务热线等各渠道市民诉求办理和应急值守，整合群众诉求途径，规范了诉求办理流程，实现了“同一出口派件、同一系统处置、同一标准考核”，提升了案件办理效率和专业水平。聘任一批具有群众威信和社会影响力的社区居民，成立社会监督员队伍，对地区工作提出合理化建议，增强了人民群众对地区发展建设的参与感和话语权。

一呼百应，多方联动服务群众。成立燕山地区“三呼三应”长效机制工作领导小组，逐步形成了“地区指挥、社区（企业）吹哨、部门报到”的工作新格局。筹建集智慧城市管理中心、社会综合治理中心、城市管理指挥中心、应急管理中心、12345市民热线处置中心和智慧园区管理中心于一体的“六心合一”综合指挥中心，构建统一指挥、集中管控、分级负责、联动作业的综合指挥体系，由公安、环保、市政、工商、城管、物业等部门和4个街道实行常态值守，确保上下衔接、整体联动，实现政府主导、属地管理、部门联动、齐抓共管，切实提升群众诉求的解决效率。

（二）街道和社区实行“123456”工作法，全面提升基层治理效率

“123456”工作法：“1”指以人民为中心的思想；“2”即问题导向和诉求导向；“3”即党建引领、基层协调、网格化沟通办理机制的三统一；“4”指建设好业务职能队伍、社区两委一站队伍、先进志愿者队伍、网格员队伍；“5”是指重点关注五类人群；“6”是指做好耐心、热心、真心、细心、诚心、爱心等“六心”服务。形成了六项突出机制：

坚持问题导向和诉求导向相统一。通过网格员、楼门长搜集和微信、电话等多种方式沟通，充分了解社区存在的问题和居民的基本诉求，做到心中有数，事先预案，及时处理。一方面，梳理问题，培训网格员，提前入户宣传，有效疏导居民诉求。另一方面，充分沟通，通过“吹哨报到”等方式，在与有关职能部门积极对接的基础上，做好对居民的解释工作，让老百姓真正了解到相关政策，引导居民合理合法合规地处理问题。此外，还在星城街道探索通过离案工作法建立社区民情系统，由社区工作者定期离开案头，了解收集每一户的基本情况、诉求和遇到的困难。收集的信息既可以实现摸查基层发生的主要

问题，成为未诉先办的重要依据，还可以对“12345”诉求进行跟踪寻访，有助于提高基层办件的工作效率。

强化和完善党建引领机制。强化区域化党建工作，发挥党建联盟和党建联席会的重要作用，协调住建、市政、物业等相关单位，综合辖区医院、派出所、中小学、幼儿园、银行、邮局、商场、企业等力量，针对重点问题开展专题商讨，在协调基层纠纷、解决居民问题、开展垃圾分类和创城创卫等活动方面进行合作。选择吸收一批高素质的燕化买断工龄职工进入基层工作，形成一支想干事、能干事、有作为的基层干部队伍。

建立并完善基层协商机制。建立包括各相关部门、志愿者队伍、居民代表等的基层矛盾协商机制，积极主动预判问题、解决问题，同时，以志愿者队伍建设为重点，开展社会化动员，着力提高居民在疫情防控、垃圾分类等方面的参与意识和水平。完善志愿服务机制，增强居民主人翁责任感，发挥居民在矛盾调解中的重要作用，提升沟通效率。

建立网格化服务管理机制。按照1：12～24户的比例配备网格员，建立精细化、高密度的网格员队伍，形成网格员、网格书记、网格支干的网格化服务体系。做好网格员培训，提升服务意识和主人翁责任感，优化沟通方式，建立起以网格员为节点的居民联络关系网，营造“一家亲”的社区文化。在遇到“12345”接诉即办任务时，形成网格员、网络支干、包片科长、包片领导（街巷长）、街道领导等层层递进的沟通办理机制。

分类开展居民精细化对接服务。以对待“12345”热线的态度为主要依据，把需要关注的人群分为五类，针对不同人群开展精细化服务。社区里不打“12345”热线的人，遇到问题主要是找基层，可以作为发动群众的对象，帮助政府做好正面宣传。对于遇到问题不知道该找谁打了“12345”热线的人，由社区和网格员进行摸查，做好解释和沟通工作。对于打了“12345”热线但对处理结果不满意的人，要重点关注，帮助居民了解相关政策和实际情况，提供解决问题的建议。对于故意打“12345”热线寻求存在感的人，动员居民和居民代表，给予关爱，以情动人，以感情说事，满足其精神需要。对于恶意举报的人，采取软硬兼施的方法，进行行为警告，必要时可以通过司法渠道解决。

建立“六心服务”标准。针对辖区老龄化问题突出，居民诉求比较集中的情况，推出了“六心服务”标准，即耐心联系、热心上门、真心服务、细心分析、诚心回访、爱心付出。耐心联系，就是认真对待每一个接诉即办单，从第一个接单人开始，就要用12分的耐心做好联系工作，为后续继续沟通打下良好的基础。热心上门，就是充分了解居民诉求与心态，由社区居委会主任热心上门，换位思考，开展有效疏导。真心服务，是指对于居民提出的诉求和问题，要发自内心地服务，尽力解决。细心分析，是指对同类的诉求，要进行分析汇总，系统解决，做到办理一个诉求，解决一类问题。诚心回访，是指对办理的诉求单，要进行积极回访，做好解释工作。爱心付出，是指工作人员要抱着为人民服务的爱心，关心群众，爱护群众。

（三）培育“五气”，强化“三种意识”，提升基层干部队伍整体素质

重视基层“一把手”的“五气”培育。充分发挥基层“一把手”在统筹区域发展中的引领作用，重点推进“一把手”“五气”培育，即：正气，要有坚定的政治素质、过硬的政治品格，经得住大是大非的考验，在思想上与中央、上级党委保持高度一致，在作风上做好表率；大气，要有开阔的视野和创新思路，心胸开阔，不拘泥于小节，善于团结各类人群；胆气，要有敢于碰硬的勇气，基层工作遇到的很多问题是历史遗留的、涉及利益复杂的“硬骨头”，比如拆迁问题、土地问题等，要敢于直面矛盾，当“战士”不当“绅士”；硬气，要在难题破解、棘手问题处理上，立场坚定、执行有力、一抓到底、扫除障碍；底气，要不断学习，提升业务素质和沟通水平，在实践中探索合适的方法，主动磨砺，不断增强驾驭全局的能力。

重视培养基层干部的“三种意识”。基层干部与群众联系最为密切，工作日趋复杂、琐碎，燕山地区重视培养基层干部的细节意识、创新意识和风险意识。细节意识，是指培养干部精益求精的基本素质，注重廉洁意识，树立“群众利益无小事”的观念，从细节入手，寻找问题的关键环节，切实解决事关老百姓生活的烦心事、揪心事。比如通过提前沟通、上门服务等，减少群众办证途中不必要的来回奔波。创新意识，是指解放思想、与时俱进，及时掌握基层实际情况的变化，强化学习，勇于实践，通过调查研究和实践尝试，寻找破解

难题的途径，在实践中创新和提高，同时，要依靠群众，集思广益，从群众中汲取营养，指导创新实践成果。风险意识，是指在纷繁复杂的形势下，增强政治敏锐性和担当意识，脚踏实地地深入基层、深入群众，了解群众真正急难愁盼的事情，把握百姓舆情动态，不断提高风险判断能力，同时，要立足当下，着眼未来，发动群众，做好预案，提高化解各类风险的能力。

三、完善基层治理机制的主要启示

燕山地区“12345”接诉即办机制建设，是将党建引领的政治优势、组织优势转化为基层治理优势的实践探索，也是一次群众路线的生动实践，成为单位型社区在基层治理方面的典型案例。透过其主要做法，可以得出五点启示：

（一）建设好一支队伍，让基层工作更有力量

燕山地区发展经验表明，一支扎根基层、有责任、有担当、爱人民的干部队伍，是做好基层各项工作的重要保障。一是要大力推行基层治理“一把手”培养工程。在干部选拔时，牢固树立敢于担当、群众公认、重视基层“三个导向”。开展基层工作人员对“一把手”的反向教育活动，由深入基层一线的党员干部和群众，通过实际案例分享，使“一把手”更全面地了解基层工作情况。二是要强化基层干部队伍交流与培训。搭建基层干部队伍交流平台，开展优秀基层治理案例经验交流活动，实现互学互促，拓宽视野，提高认知能力。针对基层治理中出现的共性问题，比如与居民的沟通方式、社区风险点的发现预警等，进行集中培训，提高综合业务能力。三是将居民意见纳入基层干部队伍的监督、考评体系。改变基层干部考评形式，摆脱以台账资料作为考核唯一标准的“固化模式”，充分发挥互联网信息化功能，增加对基层干部办事效率、群众满意率的考察，注重对基层干部思辨力和执行力的考评。

（二）开展居民分类服务，让基层工作更扎实

从燕山办事处推进“12345”接诉即办经验来看，对居民进行分类服务是推动基层治理能力提升的一大法宝。不同背景、不同年龄段居民对基层社区治理的诉求是不同的，需要甄别，分类应对。在面对不同居民的诉求时，需要根

据居民性格特征、文化和家庭背景等因素，采取不同的处理和应对方式。因此，要深入群众，针对不同社区居民结构，不同居民诉求，整合政府和社会资源，营造共建共享文化氛围，使社区焕发活力。老龄化比较严重的社区，要重点针对老年人服务需求，依托养老照料中心、养老驿站、老年餐桌等，除日间照料、用餐送餐、棋牌娱乐、家政服务、健康咨询外，开展智能手机、智能门禁、电脑等信息平台的使用培训。婴幼儿较多的社区，要优先提供托育、托管、亲子活动等服务，吸引社会力量开展丰富多样的活动，提高商业活跃度。

（三）发挥居民自发作用，让基层工作更有效

燕山办事处的调研中发现，充分发挥居民带动居民的作用，是化解基层矛盾的重要方法。一是要发挥党建引领作用，用好党建联盟和党建协调委员会，做实社区党建微网络，以解决具体社区问题为纽带，激发社区党员和“双报到”党员参与活动的积极性和主动性。二是要发挥居民代表的作用，使得居民代表担任好群众“自己人”的角色，以对群众高度负责、对政府负责的态度做好自身工作，成为基层政府与群众间的重要纽带。三是要挖掘居民中的积极分子，建立楼门或院落自治委员会，发展楼门长、网格员和志愿者，引导居民自主发现、自主收集、自主协调解决相关问题，真正将居民参与基层治理落到实处。四是要用好居民议事厅、居民微信群、社区论坛等平台，在推进基础设施更新改造等重大事项之前，广泛征集民意，鼓励居民采取多种方式参与基层治理。

（四）建设数字信息平台，让基层工作更有序

应对新冠肺炎疫情期间，基层治理的数字化、智能化水平得到了较大幅度的提升，星城街道还建立了社区民情系统，极大地提高了基层治理效率。从长远看，推进基层治理的数字化、智能化水平是实现市域治理现代化的需要，也是增强基层治理精确性、有效性的重要保障。因此，要坚持需求导向，围绕影响基层发展和居民生活的实际问题，融合政务服务、公共服务、商业服务、文化建设等信息，在街道层面建设一体化、可交互的基层信息服务平台。一方面，向居民提供各类信息资源，如进行政策宣传，提供老年人送餐服务网点、托育和教育服务等信息；另一方面，收集居民遇到的各种问题，掌握舆情动

态，作为未诉先办的重要依据。

（五）适度推进智慧小区建设，让基层工作更有温度

城市社区居民结构不同，对科技设施的适应能力就有较大差异。在燕山办事处调研时发现，在推广智慧门禁时，由于社区老年人占比较高，在使用智慧门禁的过程中出现明显的不适应情况，比如智慧门禁系统设置复杂，老人不会使用，给生活造成不便。尽管现代科学技术发展极大地提高了城市运行效率，但是，基础设施的智慧化普及也要考虑到老年人的适应能力，应该按照先安全后提升、先普及知识后普及设备的步骤，适时适度，稳步推进，如优先布局出入口安防系统和适应应急需要的弱势群体保护系统，使老年人能真正感受到科技发展给生活带来的便利。在老年人较多的社区，建议优先布局智能居家养老设备，采用电脑技术、无线传输技术等手段，增强老年人生活安全保障。

（北京市发展改革政策研究中心副研究员荀怡　撰稿）

强化三大储备建设，提升首都战略和应急处置能力

党的十八大以来，我国加强储备顶层设计，深化储备管理体制机制改革，国家储备基础和实力不断增强。中央全面深化改革委员会第二十一次会议强调，我国是大国，必须具备同大国地位相符的国家储备实力和应急能力。对北京而言，做好首都战略和应急储备不仅是坚决守好国家安全前沿阵地的重大使命，也是保障超大城市运行安全、防范化解各类风险挑战的内在要求。目前，北京市在应急储备中仍存在短板弱项，要借鉴新冠疫苗研发生产攻关经验，坚持“分类指导、分级管理、分品落实”原则，系统加强“实物储备、能力储备、信息储备”三大应急储备建设，打造全国信息储备战略枢纽和能力储备高地，强化实物储备基础保障，切实提升首都战略和应急处置能力，确保首都大局持续安全稳定。

一、加快提升战略和应急处置能力任务紧迫，北京市应急储备仍存在短板弱项

习近平总书记指出，我国是灾害多发频发的国家，必须把防范化解重特大安全风险，加强应急管理和能力建设，切实保障人民群众生命财产安全摆到重要位置。当前及今后一段时期，各领域突发事件仍处于易发多发期，公共安全形势愈加复杂严峻，迫切需要加快建立健全战略和应急储备体系，切实提升首都防范和应对突发事件综合能力。

（一）建立健全首都战略和应急储备体系是贯彻落实总体国家安全观、践行首都职责使命的必然要求

从首都功能看，北京作为首都，处在维护国家安全的最前沿，肩负保障国

家政务活动和国际交往活动安全运行、保护历史文物古迹等重大职责使命，安全稳定是重中之重。

从城市治理看，作为超大城市，北京人口稠密、建筑密集、经济要素集聚，政治、文化及国际交往活动频繁，具有诱发突发事件的“显著脆弱性”和公共安全事件的“放大效应”。同时，北京市地下空间开发强度较大，道路塌陷风险隐患较多，根据有关专家不完全统计，2014—2018年间，全国共发生2322起典型城市路面塌陷事故，其中北京68起，居全国第15位，但明显高于上海（9起）、天津（51起）、重庆（22起）等省市①。

从自然条件看，我国是世界上自然灾害最为严重的国家之一，灾害种类多、分布地域广、发生频率高、造成损失重。北京市地处燕山地震带与华北平原中部地震带交汇处，地下十几条断裂带中最长的有20公里；同时，“枕山面海”的地理位置和季风性大陆气候导致暴雨、洪涝、泥石流等气象灾害易发频发。

从国际环境看，世界百年未有之大变局加速演进，全球化、城镇化、市场化、信息化快速发展，各种矛盾风险挑战源、挑战点相互交织作用，首都面临的不稳定性不确定性因素明显增多，对战略和应急处置能力提出了更高要求。

（二）北京市战略和应急储备能力仍存在短板弱项

对标打造同大国首都地位相匹配的储备实力和应急能力，当前北京市仍存在明显短板：

一是应急专业人才供需不平衡不充分问题凸显。应急领域人才总量和顶尖人才数量缺口仍然较大，难以满足应急处置需求。从全国看，2020年仅安全监管、安全服务、安全技术应用人才缺口就达43万人。从北京看，截至2021年2月，全国共有36所高校成功申报“应急管理”相关专业，其中在京院校仅有中国矿业大学（北京）和中国劳动关系学院2所，少于河北（4所）、江苏（4所）和山东（3所），同样拥有2所院校的省份还有安徽、湖北等6省。

① 数据来源：《我国城市路面塌陷事故统计分析》，载《工程管理学报》2020年4月第2期。

二是战略性原创技术普遍受制于人。核心技术、原材料、装备等自主可控能力不足，基础性底层技术、颠覆性非对称技术等创新缺乏，“旧酒换新瓶”式创新居多。从国际看，美国航空救援技术领先全球，应急救援直升机数量超8000架，而我国2019年可用于应急救援的民用直升机仅300余架。日本的智能搜救机器人、呼吸探测器，荷兰的大功率供排水设备，俄罗斯的破冰除雪装备，德国的消防装备和危化品处置装备等均领先全球，而我国声波/振动搜索仪、光学生命探测仪等高端应急装备和先进技术仍依赖进口。

三是科研设施保障能力仍需加强。当前国内应急领域技术基础设施发展相对滞后。以公共卫生为例，北京市P3实验室数量相对有限，与国际差距较大，截至2020年4月，我国通过科技部建设审查的P3实验室仅81家[②]，而北京市属医疗卫生机构尚无P3实验室。国际上，2011年，美国P3实验室已达到1495家，法国每个大型公立医院、医科大学、研究机构都配有P3实验室。

四是部分产品供给难以满足应急处置需求。疫苗领域，我国疫苗市场规模为64亿美元，占全球19.6%，而美国为184亿美元，占比56.4%，考虑我国人口占全球19.3%，人均疫苗相当于仅达到世界平均水准。消防领域，北京高层建筑数量较多，但目前消防车云梯最高只能到达20层，超高层建筑火灾扑救装备严重缺乏。

五是应急产业体系呈现“重处置、轻预防”结构。北京应急产业处于“东部发展带”[③]第一梯队，聚集了中船应急、辰安科技等应急救援头部企业（见表1）。2018年，工信部发布首批国家安全应急产业重点联系企业共30家，其中北京8家[④]，数量在全国最多。但总体而言，北京市安全应急产业仍处于“事件推动型”的被动发展阶段，《北京市重点安全与应急企业及产品目录（2019版）》显示，预防防护类企业占比仅9%，而救援处置类企业占比达47%，相比

② 数据来源：中科院党组书记白春礼发表文章《为全面提高国家生物安全治理能力提供有力科技支撑》。

③ 目前我国应急产业格局呈现“两带一轴”分布，“第一带”是北起吉林、南至广东的“东部发展带”，“第二带”是西起新疆、南下贵州的“西部崛起带”，“一轴”是包含安徽、江西、湖北、湖南中部四省的“中部产业连接轴”。

④ 华泰诺安、北分瑞利、勤邦生物、辰安科技、科瑞讯、大唐移动通信、新兴重工、森根比亚生物。

发达国家普遍“重预防防护”的理念存在较大差距（见图1）。

表1 我国应急产业核心板块发展阶段及代表性企业

	发展阶段	代表性企业
监测预警	公共卫生和社会安全方面发展较快，自然灾害和事故灾难方面处于发展阶段	辰安科技、聚光科技
预防防护	围绕个体防护的产品种类繁多，但相对较大众化	大华科技
处置救援	基本实现模块化配置、高科技产品丰富，但应对重大突出事故救援仍有不足	中船应急、烽火通信
应急服务	处于起步阶段，发展空间大	清华同方、普天信息

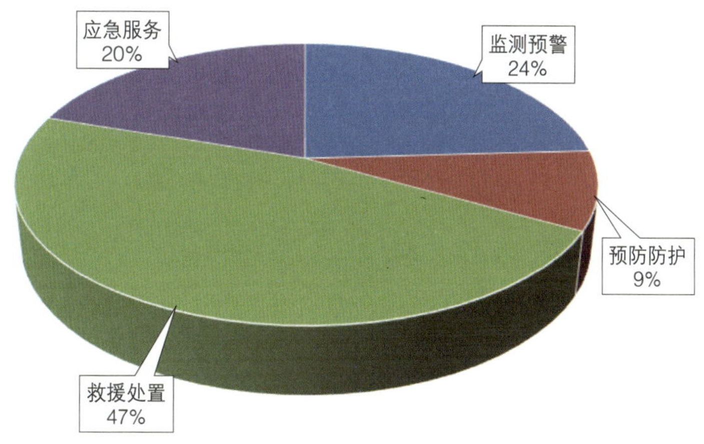

图1 北京安全应急企业结构

六是信息集成能力有待提升。管理体系上，应急信息逐级上报环节多、流程长，属地管理、职能管理、行业管理等多体系管理并存交织，多数应急信息数据标准、交互格式、技术规范相互分割、共享薄弱。信息化管理上，缺少进行库存物资记录和存储的信息化系统，缺乏电子标牌、视像监控等信息化设备保障，信息联网共享调度手段不足。信息安全保障上，除政府、通信、金融行业等对网络安全保障有强制性要求外，多数领域仍然重业务应用，轻网络安全。2020年美国网络安全预算占信息化投入预算的19.8%，我国这一比例不足2%，低于全球平均水平3%。

二、新冠疫苗研发生产攻关的经验启示：人才、技术、设施、产能是应急能力储备核心要素

疫苗是应对大流行传染病最重要、最有效的预防手段，也是应对突发公共卫生事件的重要储备资源。2020年以来，面对百年来最严重的传染病大流行，北京市在中央统一部署支持下，迅速组织疫苗应急攻关，为提升城市战略和应急处置能力积累了重要经验。

（一）积极培育储备核心团队和关键技术，为突发事件应急处置争取战略主动

疫情初期，北京市迅速集结头部研发团队力量，组织多条技术路线并行，推动疫苗研制“极速开跑”。近年来，北京市积极推动基因检测及新型测序、干细胞与再生医学等前沿技术发展，集聚了国药、科兴等一批“实战”经验丰富、创新成果多、具备完全自主知识产权的科研团队。在疫苗灭活、减毒等技术领域逐步达到国际水平，国药北生研、北京科兴多年来在应对SARS、甲流等过程中掌握了灭活疫苗关键技术，陈薇团队在埃博拉疫苗研制中储备了腺病毒载体相关技术。在国家布局的5条技术路线、12项研发任务中，4项涉及北京（见表2）。

表2　国家布局疫苗研发五条技术路线

技术路线	承接单位
灭活疫苗	武汉生物研究所
	北京生物研究所
	科兴中维
	康泰生物
	中国医科院生物学研究所
腺病毒载体疫苗	康希诺联合军科院陈薇院士
减毒流感病毒载体疫苗	万泰生物

续表

技术路线	承接单位
重组蛋白疫苗	智飞生物
	四川大学华西医院
	丽珠单抗
核酸疫苗（包括RNA疫苗和DNA疫苗）	复星医药（mRNA）
	沃森生物（mRNA）
	艾棣维欣（DNA）

（二）加快布局重大科技基础设施和共性平台，为应急处置储备重要硬件资源

疫情期间，北京市加强实验设施和验证平台保障，有效满足了疫苗研发需求。近年来，北京加快推进在京国家重点实验室体系化发展，目前已布局了128个国家重点实验室，特别是支持科兴生物在SARS期间与中国疾控中心共建P3实验室，成为国内唯一拥有P3实验室的上市公司。对突发事件应急处置而言，由于先进应急装备研发涉及领域广、技术含量高，且往往需要经过复杂的极端条件测试验证，迫切需要加强高水平、专业化、体系化的科技平台支撑。

（三）加快发展壮大应急产业体系，为提升应急管理现代化水平提供可靠支撑

疫情期间，北京市充分发挥疫苗产业优势，组织新冠疫苗迅速大规模投产。北京市医药健康产业优势明显，2019年医药制造业工业增加值约占高技术制造业比重26%，仅次于电子及通信设备制造业（约占50%）。2017—2020年间，医药制造业营收、利润分别约占高技术制造业比重22%、60%（见图2）。其中，疫苗产业发展处于全国第一梯队。截至2021年8月底，全国共62家疫苗生产企业，合计注册305条获得国药准字号的疫苗产品⑤，在京企业有7家⑥（仅次

⑤ 数据来源：国家药监局网站，以“疫苗”为关键字搜索生产企业名单，剔除证件过期的4家企业。
⑥ 民海生物、科兴生物、智飞绿竹、国药北京生物研究所、科兴中维、祥瑞生物、万泰生物。

于共有8家的江苏），覆盖疫苗产品66个，占比达21.6%。北京疫苗产业优势，一方面奠定了新冠疫苗大规模投产的基础。2021年上半年，北京牵头研发的四支新冠疫苗产量、出口占全国比重均达到90%。研究全球供应的科学分析公司Airfinit与国际药品制造商协会联合会（IFPMA）共同统计分析得出的数据显示，2021年全球已经生产了111.5亿剂新冠疫苗，其中，约有45亿剂产自中国，近23亿剂产自欧洲。另一方面北京疫苗产业也成为支撑首都经济高质量发展的重要支柱。2021年全市工业增加值增长31.0%，其中医药行业在疫苗生产带动下发挥了重要支撑作用。

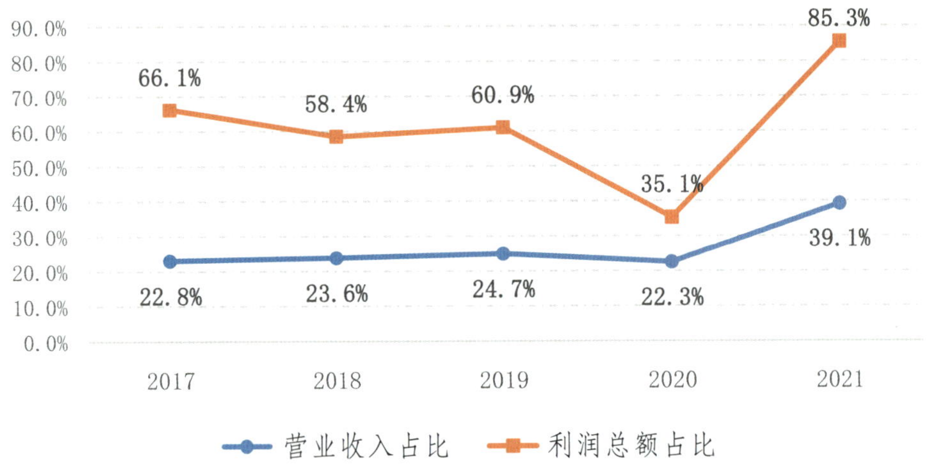

图2　各年度上半年医药制造业营收、利润占高技术制造业比重

通过北京市新冠疫苗研发投产的实践来透视突发事件应急储备问题，可以看出，人才、技术、设施和产业基础是推动应急资源从生产要素到现实应急处置能力的重要前提，构成了应急能力储备的核心内容。研发环节，重点要打造一批有本领、有担当的应急队伍，围绕自然灾害防治、安全生产、消防救援、公共卫生等领域加快突破人工智能、区块链、智能装备、量子信息等关键核心技术，为应急处置储备核心战斗力量。转化环节，统筹科技基础设施、中试平台等前瞻性布局，搭建技术联通产能的桥梁。生产环节，围绕智慧城市监测预警、安全防护防控、应急救援成套化装备等加快培育壮大产业集群，为突发事件应急处置提供强有力支撑。

三、坚持“分类分级分品”原则，统筹解决好“储什么”“谁来储”“怎么储”的问题

应急储备能力事关经济社会发展大局。根据中央全面深化改革委员会第二十一次会议精神，要统筹解决好“储什么”“谁来储”“怎么储”的问题，系统规划、科学优化储备的品类、规模、结构，加快补齐补足关键品类物资短板。对此，应当坚持“分类分级分品”原则，系统加强“实物储备、能力储备、信息储备”三大应急储备建设，提升首都战略和应急处置能力。

（一）储什么

实物储备是基础，即随时可调用的物资储备，是突发事件初期有效抵御需求冲击的存量支撑，能够为挽救生命、组织产业恢复和市场正常供应赢得宝贵的时间和空间。考虑北京市空间资源紧缺的客观实际，加之过量的实物储备将导致资金浪费、资源闲置等问题，需要科学保留必要的实物储备，确保战略和应急储备在关键时刻调得出、用得上、补得齐。

能力储备是核心，即支持快速研发、中试及生产、转产应急物资的储备，包括技术、人才、资金、设施、产能等要素，是推动生产要素向实物转化的前提条件和关键纽带。突发事件处置往往情况复杂，能力储备不仅要在“平时”满足应急处置装备的适应性、可靠性、安全性要求，更要在“战时”结合实际需求迅速转化并扩大产能，形成现实救援能力。北京人才、技术、数据等创新要素集聚，高技术制造业持续升级，具有打造国家战略和应急处置高地的显著优势。要紧抓国际科技创新中心建设和协同发展机遇，加快补齐能力储备要素缺口，打通研发、生产、调运等各环节掣肘。

信息储备是系统集成，即获取渠道信息、整合有效资源、支撑中央决策部署的能力，这也是在缺少可借鉴经验和储备资源时，迅速汇总各方面信息、掌握应急处置主动权、快速形成应急实战能力的重要保障。北京作为首都，做好信息储备不仅具有得天独厚的信息汇集优势，也是践行首都使命担当、维护国家安全的职责所在。要紧抓数字化发展的有利条件，积极主动服务中央，构筑

面向全国的应急信息储备战略枢纽。

（二）谁来储

应急处置涉及各级党政机关、武装部队、企事业单位、社会团体、社会公众等多方主体。政府是基础，不仅承担必要的生活必需品和战略性应急物资储备，更要统筹引导社会各方参与应急储备建设。企业和社会力量是主体，具有渠道广、资源足、灵活性高、积极性强等优势，能够有效弥补政府储备的不足。以粮食储备为例，美国、日本等均采取了民间储备占主导的模式，如美国每年约5亿吨的粮食储备基本由农场（约60%）、商业性粮仓（约40%）承担，日本主要由农协、全集联等社会团体和企业承担。从北京看，通过签订战略合作协议、建立粮源基地、委托代购代储等方式深化与中粮、京粮、首农等企业合作，有效保障了首都粮源供给。

（三）怎么储

一是分类指导。科学划分战略应急储备的类别、数量、途径等，统筹考虑保质期和损耗率、使用频率、存储场地等客观实际，有效满足不同类型、等级突发事件的具体需求。从事件类型看，对于洪涝、地震、爆炸、传染病等不同类型公共安全事件，不仅要根据其特点满足具体的储备调运需求，还要统筹考虑粮食、能源等通用性物资保障需求。从使用范围和频率看，应对小规模突发事件，以少量救援防护类、生命救助类储备为主；应对大规模突发事件，需要综合衡量应急救援、灾民安置和应对次生灾害所需物资等多方面内容。

二是分级管理。尽管公共突发事件具有随机性和偶然性，体现在事件的具体发生时间、地点、波及范围、破坏强度的不确定，但总体而言仍有规律可循，体现在事件发生的总体概率相对可预测、发展趋势相对可捕捉、处置手段有共性特点。比如，2017年以来，我国每年各类自然灾害受灾人次约在1.3～1.4亿之间，旱涝灾害往往呈现“旱一片、涝一线”⑦特征。要根据突发事件的范围、性质和危害程度，按照“特别重大、重大、较大、一般”等级别实行分级

---

⑦ 旱一片，即在单一气团——冷高压，或西太平洋亚热带高压控制下，空气下沉增温、水汽来源少所造成的现象。涝一线，指在两种不同性质的气团（如冷气团和暖气团）的交界面，高空槽线、切变线等活动所造成的上升绝热冷却，成云致雨并呈现出一条狭长的带状结构。

管理，各级政府在职责范围内做好应急处置。围绕制度建设，打通部门、层级、领域、地域的信息壁垒，确保形成统一指挥、专常兼备、条专块统、反应灵敏、上下联动的应急处置合力。

三是分品落实。围绕不同类型、不同级别公共安全事件，按照平时服务、灾时应急要求，科学储备生活保障类、公共卫生类、工程抢险救援类、能源保供类等不同品类应急物资，强化人才、基地、设施、技术、信息等能力建设。畅通国企、民企、社会组织等社会主体参与渠道，形成政府、企业、社会等多方主体协同储备格局。

四、强化“三大储备”建设，加快提升首都战略和应急处置能力

坚持科学预判、分类指导、分级管理、分品落实、精准实施，统筹强化“实物储备、能力储备和信息储备”三大应急储备建设，切实保障超大城市安全稳定运行。

（一）牵住信息储备的“牛鼻子”，加快打造服务全国的应急信息战略枢纽

探索建立服务中央、辐射全国的应急信息管理系统。积极对接中央部委，支持在京搭建全国应急信息数字管理枢纽，整合应急管理部生产安全事故统计、重点实验室管理、危险化学品登记等信息系统，以及气象、地震、消防、水利等专业部门数据信息系统，拓展关于突发事件情况统计、应急处置力量、资源保障等信息收集和管理功能，实现各类突发事件全领域、全链条覆盖。

完善分类分级分品应急信息储备方案。针对不同突发事件特点，分类分级分品储备应急事件数据库、应急资源供给和分布情况等，形成信息处置要素矩阵，确保突发事件中快速匹配资源。健全信息采集、提取、共享、保密等机制，推动各部门、相关省市等实现信息数据动态共享。

强化应急救援信息标准化规范化建设。完善市级专项应急预案、部门应急预案和巨灾应急预案，围绕风险普查、监测预警、应急准备、应急响应、灾后恢复等不同阶段，健全关于风险评估、设施建设、救援技术、救援标识、队伍

建设、专业人员资格认证、通讯、医疗等不同标准规范。

加强突发事件风险识别评估。利用大数据、人工智能等技术，全面收集处理北京市及全国各领域突发事件信息，包括起源、机理、特征、演进进程、处置方式、社会影响等，把握突发事件演化的外部特征、长期趋势和周期性变化，综合运用定性、定量手段强化对突发事件的风险评估。

推动应急处置数字化建设。完善应急信息化平台的日常管理、风险分析、监测预警、综合协调、应急联动等功能，协调开放各部门间、企业与政府间的数据接口。支持市场主体参与系统建设，发挥网络安全龙头企业作用，推广加密技术、身份认证技术和数字证书等应用。

建立健全应急信息宣传系统。建立健全突发事件预警信息警报系统，按“紧急警报、警报、提醒”等不同级别实现手机、电视、广播等设备终端实时预警。支持以社区、街道等为单位与移动通信、平台企业建立联系，实时传送辖区内突发事件信息，保证预警信息接收和传送的畅通无阻。

（二）系统强化能力储备，打造全国战略和应急能力储备高地

推动公共安全领域关键核心技术攻关。聚焦地下管网安全、消防安全、洪涝灾害等重点领域，研究将狭小空间探伤检测智能机器人、超高层建筑火灾扑救装备、水位监测预警智慧系统、无人机应急救援等技术纳入攻关任务，争取国家支持，加快形成一批创新性技术储备。

加强重点实验室和研发中心建设。加快市属P3实验室建设，研究在京设立污染控制和生态修复、灭火救援技术装备等市级重点实验室和研发中心。积极对接国家，争取自然灾害、生产安全事故风险感知识别、监测预警预报等国家实验室在京落地。支持中国矿业大学（北京）城市道路与地下空间安全检测评价，北京邮电大学应急指挥通信技术应用创新等应急管理部重点实验室组建培育。

加快构建产学研用一体创新格局。强化企业主体作用，支持与在京院所、高校等联合打造应急创新研究基地。引导市属国企带头建立集研发创新、中试、培训、演练等功能为一体的应急产业示范园区。建立市场导向的科技成果转化机制，推动新型研发机构与应急科技企业实现优惠政策资质互认。

围绕应急产业打造首都经济新增长点。梳理北京市在应急领域的头部企业和新兴成长企业，研究纳入“服务包”机制。研究将安全应急产业纳入PPP支持范围，提供地方留存的企业所得税和增值税按一定比例返还等税收优惠，鼓励北京高精尖产业发展基金、北京市中小企业创业投资引导基金等投向安全应急产业。发挥在京央企优势，推进安全应急产业军民融合。

聚焦头部企业培育壮大京津冀应急产业链。研究京津冀应急产业体系建设方案，对接津、冀地区梳理应急产业链图谱，深化与唐山应急装备产业园、怀安工业园区等合作。鼓励政府、国企等面向市场开放更多安全应急领域应用场景，做好标准对接，支持大胆尝试、大胆应用新技术新产品。

优化产能协同保障和区域布局。围绕不同类型、级别储备需求，梳理本市、京津冀、环渤海地区等不同圈层的物资调配和产能供给能力，制定合格供应商和产能储备企业的“供给目录”，形成动态更新的供应商基础数据库。加强备份产能建设，增强救援物资和装备应急转产能力。

打造首都应急人才“蓄水池”。建立北京市公共安全应急核心人才库和机构库，研究将骨干人才纳入首都科技领军人才、科技新兴等名单。强化应急产业职业教育，培养具有应急处突能力的应用型、复合型、高层次骨干力量。支持中国矿业大学（北京）、中国劳动关系学院等高校与在京应急产业园建立人才培养基地，支持在京高校申请教育部“应急安全智慧学习工场”项目。

（三）夯实实物储备保障，强化规划落实科学合理储备必要战略应急物资

分类分级分品设计供需清单。科学测算、预判各类突发事件的发生频率、强度，分类分级分品设计应急物资储备清单，深化应急物资区域划分、多级储备选址与配置研究。

强化关键核心技术、原材料和产品安全保障能力，对“卡脖子”风险较高的高精尖应急设备、技术等加大收储力度。

统筹专用类、通用类应急产品储备。明确专用类、通用类等不同应急产品投资方式，如可定义专用类产品为公共品，以政府财政支出为主；通用类产品为准公共产品，鼓励市场化投资和委托企业投资等方式。制定通用类向专用类产品转化预案，明确转换时间场景、技术标准、操作主体等内容，加强生产线转化能力建设。

构建“平时服务、急时应急、战时应战”的物流网络体系。优化物流基地、物流中心、城市配送中心等物流空间格局，加快物流仓储规划建设项目落地，优先满足和服务应急、气象、地震、消防、水利等国家部委物资储备和调配需求。提升物流设施专业化集约化利用水平，以保障城市日常安全运行为基础，兼顾应急物资运输调配。探索军民物资储备和物流资源共享模式，促进军民物流体系有机衔接。

打造智能化“无人仓库”。加快现有设施升级改造和现代化新设施建设，提升仓储设施的信息化、智能化、机械化水平。鼓励自动化立体仓库、自动分拣设备、装卸机器人等智能装备应用，推广RFID射频识别、网络通信、信息系统应用等信息化技术，实现信息自动抓取、识别和智慧管理。

健全实物储备管理机制。探索政府实物储备、协议企业储备和生产能力储备灵活组合的储备模式，通过适当补贴、提供信贷和保险支持等手段，提高企业参与积极性。加快完善市、区、街三级储备体系，支持基层力量参与储备。健全津冀应急物资生产联保机制、配发机制和工作预案。推动央地合作，探索应急物资储备库合作共建、长期租用等模式。

强化监督考核。完善应急物资生产企业采购准入、质量技术、储备库建设和管理、全流程管理等标准。健全应急物资储备的监督检查体系，编制重点物资应急储备年度监督检查计划，规范监督考核制度。

（四）落实属地责任，切实维护超大城市安全稳定

做好生活必需品保供稳价。完善粮油肉蛋菜奶等生活必需品价格监测和应急储备机制，深化与津冀、外埠粮食主产区、对口支援地区等战略合作，引导头部企业建立外埠粮食生产基地、仓储物流设施。加强对商品粮仓储设施改造升级，推广低温绿色储粮等技术应用。依托重点粮食储备库等，加快打造仓储、加工、物流配送为一体的供应保障能力。

强化能源运行保障。围绕天然气等重点能源供应保障，健全央地共建储备项目机制，加强与中石油等央企合作，加强唐山、天津南港LNG应急储气项目建设和运行保障。完善关键设施和重点岗位运转应急预案，组织做好能源供

应。加强地下管线综合治理，动态监测燃气、供水、排水、热力等管网运行情况，及时掌握风险分布情况。

提升城市综合防灾减灾水平。加强堤防、防洪闸、排水沟渠、排涝泵站等防汛设施，热源厂、变电站等重要场站，抗震地下管线、综合管廊等基础设施的日常监测管理。加快应急避难场所、疏散通道、救援通道等分类分级避难空间建设，对因疫情防控而封闭的消防通道加强安全隐患排查。针对洪涝、泥石流等自然灾害易发的远郊区和山区险村，加固房屋建筑和配套基础设施。

（北京市发展改革政策研究中心研究实习员包颖、助理研究员刘沛罡　撰稿）

展望后疫情时代：本市经济社会潜在危机及应对

当前，全球新冠肺炎疫情还在持续，本次新冠肺炎疫情范围大、周期长、影响深，虽对经济社会发展及大众行为态度的直接影响仍是短期的、结构性的，但对部分不稳定因素和负面影响存在诱发和极化作用，需防止潜在危机向长期、系统性危害演化，提前做好应对。

一、后疫情“断层线”的可能演化路径

“断层线”本是地质学概念，是地壳构造板块相互挤压和冲撞形成的地质现象，断裂时会引发地震。经济学家拉詹借用此概念来解释2008年爆发金融危机的原因，他指出的3条断层线包括贫富差距、国际收支失衡和金融体系碰撞。复旦大学施东辉教授认为疫情大流行可能造成下一个经济时代断层线的形成和蔓延，中国社科院蔡昉教授则认为疫情短期冲击有可能导致慢变的长期趋势提前兑现。我们认为，“断层线”根本是由于发展的不平衡不充分造成，疫情加剧了不平衡不充分矛盾，也加速了潜在危机趋于显化，确实存在短期冲击向长期趋势演变的风险，需要及时截断传导，确保经济社会平稳健康可持续发展。

从国际上看，富国老龄化、穷国长期积弱使需求侧制约经济实际增长无法达到潜在增长率水平，各国竞相放水货币输出通缩，这是2008年金融危机以来全球宏观经济的基本形势，也是国际贸易摩擦加剧和地缘政治局势紧张的根由。类似形势只在第一次工业革命到鸦片战争期间出现过，其后不断有海量人口卷入现代化进程，又或者有商业模式及制度、技术创新拓展总需求，偶有经济危机也主要由信用货币派生机制失效引发。在此基本形势下，后疫情时代的

强劲复苏和商品大周期均不太可能出现。且如果没有“婴儿潮”，没有数以亿计人口再次卷入现代化进程，也没有新科技革命有效扩张总需求，那么全球经济极有可能长期低迷，新冠肺炎疫情加速了这一进程。

外部趋势恶化，而我国经济韧性仍然强大，不仅有无接触经济成为新增长点，也有更强大的资本市场迎接输入性通胀，通过居民收入增长促进内需扩大保持经济增速的空间仍然较大。也应看到，与金融危机时期和SARS疫情不同，我国经济社会发展已经从“全靠火力壮”的青少年期走向经验丰富、储备充分但开始顾惜健康的中年期，既面临二产驱动转向三产驱动、投资驱动转向消费驱动、劳动力驱动转向创新驱动等三大动能切换，也面临人口红利、对外开放红利、互联网红利和城镇化红利等四大红利消耗殆尽，多因素叠加导致疫情之后经济恢复整体不及预期，亟须防范发展再下台阶甚至陷入停滞。

北京作为首都，面临形势更加复杂、承担任务更加繁重，正处在政治功能内聚、经济功能外拓的城市格局调整期和功能疏解过程中，新冠肺炎疫情又加速和极化了新的经济社会发展形势。如果应对不当，错过因率先及早控制疫情带来的稳增长压力较小窗口期，则收入差距将进一步拉大、消费驱动将进一步衰减，内需不振将使经济发展长期低迷，城市竞争将使高端要素加速逃离，动能切换将使困境人群、数字边缘群体等被迫“躺平”，使疫情带来的短期冲击演化为长期趋势，影响社会安全稳定，后面论述的几个方面的影响尤其需要高度警惕。

二、收入差距扩大、低收入群体增收困难和中等收入群体萎缩正损伤本市经济长期发展的根基

一是收入差距扩易缩难，疫情加剧了阶层间收入分化。疫情以来，各阶层收入差距急剧拉大，2016—2019年间本市高低收入户收入比从5.22扩大至5.42，而2020年仅一年即扩大至5.75。有专家认为国内现有疫情救助政策可能没有缩小反而扩大了收入差距，而2000年以来的统计数据也显示收入差距具有“扩易缩难”的特征。本市经济发展已明显由投资驱动转向投资消费双轮驱动，疫情造成的收入差距扩大正成为制约消费复苏、内需扩大的关键因素。按照边际消费

倾向递减规律，2019年本市低收入群体1份收入基本可转换为1份消费，中低、中等、高收入群体1份收入则分别可转换为0.74、0.66、0.57份消费，中等及以下群体贡献了本市居民消费总额的81%。

二是农村居民、困境人群和退休群体增收困难，收入增速或将长期低于全市平均水平。据统计，全市有农村居民272.7万、困境人群12.4万人[①]、退休人群404万人[②]，这三类群体具有收入来源单一、资产结构脆弱，受疫情影响较大。首先是疫情以来的资产价格快速上涨导致低收入家庭财富同比缩水，西南财经大学认为主要是年收入5万元以下的家庭，对应本市约260万人。其次是疫情对经营性收入冲击较大，对三类群体影响较大，2020年，居民可支配收入中经营净收入降幅达32.4%。最后是长期来看，三类群体主要收入依靠政府转移支付，由于居民转移净收入增速逐年下降和基数效应影响，三类群体增收空间有限，甚至存在收入层级相对下降的风险。

三是中等收入群体萎缩，中等收入下边沿群体收入雪上加霜，恢复元气难。疫情推动了本市经济结构调整，技能门槛较高、能够居家办公、可以在线服务的行业从业群体受影响较小，居民服务业、餐饮住宿、旅游和批零等行业从业群体受影响较大。相关报告显示，本市中等收入群体中85%就业于第三产业，其中中等收入下边沿群体更多从事社会生产服务和生活服务等“有接触经济”，有13.2%就职于居民服务业、7.6%就职于批零业。自2019年起，这些行业从业人员收入增速已从追平全市平均增速，转而落后1.2个百分点。2021年以来这些行业恢复不及预期，行业从业人员收入重归增长难。

---

① 据市民政局统计，截至2021年4月，全市共有特困人员6728人、低保人员110344人，低收入人员6695人，困境人群合计12.4万人。

② 据市人社局统计，2020年全市有311.4万人享受职工基本养老保险，92.6万人享受城乡居民养老保障待遇，退休人群合计404万人。

三、技能型人才加速外流、重点群体就业难现象加剧正制约本市经济高质量发展，威胁社会和谐稳定

一是疫情后技能型人才加速外流，弱化了本市人才高地的地位，制约了高技能行业发展。截至2020年，全市从业人员中技能型人才占比为28%，约合364万人，其中高技能人才及以上占比31%。受技能型人才认定政策的不完善和高生活成本的影响，技能型人才逐渐外流。智联招聘调查显示，2016—2019年本市人才净流出占比从0.7%上升至3.9%，北京已跌出人才流入前三名，人才高地的地位受到威胁。猎头行业专家表示，2020年以来，在疫情冲击和新一线城市崛起的双重压力下，全国“人才下沉”现象加剧，本市技能型人才加速外流。人才是第一生产力，技能型人才是维系本市高精尖行业发展，推动经济增长动能切换的关键。疫情冲击导致的本市技能型人才加速外流已成为制约经济高质量发展的重点。

二是高校毕业生、低技能从业者等重点群体就业难现象恐将演化为常态，严重威胁社会稳定。疫情显著扩大了本市失业群体，2020年全市申领失业金共81.8万人次，同比增长65.3%，增速为2019年的65倍，急需关注重点群体就业问题。一方面是疫情后大学生就业渠道不畅，市属高校毕业生就业率下降5%～15%。在高学历人才内卷加剧和海归人才回国率上升的多重压力下，高校毕业生的就业难现象将长期保持。当大量高知分子无法顺利就业时，社会中群体负面情绪会急剧增长，将会演化出诸多极端行为，进而威胁社会安全，甚至会重现香港暴乱中大量高校学生沦为暴徒的现象。另一方面是1季度以来，全市居民服务业、餐饮住宿和批零业用工规模萎缩3%～10%不等，涉及8.2万人，低技能人员就业空间急剧下降。OECD研究发现，过去20年间，中等收入工人中高技能人才占比从1/3上升至1/2，未来50%以上的低技能工作将被自动化技术代替。受学习能力有限、学习成本较高等因素影响，这部分人群难以向技能型人才转型。在城镇化和产业结构升级推动下，低技能群体无法就业，群体固化效应严重，甚至可能在本市衍生出“墨西哥城的贫民窟”。

四、疫情加剧需求萎靡，内需持续不足或将拖拽潜在增长率

疫情以来，本市需求侧受到持续冲击且恢复不及预期，需要警惕需求不振趋势受疫情影响进一步加速，由渐进性变成突变性，并通过经济循环向下拖拽潜在增长率，致使经济发展陷入长期停滞。

从投资看，疫情通过制约主体、预期、生态等因素限制投资，特别是制约民间投资内生动力，影响投资增长后劲。2015—2019年，北京市固定资产投资和民间投资增速普遍低于全国水平，尽管2020年有所回暖，但2021年以来表现相较全国仍不突出（见图1、图2）。一是疫情冲击导致部分市场主体在行业洗牌中流失。2020年，北京市新设市场主体20.29万户，同比下降4.52%，而同期上海、广东新设企业分别增长13.7%、8.01%。二是存活下来的市场主体由于预期不稳而投资意愿低迷。经济政策不确定性加大往往对投资意愿造成负面影响，根据经济政策不确定性指数[③]，截至2021年5月，该中国指数达到216.9，而美国为147.6（见图3）。三是疫情加速供应链调整限制本地产业生态构建。疫情加剧逆全球化趋势，美国试图联合盟友降低对华供应链依赖，而从国内看，京津冀产业链配套滞后于长三角、大湾区等，更易促使高端制造业外流，资金进一步向南方聚集。

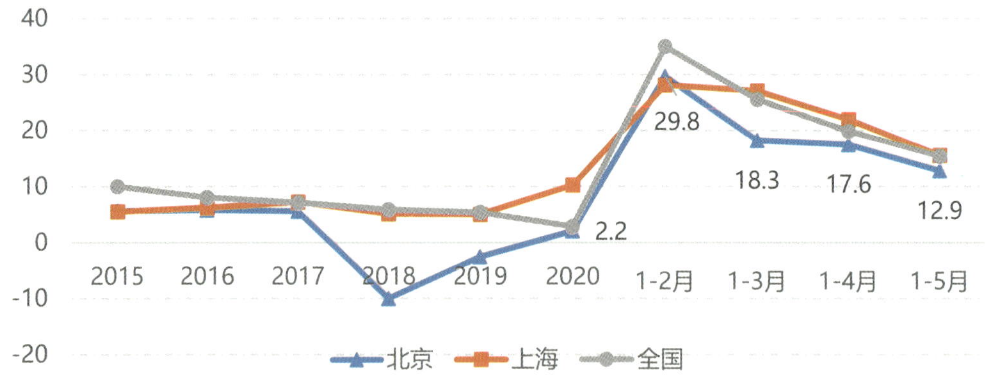

图1　2015年以来北京、上海、全国固定资产投资增速变化

③ 由斯坦福大学和芝加哥大学的Scott R. Baker、Nicholas Bloom和Steven J.Davis教授编制。

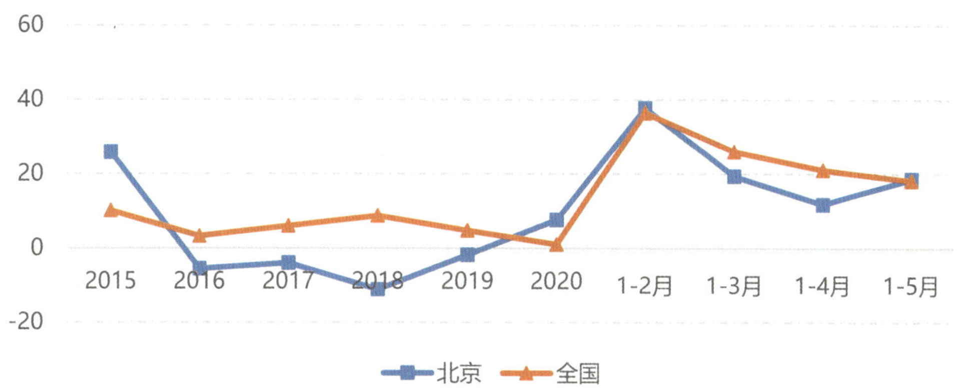

图2　2015年以来北京和全国民间固定资产投资增速变化

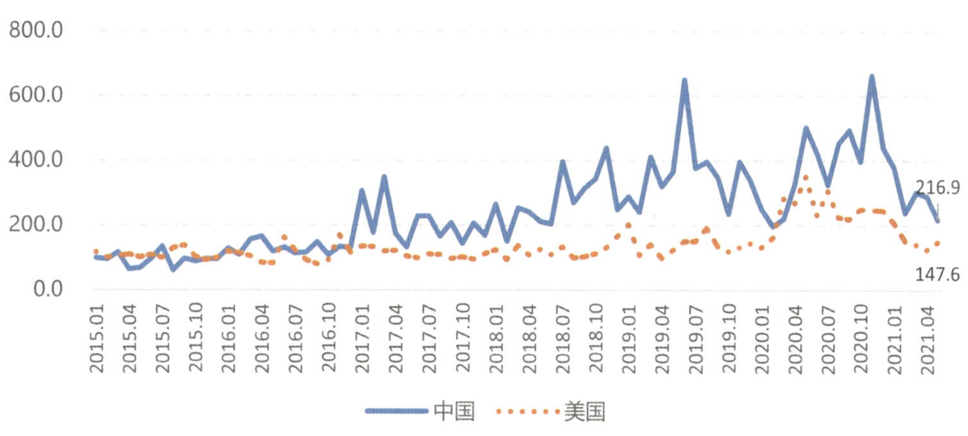

图3　2015年以来中美经济不确定性指数变化

从消费看，疫情抬升预防性储蓄意愿并通过收入分化效应抑制消费增长，同时刺激消费以线上形式流向外省市，而本土线下消费承接力不足，或将通过“棘轮效应”推动消费乏力由短期波动演化为长期趋势。近年来北京市社零额增速基本低于南方发达省市，2020年全国社零额最高的前十座城市中，北京跌幅仅次于武汉，且2021年以来增速表现也并不突出（见图4、表1）。一是疫情反复抬高居民预防性储蓄情绪。近年来北京市居民人均消费支出占可支配收入的比重在持续降低（见图5），疫情抬升储蓄意愿，使消费跌入更低区间。二是疫情加剧收入分化，降低总体消费倾向。如2020年，北京市城镇居民消费支出占收入比重下降幅度大于低收入农户（见图6）。三是疫情助推消费以线上形式外流，本地线下消费供给匹配不足。随着疫情常态化，居民消费需求更易通过线上渠道释放至全国，而北京本土线下消费供给仍然缺位，一旦居民形成消费习惯回补难度将会加大。如，疫情刺激消费回流但北京奢侈品牌渗透率不足，2020年北京国际零售品牌渗透率仅为42.7%，比伦敦、上海分别低15.2和14.3个百分点。又如，疫情拓展了就近旅游需求，而北京本土旅游产业吸引力不足，北京欢乐谷在全国各主题公园中竞争力仅排第8④。

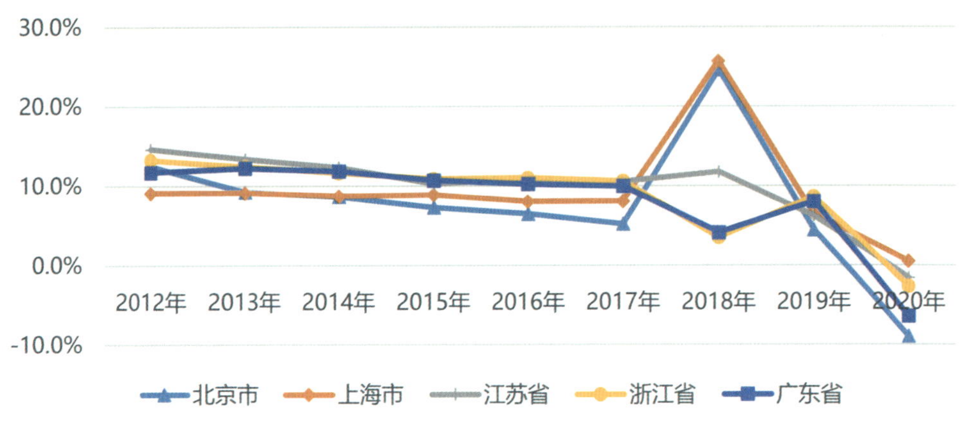

图4　2012年以来主要省市社零额增速变动情况（%）⑤

表1　2020年全国社零额前十的城市

	2020年	增速	2021年1—4月	增速
上海	15932.5	0.5%	5942.2	41.2%
北京	13716.4	−8.9%	4742.3	28.4%
重庆	11787.2	1.3%	4431.3	36.6%
广州	9218.7	−3.5%	3423.0	27.1%
深圳	8664.8	−5.2%	2856.7	33.9%
成都	8118.5	−2.3%	2947.7	28.7%
苏州	7702.0	−1.4%	2889.0	33.5%
南京	7203.0	0.9%	2727.9	36.3%
武汉	6149.8	−20.9%	2064.2	48.2%
杭州	5973.0	−3.5%	2057.0	23.0%

④ 根据《2020中国主题公园竞争力评价报告》得出。

⑤ 根据第四次全国经济普查结果对2018年社会消费品零售总额进行了修订，2019年进行相应调整。

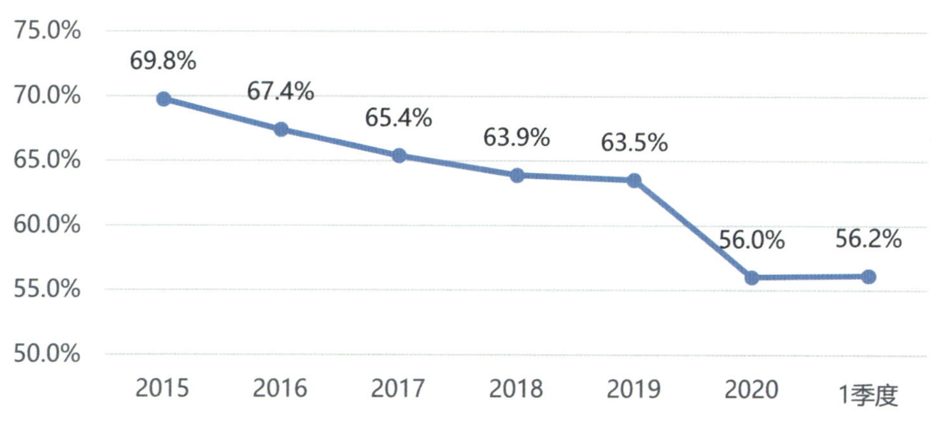

图5 北京市居民人均消费支出占可支配收入比重变化

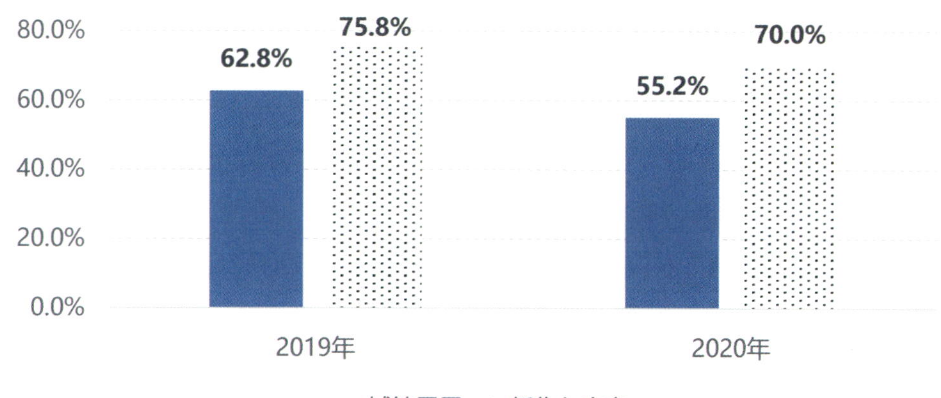

图6 城镇和低收入农户人均消费支出占可支配收入比重比较⑥

五、疫情促进数字社会加速演变，数字鸿沟进一步固化并加剧社会割裂

疫情逼迫数字化转型提速，但也滋生了更多安全隐患，易诱发社会乱象、加剧数字鸿沟，为经济社会走向增添了更多不确定性。从北京看，需要重点关注几方面：

一是数字安全隐患更加突出。个体隐私保护遭受更严重威胁。2020年底，

⑥ 自2018年起，市统计局不再对社会公布农村居民人均可支配收入数据。

北京市移动电话普及率已达181.4部/百人，居全国第一，需要关注疫情推动移动应用普及带来的风险敞口，特别是人脸识别等技术，增加了APP过度索权、信息滥用甚至恶意窃取等风险。《人脸识别研究报告》⑦显示，不接受人脸识别的原因中，76%的受访者选择了“隐私泄露”。社会安全攻击面被进一步扩大。因疫情防控而增多的远程办公需求增加了安全漏洞、网络诈骗、勒索病毒等威胁。2020年，国家信息安全漏洞共享平台收录安全漏洞创历史新高，达20704个，同比增长27.9%，显著高于2016年以来17.6%的年平均增速（见图7）。2020年，境内网站被篡改和被植入后门的网站数量按地区分布排名第一的均为北京市⑧。更需要警惕网络安全威胁扩散至意识形态领域，为敌对势力借由煽动反华情绪提供阵地。

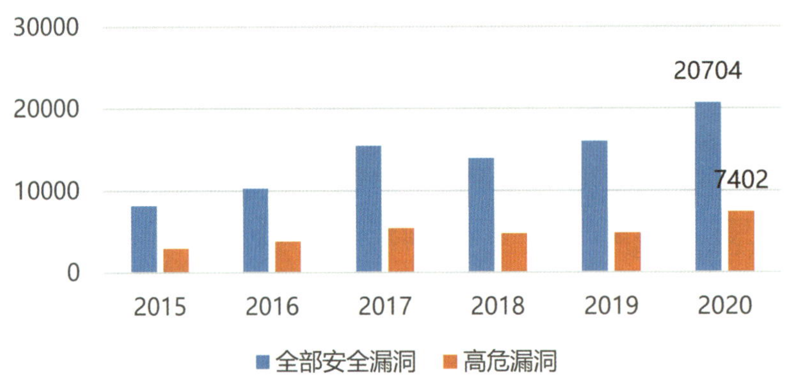

图7　2015年以来国家信息安全漏洞共享平台收集整理信息系统安全漏洞变化

二是数字经济易陷入野蛮生长诱发社会乱象。以在线教育为例，疫情催化在线教育大跨步发展，但资本助推下的恶性竞争促使教培机构过多关注营销而弱化教育属性。如2020年，跟谁学（高途）销售费用增长4.6倍，占净收入比例超80%，网易有道市场营销费用增长3.3倍。北京在线教育规模庞大，2020年全国在线教育营收规模前6名的企业中，北京的企业有5家⑨，2020年初，北京共有

⑦北京智源人工智能研究院发布。

⑧源自国家互联网应急中心，具体数据未公布。

⑨《中国在线教育市场数据发布报告》。

251家机构备案了612款教育APP，超过排在2～8位城市的产品数量总和[⑩]，如果缺少及时监管，必将产生更多社会问题。

三是数字鸿沟进一步固化加剧社会割裂。疫情叠加数字化、老龄化、城镇化进程，壮大了以老年群体、农村居民等为代表的数字社会边缘人群。从年龄看，2020年全国60岁以上网民占比仅为11.2%，而针对老年人的新型诈骗却层出不穷，如以“养老”“非法集资”为关键词在中国裁判文书网检索到裁判文书2651篇，其中北京542篇，数量在各省、直辖市中位居首位。从区域看，中国社科院报告[⑪]显示当前我国数字素养城乡发展不均衡已成为突出问题，城市、农村居民平均得分分别为56.3、35.1。这些本就存在的数字鸿沟可能因疫情影响进一步加深，加速社会失衡。

六、应对措施建议

切断“断层线”的传导，避免潜在危机显化发生，需要予以积极应对，从短期看，要着重保就业、扩投资、促消费，从长期看，要优化教育供给、构建现代产业体系、加快乡村振兴，不断缩小收入差距，缩小区域发展差距，弥合社会鸿沟，确保首都经济社会平稳健康发展。

一是完善就业优先机制。千方百计扩大就业。以严实深细的作风落实国家就业优先政策，健全就业目标责任考核机制和就业影响评估机制，完善本市与就业容量挂钩的产业政策。促进平等就业，形成高校毕业生、农民、残疾人、退役军人等重点群体就业支持体系。坚持创业带动就业。全面清理各类隐形门槛，强化创业创新政策激励，发挥产业链“链主”企业引领支撑作用，促进大中小企业融通创新，促进更多“专精特新”、“小巨人”、制造业单项冠军等中小企业成长壮大，增强中小微企业吸纳就业能力。

二是有效扩大投资。深化落实国家聚焦市场主体的宏观政策和支持政策，围绕市场主体制定实施政策，把政策的“及时雨”下透、下到位。建立高精尖

---

⑩ 教育部办公厅2020年初公布的教育APP的备案信息显示。

⑪《乡村振兴战略背景下中国乡村数字素养调查分析报告》，2021年3月中国社科院发布。

产业结构布局调整长效机制，动态发布国有经济布局优化和结构调整指引，引导市属国企带动社会资本向前瞻性战略性新兴产业集中，围绕“两区”建设引导国有企业积极发展免税店、首店经济，围绕全球数字经济标杆城市建设引导国有企业加大“五新”领域基础设施投入。有效促进民间投资提升，完善向民间资本推介项目长效机制，支持民间资本参与基础设施建设。稳妥推进REITs试点，盘活基础设施存量资产，充分调动民间投资积极性。精准把握抗疫间歇周期，重振产业链提升综合实力，通过稳定的城市环境吸引一批产业带动强、科技含量高、经济效益好的外资重大项目。

三是持续提振和扩大消费。持续深化供给侧结构性改革，提高供给引领创造新需求能力，推动企业生产模式和组织方式创新，提振时尚潮流、教育培训、0～3岁托幼、银发经济、“Z世代”等个性化、差异化、品质化消费需求。开展中国品牌及北京市品牌创建行动，保护发展中华老字号，提升自主品牌影响力和竞争力，率先在化妆品、服装、家纺、电子产品等消费品领域培育一批高端产品。鼓励传统外贸企业、跨境电商和物流企业等参与海外仓建设，提高海外仓数字化、智能化水平，促进中小微企业借船出海，带动国内品牌、双创产品拓展国际市场空间。

四是持续提高教育投入效率。财政资金重点支持义务教育优质均衡发展，加快改善农村办学条件，推动义务教育优质均衡发展和城乡一体化。以培育技能人才和新时代工匠为抓手，鼓励中低技能人群参与人才培训计划，推进高端技术技能人才贯通培养等改革试点。深化校企合作，加强产教融合，加快部分市属高校向应用技术型转型发展，增加紧缺人才供给。持续提高高等教育入学率，推进部分普通市属本科高校向应用型转变，建立学科专业动态调整机制和特色发展引导机制，注重培养基础学科和前沿科学等领域的紧缺人才。

五是扎实推动现代化产业体系建设。利用好疏解腾退空间，增强产业链空间优化布局，重点促进区域特色化，加强京津冀协同发展。围绕高精尖重点产业领域，分行业做好供应链战略设计和精准施策，补齐短板、锻造长板，多措并举增强本市及京津冀区域等国内供应链保障能力。提升国家产业政策利用效果，增强转化效益。优化完善本市产业政策宣传的长效机制，提升政策执行能力和业务素质。

六是激发农村发展活力。继续深化“三块地”改革，出台承包土地经营权抵押贷款实施办法，实施集体建设用地“点状”供地，保障农村重点产业和项目用地，稳步提高农业产业效益。实施新时代高素质农民培育计划，培养新型家庭农场经营者、农民合作社带头人等新型经营主体，持续壮大集体经济，促进农民就近就地就业和财产净收入增加。根据本市农产品特色，在考虑环境保护、农民增收的基础上，制定本市农村地区农产品加工业发展的负面清单，禁止“一刀切”，促进农业产业园、农业龙头企业、老字号原材料供应商等农村市场主体发展。优化完善支持农村居民创新创业的持续稳定政策，加强用地、金融、科技（物联网、互联网等）、营销等方面的创新支持方式，加强停车场、道路、餐饮等配套设施建设方面的要素保障，充分发挥乡村振兴协理员等新鲜力量的作用，不断优化农村创新创业环境。

（北京市发展改革政策研究中心研究实习员包颖、副研究员刘烨、研究实习员张少雪、副研究员朱跃龙、副研究员范铁芳　撰稿）

— PART 3 —

专题报告

落实立德树人根本任务，持续巩固深化推进“双减”工作

2021年，北京市全力服务保障“两件大事”，坚决落实中央和教育部关于“双减”工作的要求，全面落实立德树人根本任务，办好人民满意的教育。2022年，北京市将持续巩固深化推进“双减”工作，全面提升高校人才培养质量，提升职业教育服务城市发展能力，推动高水平教育现代化。

一、2021年的主要工作

2021年北京市坚持以习近平新时代中国特色社会主义思想为指导，深入贯彻落实习近平总书记关于教育的重要论述和对北京一系列重要讲话精神，全面贯彻党的教育方针，深入贯彻新发展理念，坚持稳中求进工作总基调，顺利完成全年工作任务。

（一）坚持党的全面领导，深入贯彻落实中央和市委的决策部署

一是加强党对教育工作的全面领导。坚持以习近平新时代中国特色社会主义思想统领首都教育改革发展，将习近平总书记关于教育的重要论述落到实处。扎实推进习近平新时代中国特色社会主义思想“三进”，在高校全面开设“习近平新时代中国特色社会主义思想概论”必修课。

二是全力服务保障“两件大事”。组织3万余名师生参与服务保障建党100周年系列庆祝活动，广大师生接受了最直接、最深刻的爱国主义教育。近50所高校和中小学组建合唱团和献词团4000多人，发出了“请党放心，强国有我”的时代最强音。成立服务保障冬奥会工作专班，做好冬奥会和冬残奥会开、闭

幕式演员遴选和排练工作。

三是全面落实立德树人根本任务。举办贯穿全年的“永远跟党走”主题教育活动，印发《北京市大中小幼一体化德育体系建设指导纲要》，首批评选54个北京市中小学思政课示范基地。推进习近平新时代中国特色社会主义思想进教材课程，印发教材“一规划四办法”，完成中小学境外课程教材专项治理、大中小学教材教辅4.5万册排查及“回头看”。深入推进学校民族团结进步教育，铸牢中华民族共同体意识。落实北京市《关于全面加强和改进新时代学校体育工作的行动方案》，切实保证学生每天1小时校园体育锻炼，扎实推进学校体育面向人人、天天全面普及。开展冰雪进校园及奥林匹克教育。制定《北京市推进健康校园行动实施方案》，针对学校健康教育关键主体和重点工作提出12项行动计划。研究制定《关于全面加强和改进新时代学校美育工作的行动方案》，开展民族艺术进校园活动。召开全市中小学劳动教育工作推进会，开展周末校园大扫除等活动。

四是优化教育资源结构布局。深入落实新一轮疏解整治促提升专项行动。北京电影学院怀柔校区一期、北京信息科技大学昌平校区部分已建成并投入使用；北京工商大学良乡校区教学楼按期开工；北京城市学院顺义校区学生宿舍顺利实施。首都医科大学、首都体育学院新校区加快推进前期工作。首都师范大学完善良乡校区规划建设方案。推动沙河、良乡大学城内涵发展联盟建设，开放优质课程，共享教学资源，丰富园区文化，探索交叉复合型人才培养，大力推动大学城与怀柔未来科学城等园区的强强联合。

（二）坚持首善标准，把“双减”作为重大民生实事抓紧抓实

北京市坚决贯彻落实习近平总书记关于“双减”工作的重要指示批示精神，全面落实中央和教育部关于“双减”工作的要求，率先开展“双减”行动。坚持“治乱、减负、防风险”和“改革、转型、促提升”并重的工作思路，“双减”工作取得了明显进展。

校外培训治理成效明显。全市校外培训机构数量大幅压减，原审批备案机构压减率超过80%，无证机构全部实现动态清零，“营转非”“备改审”工作已全部完成，扭转了校外培训过多过滥、乱象丛生的局面。

校内提质增效稳步实施。编制作业指导手册，减轻学生作业负担。深入推进“互联网＋基础教育”，提高课堂教学质量。引进优质教育资源进校园，全面开展课后答疑辅导，持续提高课后服务质量，学生自愿参与率达到96%以上。开展全学段试卷评估检查，深化教育评价改革。试点推进校长教师交流轮岗，优质资源合理流动，教育质量稳步提升。

（三）坚持高质量发展，办好人民满意的首都教育

一是推进学前教育普及普惠安全优质发展。精准扩增普惠性学前教育学位。以办理“接诉即办”“每月一题”为抓手，分析出群众反映普惠园学位不足问题集中的点位63个，其中，23个点位通过增加周边园招生计划解决需求，40个点位通过新建54所普惠园扩增约1.3万个普惠学位，补足学前教育资源的结构性短缺。

二是推进义务教育优质均衡发展。新增中小学学位2.8万个，提前超额完成新增2万个学位的市政府实事项目。稳步推进17所市级统筹优质学校建设。推进实施回天地区提升计划的15个在建项目和8个新启动项目。推动城南行动计划的7个在建项目和1个待开工项目。完善中小学集团化办学数据库，扩大集团化、学区制改革北京经验的影响力和辐射作用。推进34对城乡“手拉手”项目学校内涵发展和质量提升。修订城乡教育一体化发展项目管理办法，完善建设机制，持续推动100所城乡一体化项目学校发展。完成全市特教二期收官验收，在全国率先建成义务教育和普通高中贯通的融合教育体系。

三是推进普通高中多样化发展。研究制定普通高中多样化特色发展创建工作方案。坚持“一校一案”，引导学校合理确定发展路径，以课程为核心凝练办学特色。坚持过程评价、增值评价和综合评价相结合，为每一所有基础、有潜力、有需求的学校提供必要的政策支持，重点向郊区、重点功能区、人才聚集区倾斜，在公平竞争中体现扶弱、扶需、扶特、扶新。充分发挥“互联网＋基础教育”课题作用，探索年级部、学院制等与选课走班相适应的教学组织管理和授课方式，面向全体学生，服务每一个学生全面而有个性发展。组织普通高中三科统编教材国家级示范培训，着力提升新教材新课程实施能力。开展全员网络研修，完成8区高中教学视导，强化特色课程建设，完善教学组织管理。

四是推进高等教育内涵特色差异化发展。完善专业课程体系。在第二批全国“双万计划”建设中，北京高校410个专业入选国家级“一流专业”，231个专业入选省市级“一流专业”；349门课程正在参评国家级“一流课程”，108种教材获评首届国家教材成果奖。启动“优质本科课程”和“优质教材课件”评选工作，229门课程和226种教材课件获得支持。组织完成高精尖学科中期考核评估工作。启动新一期高精尖创新中心建设。推进市属公办本科高校分类发展。出台《关于推进新时代北京研究生教育改革发展的实施意见》，加快推动北京研究生教育高质量发展。

五是提升职业教育服务城市发展能力。研究制定《关于推动北京职业教育高质量发展的实施方案》。支持“丝路工匠”“丝路学堂”等职业教育国际合作交流平台建设，助力“两区”建设。国内21所中高职院校、国外4个国家的10所院校入驻“丝路工匠”职业院校国际合作联盟平台。10所职业院校与环球度假区签订合作协议。新增“3＋2”中高职衔接办学项目82个，项目总量达459个，衔接专业占比达75%（不含艺体类）。推进1＋X证书制度试点工作，2021年共有62所院校，244个专业，354个证书，31287名学生参与。

六是提升信息化服务教育发展能力。制定印发《北京市中小学校信息化建设规范（试行）》《北京市中小学空中课堂录制基地管理规定》等制度，录制9746节优质课覆盖小初高全学段学科，探索互联网＋三个课堂的虚拟理想学校建设。开展第二批教育信息化融合创新“双百”示范行动项目申报工作，遴选出32个示范基地和42个创新课题。稳步做好教育类APP备案工作。建成教育大数据基础平台，完成了海量教育数据的整理，初步实现了“数出一源”。

（四）坚持深化改革，不断激发学校办学活力

一是积极推进教育评价改革。印发《北京市贯彻落实〈深化新时代教育评价改革总体方案〉的工作方案》及任务清单、负面清单、工作台账。开展专题网络培训，对照负面清单完成相关文件及规章制度的清理。抓好严禁宣传中高考升学率、状元工作。开展市属高校哲学社会科学研究评价中“唯论文”不良导向专项整治。组织西城、海淀、门头沟等区调研中小学落实教育评价改革的问题、困难和建议，深入推进工作落实。

二是深化教师队伍建设改革。启动师德专题教育活动，引导广大教师牢记为党育人、为国育才的初心使命。印发《北京市落实〈教育部等六部门关于加强新时代乡村教师队伍建设的意见〉的工作方案》，面向全国招聘332名紧缺学科乡村教师。评选出北京市人民教师奖10名、北京市人民教师提名奖10名。评审出第二批北京市中小学特级校长44人。持续实施“北京市名校长领航工程·李希贵校长工作室”。组织市属高校参与教育部国家级人才计划项目申报工作，推荐特聘教授岗位16人，青年学者项目19人；国家高层次人才特殊支持计划青年拔尖项目18人，教学名师项目20人；北京学者15人。推动落实减轻中小学教师负担，对中小学校和教师的督查检查评比考核事项在现有基础上减少了50%以上。全面实施中小学教师信息技术应用能力提升工程，提升教师信息技术应用能力。

三是平稳推进考试招生改革。推进体育中考改革，增加过程性考核。指导各区“多校划片”，有力遏制学区房领涨，稳妥完成非京籍小升初学生首次四证审核，公办小学、初中就近入学率连续三年99%以上，十年来入学高峰平稳落地。印发新修订《北京市中小学校学生学籍管理办法》，为巩固招生入学改革成果提供制度保障。圆满完成疫情防控常态下的中高考组考工作。压实计划保障任务，确保各区普通高中升学比例不降低、优质高中计划进一步增加，严格控制普通高中跨区招生规模。落实优质高中50%的招生计划分配到一般初中校，进一步促进了教育公平。指导市属公办本科高校优化招生结构，将招生计划向本校优势特色学科专业、新兴交叉学科专业、首都经济社会发展急需的学科专业倾斜。

（五）坚持开放共享，加强国内外教育交流合作

一是深化京津冀协同发展。会同津冀教育部门编制“十四五”时期京津冀教育协同发展总体框架协议。继续实施三省市高职跨省单招项目。与雄安新区管委会签订教育发展的合作协议。雄安新区3所“交钥匙”建设项目顺利推进，4所援建学校（幼儿园）圆满完成第一阶段3年援助办学任务，并启动新一轮“援四”项目。推动教育资源向廊坊北三县延伸布局，支持北三县干部教师来京跟岗研修，两所北京优质学校与三河市开展合作办学。推进教育对口支援和

东西部协作，调整优化“组团式”支教方式，完成新一批援藏、援青干部教师选派工作，启动京蒙教育协作“七大工程”。持续推进南水北调水源区教育对口协作、京沈教育对口合作。

二是扩大对外教育合作与交流。加快推进国际学校建设，对进展缓慢的学校进行专项督办。12所新布局国际学校已投入使用，14所学校已完成规划布局，正在推动建设过程中。出台《北京市幼儿园、中小学招收和培养国际学生管理办法》，研究制定《北京市来华留学生高等教育质量发展指标体系（试行）》等文件，进一步完善来华留学质量标准和管理服务。积极开展高水平中外合作办学，全市中外合作办学机构和项目达到157个。成功举办服贸会教育服务专题展及论坛。

（六）坚持依法治教，推进教育治理体系和治理能力现代化

一是提高运用法治思维和法治方式抓治理的能力。加强教育立法，完成《北京市教育督导规定（修订草案）》《北京市中小学生人身伤害事故预防与处理条例》修订工作。持续推进《北京市实施〈中华人民共和国民办教育促进法〉办法》和《北京市学前教育条例》修订调研。共办理教育行政案件57件，有效维护师生合法权益。围绕“双减”工作大力开展执法检查，研制《北京市教育领域行政执法协作方案》，目前教育系统执法检查量达到3.3万余件。推进高校章程改革试点、章程修订及规章制度立改废工作。全面总结教育系统“七五”普法工作成效，启动“八五”普法工作。落实好“双反馈”“双回访”机制，强化信息通报，解答“接诉即办”工作咨询13万多件。推进教育领域优化营商环境工作。

二是充分发挥教育督导的重要作用。组织开展对区级政府履行教育职责整改情况的回访督导。开展“双减”专项督导。挂牌责任督学对每所学校开展专项督导和经常性督导，市委教育工委、市教委领导带队对全市各区每周开展“四不两直”下区入校检查指导。督政信息化平台启动上线运行。完成2000余所幼儿园办园质量督导评估工作，完成11轮中小学、幼儿园挂牌责任督学全覆盖专项督导工作，完成职业院校人才培养质量督导评估（试评）实地督导工作。构建智能化评估监测体系，完成2019—2020学年论文抽检工作。编制完成北京地区高等学校本科教学质量分析报告。完成国家义务教育质量监测工作。

组织完成学前教育发展状况监测在线填报和数据清理，形成《2021年北京市学前教育发展状况监测报告》。

三是加强大学生就业创业工作。举办各类双选会250多场，提供就业岗位145万个，2021届北京高校毕业生总体毕业去向落实率持续平稳，好于预期。加大与中关村“一区十六园”等科技园区对接力度，与海淀创业园、北青企协、创业公社等签订了战略合作协议，为孵化期满的创业企业发展拓宽渠道。组织开展北京地区高校大学生优秀创业团队评选工作，61所高校1920支创业团队参加评选，参评数量再创新高。多渠道遴选出111支创业团队入驻市级园孵化。

四是切实维护首都教育的安全稳定。进一步细化疫情防控相关预案，采取比社会上更加严密、更加严格的精准防控措施，抓好常态化疫情防控。落实好意识形态工作责任制，守好意识形态重要阵地。按照“一区一案”“一校一策”要求，对市政府重要民生实事项目涉及的51所中小学进行重点治理。推广交管警官担任中小学校交通副校长模式，开展有针对性的交通安全宣传教育，目前全市交通副校长已覆盖80%的学校。夯实校园安全人防、物防、技防基础，不断提升“平安校园”建设质量。

五是提升服务保障能力和绿色发展水平。优化经费使用结构，提高经费支出效率和使用绩效。持续抓好“垃圾分类”“光盘行动”“厕所革命”等三件“关键小事”。围绕今年重点改革任务，从以学生为本、为民办实事出发，切实解决中小学在校就餐问题，目前全市实现了在校就餐保障全覆盖。制定《北京市绿色学校创建标准（高校）》，搭建管理信息平台，全市30%的学校创建达标，以绿色学校创建促进生态文明理念深入人心。

二、2022年的工作思路

2022年北京市坚持以习近平新时代中国特色社会主义思想为指导，全面贯彻党的十九大和十九届历次全会精神，以首都发展为统领，以推动高质量发展为主题，以深化供给侧结构性改革为主线，以改革创新为根本动力，统筹做好疫情防控和改革发展稳定各项工作，加快推进高水平教育现代化，服务北京经济社会发展，办好人民满意的首都教育。

（一）持续巩固深化推进“双减”工作

坚持“治乱、减负、防风险”与“改革、转型、促提升”并重，深入落实《北京市关于进一步减轻义务教育阶段学生作业负担和校外培训负担的措施》，持续坚定有序稳妥推进“双减”工作。各区教委、各学校严格规范课堂教学行为，提高课堂教学质量，丰富课后服务供给，加强日常学业辅导，努力促进学校教育提质增效。

（二）推进学前教育普及普惠发展

巩固普及普惠发展成果，优化学前教育资源布局，满足入园需求。落实普惠发展的保障制度，确保普惠性幼儿园持续健康发展。加强学前教育规范管理，完善督查工作机制。大力推进办园质量提升，开展幼儿园一日生活课程体系研究，完善全覆盖学前教研体系，防止和纠正幼儿园“小学化”倾向。

（三）推进中小学教育高质量发展

落实好全面提高义务教育质量的意见。有序推进市级直属学校、统筹学校和市建共管学校建设，支持集团化办学、城乡学校“手拉手”等跨区协作学校高质量发展，不断扩大优质资源覆盖面。持续加强中小学学位建设。用好互联网＋教育，大力推广双师课堂教学模式，进一步提高课堂教学质量。推进以课程为核心的多样化特色高中认定和建设，整体带动普通高中提升办学水平，推进高中多样化发展。

（四）推进高等教育内涵特色差异化发展

支持高校“双一流”建设，加强高精尖学科建设，促进基础、前沿、新兴、交叉学科高质量发展。加强“一流专业”“一流课程”建设，推动实践创新教育改革，全面提升高校人才培养质量。持续推进市属高校分类发展，落实好分类发展方案，实现分类支持、分类建设，差异化发展。推动优质资源共享，提升“双培计划”“外培计划”人才培养水平。支持“卓越联盟”和“北京学院”发展建设。促进高校毕业生实现更加充分和更高质量就业。

（五）提升职业教育服务城市发展能力

深入贯彻城教融合发展理念，落实深化职业教育改革的若干意见，根据产业布局和社会发展对技术技能人才的需求，进一步完善职业教育和培训体系。继续开展职业院校国家“双高”和北京市“特高”建设。推动学习型城市建设创新发展，推进学分银行服务体系建设。

（六）深化教师队伍建设改革

加强和改进师德师风建设，积极宣传师德典型，加大违规失范行为的查处力度。全面推进区域内义务教育阶段学校校长、教师交流轮岗。持续实施拓展中小学教师来源行动计划。稳步推进教育人事制度改革。打造高水平“双师型”职业教育教师队伍。减轻中小学教师负担，营造良好教育环境。

（北京市教育委员会　供稿）

开拓进取，谱写首都卫生健康事业高质量发展新篇章

2021年，北京市全面贯彻新发展理念，圆满完成“两件大事”服务保障，统筹常态化疫情防控和卫生健康事业发展。2022年，北京市将以人民健康为中心，以常态化疫情防控为重点，全力做好冬奥医疗防疫服务保障，全方位全周期维护群众健康，为推动首都高质量发展、创造高品质生活提供坚实的健康保障。

一、2021年的主要工作

2021年北京市圆满完成建党百年庆祝活动、冬奥会疫情防控和医疗卫生保障任务，紧紧围绕首都功能定位和人民健康需要，统筹常态化疫情防控和卫生健康事业发展，实现“十四五”工作良好开局。户籍居民平均期望预期寿命82.47岁，婴儿死亡率和孕产妇死亡率分别为1.44‰和2.72/10万，均为历史最好水平，达到国际先进水平。

（一）切实增强政治自觉，全力做好“两件大事”服务保障

圆满完成建党百年庆祝活动疫情防控和医疗卫生保障。周密制定工作方案，分类制定46个防控指引，坚持定期核酸检测，整体推进疫苗接种，统筹央属、市属和部队精干医疗卫生力量，以最高标准、最严要求、最实措施，为庆祝活动的医疗防疫“大考”交上“北京答卷”，受到党中央和市委市政府充分肯定。全面做好冬奥医疗防疫保障。成立冬奥医疗防疫工作指挥调度中心，制定冬奥疫情防控指引，按照“一院一策”制定定点医院医疗保障方案，指导各场馆“一馆一策”制定闭环管理疫情防控方案。选拔1323名医疗骨干、400余名

公共卫生人员参与冬奥医疗卫生保障。启用冬奥医疗保障中心，支持延庆医院建成三级综合医院，精准帮扶提升张家口赛区医疗保障能力。精准高效开展核酸检测，全力做好新冠阳性人员的隔离和确诊患者的医疗救治治疗，为冬奥开幕式精彩举办以及冬奥的顺利进行提供了重要保障。

（二）以首都安全为底线，统筹做好疫情常态化防控和应急处置

不折不扣落实“三快三抢”要求，迅速控制顺义、大兴、昌平等局部聚集性疫情，以最小社会面影响在一个疫情周期内有效处置了丰台、西城、朝阳、海淀局部聚集性疫情，全市中风险地区清零。持续跟踪研判境内外疫情趋势，及时提出防控措施建议。坚持“三公联动”，综合运用生物和大数据技术，迅速查明新冠病毒传播链条，及时高效开展流行病学调查和密切接触者追踪。充实医疗救治专家组和危重患者救治专家组，全力做好患者救治，中医治疗参与率近100%。完善高风险地区来京就诊患者和入境人员闭环管理，持续加强预检分诊，以地坛医院为重点开展全市各医疗机构的院感防控知识培训和监督检查。修订完善47个防控指引，做好社会面防控技术支持。高效有序推进疫苗接种，相关经验被国务院联防联控机制推广。

（三）以强基固本为着力点，加快健全首都公共卫生应急管理体系

制定《2021年首都公共卫生应急管理体系建设实施方案》，推进实施42项重点任务。传染病监测预警能力进一步提升。新冠肺炎疫情快速监测联防联控平台建成投用，制发重大传染病风险监测技术工作指引，持续加强多点触发传染病预警机制建设。基层卫生工作基础进一步夯实。明确了街道（乡镇）公共卫生工作职责，结合村（居）委会“两委”换届，更新充实村（居）公共卫生委员会。全力推进“一村一室”建设，650个空白村村级医疗卫生机构建成投用，多种方式补齐村级医务人员。开工建设10个社区卫生服务中心，建成投用48个社区发热筛查哨点。公共卫生应急处置能力进一步提高。全市单样本日核酸检测能力达168万份，负压救护车增至197辆，完成344个院前急救设施建设。全市院前急救体系实现统一规划、统一调度，院前医疗急救号码统一为“120”，急救呼叫满足率提高到97%以上，急救平均反应时间缩短至15分钟左右。设立北京市公共卫生应急管理中心，组建市级综合类紧急医学救援队伍，

启动卫生应急队伍模块化建设。成功举办京津冀卫生应急联合演练。重大疫情医疗救治体系进一步健全。全市负压病房达1420间，实现发热患者就诊救治全流程闭环管理。开展重症、感染等7个重大疫情防治重点专科建设，在地坛医院启动设立北京市感染性疾病研究中心。公立医疗机构防护物资储备达45天。公共卫生科技和人才保障更加有力。启动首发科研专项公共卫生项目，支持10个重点研究方向。公共卫生人才首次入选“北京学者”。招收首批定向培养公共卫生专业博士，完成400人次医防融合培训。

（四）以服务首都城市功能为重点，积极融入构建新发展格局

坚持规划引领，印发实施《“十四五”时期健康北京建设规划》《北京市医疗卫生设施专项规划（2020年—2035年）》。有序推进医疗卫生资源疏解，积水潭医院新龙泽院区、北大人民医院通州院区正式开诊，友谊医院顺义院区、朝阳医院东院、安贞医院通州院区主体结构封顶，首儿所通州院区、市疾控中心迁建项目开工建设，儿童医院新院区、安定医院新院区选址确定。同仁医院崇文门院区等核心区三级医院疏解床位共计1560余张。深入推进京津冀协同发展，续签《支持雄安新区医疗卫生事业发展合作框架协议》，支持雄安新区“交钥匙”援建医院完成主体结构封顶；签署《关于支持廊坊北三县医疗卫生服务能力提升合作框架协议》，组织友谊医院、安贞医院等市属医疗卫生机构持续帮扶廊坊北三县医疗卫生服务能力提升；京张、京唐、京承等重点医疗项目合作深入推进，实现京津冀485家医疗机构临床检验结果互认、239家医疗机构医学影像检查资料共享。积极融入“两区”、国际消费中心城市、全球数字化标杆城市建设，有序推进研究型医院建设，首批研究型病房研究型床位达到1704张，启动第二批研究型病房建设。加快国际医院建设，昌平区生命科学园高博医院已获医疗机构设置批准，北京和睦家、京北妇儿医院已开业。积极开发中医药康养特色旅游资源，扩大老年康养消费供给。加强智慧医疗健康顶层设计，制定北京智慧医疗健康实施方案，完成居民个人健康记录、出生“一件事”、互联网医院跨院复诊、商保快赔、科研平台、医院安全保卫等6个重点场景验证。成功承办2021年服贸会健康卫生服务专题版块。

（五）以群众健康需求为中心，持续提升医疗服务水平

继续深化医药卫生体制改革，在东城、西城、怀柔、平谷4个区试点建设健康联合体，探索贯通医改、公共卫生体系建设和健康北京建设的新路径。开展智慧药学服务和处方前置审核试点，进一步规范用药服务。规范调整影像、临床物理治疗类、临床诊断类等医疗服务项目价格，推进公立医疗机构商业保险实时结算。不断优化医疗服务结构，大力推进分级诊疗，打造基层卫生预约转诊服务平台，全市96家医联体核心医院、医联体三级医院全部与基层预约转诊平台对接，为基层预留30%以上号源。家庭医生签约服务费调整至100元/人·年，引导二级医疗机构符合条件的医务人员加入家庭医生队伍。儿科紧密型医联体成员医院扩至20家，实现郊区全覆盖。持续提升医疗服务能力，大力推进国家医学中心和区域医疗中心建设，国家传染病医学中心、国家神经疾病中心落地北京。市级医疗质控中心增至40个。推进“互联网＋医疗”，建成互联网医院监管平台，全市建成互联网医院32家，开展互联网诊疗服务的医疗机构达131家。扎实开展“我为群众办实事”实践活动，结合党史学习教育，依托改善医疗服务行动，实施40项重点民生项目、101项实事项目，切实解决卫生健康领域群众“急难愁盼”问题。二级以上医疗机构实现非急诊全面预约和实名制就诊，三级医院分时段预约挂号全部精确到30分钟以内，二级以上医院均设立老年无健康码就诊通道，65家医院开设夜间门诊，134家医院试点推进医务社会工作，试点推出“缺药即送”便民服务。推动中医药传承创新发展。出台促进中医药传承创新发展实施方案，推进《北京市中医药条例》配套文件制定。建成100个社区中医药健康文化体验馆，培训2004名中医健康养老护理员及1058名具有师资的中医，积极发挥中医在养老护理中的作用。升级优质中医药资源下沉基层“四大工程”，服务居民近百万人次。

（六）以“一老一小”为重点，健全生命全周期健康服务体系

加强人口家庭服务。实施三孩生育政策，优化生育支持政策，在全国率先制定托育机构卫生评价标准，创建首批45家示范性托育机构，完成102家托育机构备案，推动托育服务规范发展。完善妇幼健康服务管理。推进母婴安全保障筑基行动，开展妇幼健康生育全程“八优服务”。组织开展母婴友好

医院、儿童早期发展优质服务基地和儿童健康友好社区评估，为14万余名新生儿开展疾病筛查，开展70万余人次儿童五类重点疾病筛查。积极应对人口老龄化。会同市发展改革委起草《北京市积极应对人口老龄化实施方案（2021年—2025年）》，印发《北京市推进老年友好型社会建设行动方案（2021—2023年）》，在全国率先开展老年友好型社会建设，29个社区被命名为全国示范性老年友好型社区。积极开展社区老年健康服务规范化建设，240家社区卫生服务中心通过验收。新增老年友善医疗机构218家，在全国率先达到医疗机构80%覆盖。开展"百千万智慧助老"公益行动，惠及10余万老年人。

（七）以健康优先发展为导向，加大健康北京建设力度

积极推进健康北京行动，开展健康北京行动指标监测，重大慢性病过早死亡率降至10.6%，居民健康素养水平达36.4%，居全国之首。朝阳、海淀获评国家卫生区，188个街道（乡镇）创建市级卫生街道；广泛开展"周末卫生日"活动，加强基层环境治理。持续加强疾病防控，甲乙类传染病报告发病率降至108.10/10万，完成12余万例癌症和心脑血管等重点慢病高危人群筛查管理，为27.8万名老年人提供脑健康体检服务，为99.5万名儿童提供防龋服务。制定《北京市重点公共场所社会急救能力建设三年行动方案（2021年—2023年）》，实现全市大中小学校、地铁、火车站AED配置全覆盖，完成线下21万人次、线上396万人次社会急救知识培训。7个新建中心血库均已开展采血工作，全市年采血总量同比增长17.7%。开展合理膳食乡村示范和健康企业创建工作，实现全市重点职业病监测和放射卫生监测全覆盖。

（八）以治理能力提升为核心，持续推进卫生健康治理现代化

深化"接诉即办"改革，成立"接诉即办"改革工作领导小组，建立十项工作机制，紧扣"每月一题"，聚焦医院医疗服务不精准和社区医疗资源不足等突出问题，开展源头治理、主动治理，加大督办落实力度。加大基层适宜人才培养培训力度，培养774名全科医生，完成3200名乡村医生岗位培训，启动社区医生临床研修培训。健全卫生健康法律和标准体系，推动出台《北京市献血条例》，修订《北京市人口与计划生育条例》《北京市院前医疗急救服务条例》，制定18项卫生健康地方标准。深入推进"放管服"改革，行政服务事

项30%以上实行告知承诺制，全城网办和一网通办率达到100%，26项“证照分离”改革事项落地实施，出生医学证明实现在线申领并生成电子证照。加强综合监管，修订《北京市卫生健康行政处罚裁量规则》及《北京市卫生健康行政处罚裁量细则》，印发《北京市卫生健康行业信用分级分类监管办法》，深化医疗机构信用分级分类监管。全市279家医院开展安检，262家医院安装了一键报警装置，医院安全秩序持续向好。积极推进健康帮扶同乡村振兴有效衔接，持续做好对新疆、西藏、青海、四川凉山等地对口支援工作，加强与内蒙古及河南、湖北水源区的对口协作。高标准做好卫生援外工作，遴选推进12项“一带一路”国际卫生健康合作项目，积极参与全球卫生健康治理。

二、2022年的工作思路

以习近平新时代中国特色社会主义思想为指导，牢牢把握卫生健康工作的政治属性和业务属性，以首都发展为统领，以人民健康为中心，以常态化疫情防控为重点，坚持首善标准，突出公平正义，全力做好冬奥医疗防疫服务保障，有效提升“四个服务”能力，全方位全周期维护群众健康，为推动首都高质量发展、创造高品质生活提供坚实的健康保障。

（一）坚持底线思维，全力做好冬奥会等重大活动的疫情防控和医疗卫生服务保障

坚决贯彻冬奥“举办即成功、关键在防疫”的指示精神，以“精精益求精”的精神，做好防疫和医疗卫生保障工作，确保“万万无一失”。科学高效做好赛时医疗防疫指挥调度。进一步完善场馆、奥运村等防疫措施。严格落实涉奥场所防疫应急预案。高标准做好医疗救治。加强三个赛区的医疗防疫协同联动。做好党的二十大等重大活动的医疗卫生服务保障和疫情防控。

（二）坚持人民至上，坚定不移抓好疫情处置与常态化防控工作

将疫情防控作为2022年工作的重中之重，坚持疫情应急处置与常态化防控相结合，坚持外控和内筛紧密结合，全力保障城市安全运行和群众生命健康。加强传染病早期监测预警，落实“快、严、准”要求，完善疫情期间就医制

度，持续做好疫苗接种工作。

（三）坚守首都安全，持续完善公共卫生应急管理体系

加强传染病预防控制体系建设，健全传染病监测预警多点汇集和分析触发机制，加强发热筛查哨点管理。推进全市疾控体系改革，加快区级疾控中心基础设施、技术能力和标准化建设。推进高等级生物安全实验室建设。落实佑安医院新院区选址，加快市疾控中心新址建设。提升基层公共卫生服务能力，强化街道（乡镇）公共卫生职能，完善村（居）公共卫生委员会职责。推进乡村一体化人才队伍建设。加快构建医疗和公共卫生一体化的基层医疗卫生服务体系。提高应急处置和医疗救治能力，持续推进重点公共场所AED配置和急救人员知识培训。全面完成二级以上综合医院发热、呼吸、肠道门诊规范化建设，加强负压病房、重症监护病房配置。落实医疗机构公共卫生责任清单，继续开展医防融合培训。加强公共卫生人才培养，推动首发科研专项公共卫生项目，建立公共卫生预备役队伍，拓展公共卫生硕士博士定向培养渠道，加大高层次公共卫生人才培养力度。加强首席监督员队伍建设。

（四）融入首都发展，大力提升卫生健康“四个服务”水平

推进实施《“十四五”时期健康北京建设规划》，协同落实《北京市医疗卫生设施专项规划（2020年—2035年）》。加快推进医疗卫生资源疏解，持续开展核心区市属医疗资源疏解效果监测评价。推进国家医学中心和区域医疗中心建设。深入推进京津冀协同发展，完成雄安新区“交钥匙”新建医院办医支持方案编制，协助做好新医院运行筹备。持续推进与河北重点地区的医疗合作。扩大京津冀医疗机构影像检查结果互认和影像资料共享范围，提升三地医疗服务同质化水平。主动服务首都城市功能建设，积极融入“两区”建设，扩大国际医院试点范围，提升国际医疗服务水平。支持国家医学中心建设，提升全市医疗科研创新和成果转化能力。加强生命科学和生物医学研究，促进医药卫生科技成果转化与产业化。

（五）紧扣“七有”“五性”，不断提高群众健康获得感

优化医疗服务体系，推进互联网医院和智慧医院建设，完善互联网医疗监管平台。支持规范社会办医。优化基层预约转诊平台，完善儿科医疗服务网络。提升医疗服务能力，推行多学科诊疗（MDT）、团队诊疗、日间诊疗、整体护理等新型服务模式。继续改善医疗服务，将“接诉即办”高频事项和重点问题列入改善医疗服务任务清单，加强预约诊疗精细化管理，完善门诊质量管理制度，落实社区用药保障措施，持续推进医务社会工作，体现医学人文关怀。实施中医药服务基层行动，做实中医进社区活动，建立一支基层中医药骨干人才队伍，制定一套中医治未病服务方案，提升基层中医药服务水平。

（六）积极应对人口老龄化，做好全生命周期健康服务

完善人口家庭服务，加强出生人口监测，落实三孩生育政策，研究制定生育配套支持措施。推动托育机构规范化发展，引导社会力量试点开展普惠托育服务。优化妇幼健康服务，落实母婴安全行动和健康儿童行动，优化母婴关爱服务；优化新生儿疾病筛查策略，实施儿童眼保健“启明行动”。健全老年健康服务体系，扩大安宁疗护服务供给，推进4家医疗机构转型建设安宁疗护中心，推进二级及以上综合医院老年医学科建设，持续推进示范性老年友好型社区建设和老年友善医疗机构建设。

（七）坚持健康中国战略，深入推进健康北京建设

实施健康北京行动，启动健康影响评价评估试点。推进丰台区、大兴区国家卫生区创建，推动北京市卫生街道创建。加强慢病防控管理，继续开展癌症早诊早治、心脑血管疾病、慢性呼吸系统疾病高危人群筛查干预。加强儿童青少年肥胖、近视、危险因素监测指导。实施《北京市献血条例》，健全北京市献血协调机制。推进合理膳食乡村示范工作，加强重点企业职业健康监督指导。

（八）坚持系统治理，推动卫生健康事业高质量发展

推进医药卫生体制改革，做好公立医院高质量发展试点，优化绩效评价和薪酬管理机制。加强紧密型医联体建设，推进健康联合体试点。深化“接诉即办”改革，健全每月调度、定期研究、分类施策、协调联动工作机制，建立公立医院党委一把手亲自抓“接诉即办”工作机制，落实奖惩制度，着力提升“三率”。全面推进依法行政，推进传染病防治条例制定，完善地方卫生标准体系，加强综合监管体系建设，深入推进“放管服”改革。加强智慧医疗建设，以应用场景为牵引，以“出生一件事”等重大项目为抓手，持续推动数据互联互通和共享应用。高质量完成健康帮扶与支援合作任务，深化拓展与“一带一路”沿线国家的卫生健康合作。

（北京市卫生健康委员会　供稿）

加快发展养老服务，持续完善“三边四级”养老服务体系

2021年，北京市坚持以人民为中心，持续完善养老服务体系，推动首都养老服务高质量发展。2022年，北京市将持续完善“三边四级”就近精准养老服务体系，强化综合监管和服务保障，提高养老领域标准化水平，提升居民的获得感和幸福感。

一、2021年的主要工作

2021年北京市深入实施《关于加快推进养老服务发展的实施方案》，以党史学习教育、“我为群众办实事”和养老服务“每月一题”为抓手，紧紧围绕“保基本、优体系、通堵点、强管理”目标，着力完善超大城市养老服务体系。

（一）养老服务政策不断健全

落实北京城市总规有关要求，出台《北京市养老服务专项规划（2021年—2035年）》，明确各区、街道乡镇各类养老服务设施的空间布局、功能结构、数量规模，推进地区平衡和结构合理；明晰养老服务产业的可预期目标和发展路径，推动养老服务业全面协调可持续发展。修订《北京市社区养老服务驿站运营扶持办法》，调整驿站功能定位，明确驿站的公益属性。出台《北京市养老服务时间银行实施方案（试行）》《关于贯彻落实〈北京市养老服务人才培养培训实施办法〉的通知》等10余项政策措施，进一步织密养老服务政策体系。发挥养老服务部门联席会议作用，组织召开全市养老服务部门联席会议第一次全体会议，建立联席会议议事决策、督查督办、年度述职评议等制度。

（二）养老服务供给更加充分

持续构建“三边四级”就近精准养老服务体系。截至目前，全市共建成养老机构581家（包括街乡镇养老照料中心287家），养老床位供给总数达到13.8万张；建成并运营社区养老服务驿站1112家。相较2020年，养老机构增加14家（包括街乡镇养老照料中心），养老机构床位增加1.2万张；社区养老服务驿站增加107家。落实新建小区配建养老服务设施建设移交办法，规定配建的养老服务设施产权无偿移交给民政部门，已无偿移交80余个养老设施项目，135个在建待移交。出台《培训疗养设施改革的实施方案》，确定首批改革为养老机构的6家涉改机构名单，逐个分析设施改造存在的问题，制定闲置设施指引文件的计划安排和具体内容。出台《关于推动北京养老项目向廊坊北三县等环京周边地区延伸布局的实施方案》，联合印发《关于推进京津冀蒙协同发展区域养老机构等级评定等相关标准互认工作的通知》，实现养老机构等级评定、信用评定、老年人综合能力评估等制度互认。联合发布50家异地养老机构名单，归集入住津冀地区机构京籍老年人信息5447条。

（三）基本养老服务体系不断完善

出台《北京市基本养老服务清单（2021年版）》，明确基本养老服务对象保障内容、保障标准等。全面落实社区养老服务驿站管理办法，督促指导各区和各街乡镇划分1112个驿站服务责任片区，明确驿站对责任片区老年人基本养老服务责任。修订出台《北京市社区养老服务驿站运营扶持办法》，明确驿站可通过政府购买服务的方式，为责任片区内基本养老服务对象提供巡视探访、养老顾问、个人清洁、呼叫服务四项基本养老服务。实施《北京市困境家庭服务对象入住养老机构补助实施办法》，在原低保、低收入、计划生育特殊家庭中的失能、失智、高龄老年人的基础上，受助人群范围扩大至城乡特困老年人和重度残疾人，全年落实政策入住4902人。制定《北京市养老服务时间银行实施方案（试行）》，建立养老服务时间银行机制，大力发展互助养老和志愿服务。制定《关于开展“物业服务＋养老服务”试点工作的通知》，明确“物业服务＋养老服务”的试点期限、试点内容、支持措施、监管措施。

（四）养老服务质量持续提升

全面落实《养老机构服务安全基本规范》《养老机构服务质量基本规范》等国家标准，持续开展养老机构服务质量达标活动，建立服务质量日常监测机制。对照《养老院服务质量大检查指南》116项指标，组织对全市养老机构问题隐患地毯式摸排。全面推进民办养老服务机构消防安全达标工程，将2021年财政拨付中央彩票公益金1736.5万元和市级彩票公益金1718万元，用于养老服务机构消防安全达标工程建设。开展“防风险、除隐患、保平安”消防安全大排查大整治专项督查，重点围绕违规动火动焊施工作业、违规用火用电用油用气、电动自行车违规停放充电等10个方面，开展大排查大整治专项督查工作。落实防汛安全督导检查工作，按照全国民政系统防汛救灾和疫情防控工作视频会议精神，对民政服务机构开展防汛安全专项督查，共排查风险隐患59个，列入督查台账确保及时整改。持续开展养老机构星级评定，目前全市共有星级养老机构458家，其中五星级13家、四星级40家、三星级58家、二星级309家、一星级38家。全面开展社区养老服务驿站星级评定工作，全市共有星级社区养老服务驿站777家，其中三星级13家、二星级402家、一星级362家。

（五）养老服务保障日益完善

第一，落实老年人津补贴及保障工作。

一是落实“三失一高”等重点老年群体津补贴发放。2021年全年累计向困难、失能、高龄老年人发放养老服务补贴津贴27.39亿元，月均发放87.14万人次。截至2021年12月底，累计制发养老助残卡502.27万张，有效持卡数450.86万张，其中本市户籍老人373.72万，外埠老人77.13万。

二是在超市内实现护理补贴的“专款专用”。建立护理补贴线上使用专区，为失能老年人及家庭提供更多的选择空间。协调北京农商银行、北京养老行业协会及具有线上平台的社会力量实现护理补贴线上支付功能；协调了养老助残卡制发卡银行即北京农商银行、各区民政局在民政部门备案的养老服务机构安装护理补贴终端支付设备。享受护理补贴老年人可以使用护理补贴支付入住养老机构的费用；大力发展社区村卫生站（所）等加入护理补贴服务商，根据老年人需求提供不同的照护服务包，推进农村养老服务消费。

三是完善全市“多卡合一”制度设计。完成北京民生一卡通管理办法（试行）及实施细则、民生类实体卡换发方案、惠民惠农财政补贴资金实施意见、“多卡合一”改革问题死角清单等文件的修改完善等工作。按照“群众利益不减损”原则，制定《“多卡合一”改革工作民生卡试点发行阶段养老助残卡退出方案（初稿）》《养老助残卡与北京民生一卡通换发方案（初稿）》《北京市民生卡—民政专项应急预案（初稿）》。

四是组织协调全市养老服务机构参加养老服务机构综合责任保险。2021年度养老机构综合责任保险，全市共有1414家养老服务机构参与投保（其中养老机构投保391家，照料中心投保138家，养老驿站投保855家，其他类型投保30家），投保床位总数117950张（其中投保机构内床位53758张，居家养老床位投保59850张，家庭照护床位投保4342张），雇员22482人。

第二，加强养老服务人才队伍建设。

一是落实养老护理员补贴津贴制度。印发《关于贯彻落实〈北京市养老服务人才培养培训实施办法〉的通知》，做好护理岗位奖励津贴发放工作。截至2021年底，全市已为符合补贴条件的养老护理员8700余人，发放岗位奖励津贴补贴2236余万元。本市在全国率先将护理岗位奖励津贴与护理员职业技能等级挂钩，逐步缓解养老服务人才来源不足、流动性大等问题。

二是开展养老护理职业技能培训。印发《关于做好2021年养老护理员职业技能培训工作的通知》，就进一步放宽养老助理员职业技能培训对象范围，优化调整培训委托方式，规范培训补贴申请程序等方面做出规范，并将1万名养老护理员培训任务分解到各区。2021年，共培训养老护理员10325人，超额完成培训任务。同时，积极开展养老服务机构负责人培训和市级示范培训，累计培训老年社会工作者511人、评估人员353人，养老服务机构负责人1500人。

三是成功举办2021年全国养老护理职业技能大赛北京赛区选拔赛。印发《2021年全国养老护理职业技能大赛北京赛区选拔赛实施方案》，召开全市动员部署大会，启动北京市选拔赛各项工作。全市养老服务机构内1.3万名养老护理员中99名选手进入市级选拔赛。综合成绩排名前4名的选手，代表北京市参加全国决赛，并在全国决赛中分别荣获二等奖（3名）、三等奖（1名）。获得本市选拔赛一等奖选手，被授予“北京市技术能手”称号。

第三，大力推进智慧养老。

联合印发《关于开展北京市智慧养老应用场景案例征集活动的通知》，在中关村论坛上面向社会公开发布清单需求。研究制定《关于面向居家养老基本养老服务对象开展应急呼叫服务的指导意见（征求意见稿）》，鼓励各区以区为单位，通过政府购买服务方式为服务对象提供一键呼感应呼叫智能终端等服务，已累计为5万余名老年人安装应急呼叫装置。贯彻实施《关于切实解决养老领域老年人运用智能技术困难有关工作的通知》，持续推进优化养老助残卡的办理流程、老年人综合能力评估、优化养老服务综合津补贴申领手续、在养老服务领域开展代办服务、支持开展智能手机使用培训等工作。

（六）养老服务监管持续强化

出台《北京市养老机构综合监管暂行办法》，健全完善综合监管制度机制。出台《北京市养老服务合同（养老机构版）》示范文本，规范双方权利义务，避免因合同要素缺失和当事人意思表示不真实、不确切，而出现显失公平和违法的情况。设置合同“7天冷静期”，防范老人因未对养老机构进行充分有效了解，而冲动、盲目消费等行为造成的经济损失或纠纷，积极有效保护老年人合法权益。自合同示范文本印发之日起，新入住的老年人应100%使用合同示范文本签署合同，之前入住机构的老年人在服务合同到期后予以更换。出台《关于规范北京市养老服务机构养老服务质量信息公开栏的通知》，要求养老服务机构100%公开服务、收费信息等内容。研究制定《养老服务合规手册》。从消防安全、食品安全、服务安全等方面，制定养老服务行业的“一业一册”“一业一查”。在石景山、怀柔、昌平、海淀4个区，对近百家养老服务机构的近万名老年人开展养老服务全流程数字化监管。推进“金民工程”数据对接，健全完善市社会福利平台养老服务模块功能，对福利平台内综合监管、困境家庭入住补贴管理、人才队伍信息管理、安全监管、家庭照护床位进行建设升级。

二、2022年的工作思路

2022年北京市养老服务工作坚持以习近平新时代中国特色社会主义思想为指导，全面贯彻落实党的十九大和十九届历次全会精神，深入贯彻习近平总书记对养老服务工作系列重要指示精神，围绕落实《关于加强新时代老龄工作的意见》《“十四五”国家老龄事业发展和养老服务体系规划》，深入推进《关于加快推进养老服务发展的实施方案》《北京市养老服务专项规划（2021年—2035年）》实施，持续完善“三边四级”就近精准养老服务体系。

（一）进一步完善就近精准养老服务体系

结合各区实际情况，科学测算各区街乡镇养老照料中心、社区养老服务驿站建设指标，明确建设空白点和年度建设任务，定期公布完成情况，并纳入“七有”“五性”考核指标。新建2000张养老家庭照护床位，为重度失能老年人提供专业照护服务。出台实施《关于推进街乡镇养老服务联合体建设的指导意见》，分类、分层、有序推进街乡镇养老服务联合体建设，强化街乡镇对辖区养老服务政策和资源的统筹，实现养老服务供需精准对接和服务落地。计划到2022年底，全市有效建立养老服务街乡镇联合体机制。

（二）进一步提升养老领域标准化水平

推进养老服务机构消防安全达标工程，推动落实全市养老服务设施三年行动计划。在全市养老机构开展《养老机构服务安全基本规范》强制性标准贯标行动。

（三）进一步提升养老服务精细化能力

实施《北京市社区养老服务驿站运营扶持办法》，给予驿站基础补贴。其中，城区驿站结合实际签约的基本养老服务对象数量、基本养老服务项目提供情况及运营成本，按照每人每月180元的标准，通过购买服务的方式，给予驿站运营补贴；农村驿站实际签约服务对象少于80人的，每家每月给予1.4万元补贴；超过80人的，按照实际签约基本养老服务对象数量，每人每月给予180元补贴。落实驿站为责任片区内基本养老服务对象提供巡视探访、养老顾问、个人清洁、呼叫服务四项基本养老服务。实施《北京市养老服务时间银行实施方案（试行）》，建立养老服务时间银行机制，大力发展互助养老和志愿服务。出台实施《关于提升北京市养老助餐服务管理水平的实施意见》，进一步提升全市养老助餐服务水平，让老年人在家门口吃上“暖心饭”。出台实施《关于开展“物业服务+养老服务”试点工作的通知》，明确“物业服务+养老服务”的试点期限、试点内容、支持措施、监管措施。出台实施《关于面向居家老年人开展应急呼叫服务的指导意见》，提升居家养老智能化、信息化水平，大力推进老年人居家照护监测，降低老年人意外风险。研究制定失智老年人照护服务政策，推进失智养老服务机构、失智照护专区建设，强化失智老年人居家照护支持。推广密云区农村邻里互助试点经验。

（四）进一步提升养老服务保障能力

修订完善老年人能力综合评估政策，健全完善评估工作的组织实施、流程规范、监督管理、结果运用等，与市卫健委、市医保局沟通协商，实现评估与医保数据的信息互通，评估成果三方共享互认；设置全市统一的评估机构遴选标准，调整评估收费机制，优化现行评估流程。加强养老服务人才队伍建设，全年计划培训1万名养老护理员、500名养老服务机构负责人、500名老年社会工作者。做好养老助残卡的发放与管理工作，研究确定“多卡合一”民生卡的换发方案、养老助残卡的退出方案等。出台实施《关于推动北京养老项目向廊坊市北三县等环京周边部分地区延伸布局的实施方案》，推进北京养老项目向环京周边部分地区延伸布局。

（五）进一步提升养老服务综合监管能力

实施《北京市养老机构综合监管暂行办法》，引导和激励养老机构诚信守法经营、持续优化服务，促进全市养老机构高质量发展。完善养老服务合规手册，制定养老机构预付费管理办法，持续推进数字化监管。

（中共北京市委社会工作委员会市民政局　供稿）

稳就业、保民生，积极推进就业和社会保障高质量发展

2021年，就业和社会保障工作坚持以人民为中心，突出稳就业保民生工作主线，着力促改革、惠民生、防风险、保稳定，圆满完成了各项目标任务。2022年，就业和社会保障工作将推动实现更充分更高质量就业，加快健全多层次社会保障体系，进一步增强人民群众的获得感、幸福感、安全感。

一、2021年的主要工作

2021年北京市围绕落实首都城市战略定位、推动“五子”联动、推进首都高质量发展，聚焦“七有”要求和“五性”需求，统筹做好就业和社会保障工作，为“十四五”开好局、起好步奠定了坚实基础。

（一）就业局势总体稳定

坚持把稳就业保就业作为重大政治责任，发挥就业工作领导小组作用，通过政府与市场协同发力、就业政策与经济政策紧密联动、宏观调控与微观服务双管齐下，举全市之力减负稳岗扩就业，保持了就业大局稳定。2021年，全市城镇新增就业26.9万人，城镇调查失业率、城镇登记失业率控制在“十四五”规划年度预期目标之内。全市坚持“一抓三保五强化”推动实现更加充分更高质量就业，作为国务院第八次大督查发现的典型经验做法，获得国务院通报表扬，特别是失业保险费返还“免申即享”做法受到国务院督察组的肯定。

（二）城乡统一、覆盖全民的社会保障体系更加健全

坚决贯彻落实习近平总书记在主持中央政治局第二十八次集体学习时关于

社会保障体系建设的重要指示精神，加快健全城乡统一、覆盖全民的社会保障体系。截至2021年末，全市养老保险、失业、工伤保险参保人数分别达到2120.9万人、1359万人、1307.2万人，符合“十四五”规划预期进度；养老、失业、工伤三项社会保险基金累计收入3676.3亿元，支出3254.5亿元，当期结余421.8亿元。（见图1）

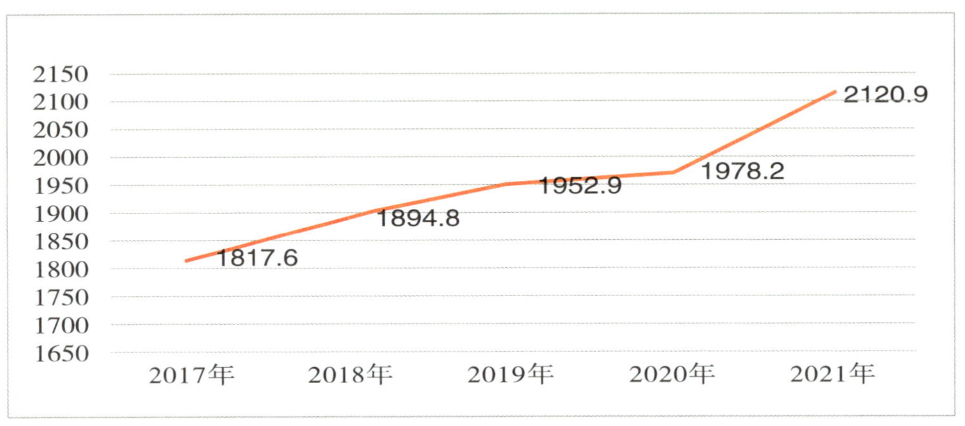

图1　2017—2021年各年度北京市养老保险参保人数

（三）坚决落实稳就业保就业决策部署，全力稳定和扩大就业

一是积极扩大就业容量。强化就业优先政策，坚持经济发展就业导向，通过夯实“三管”责任、设立考核指标、实行月调度月评价，加强各级各部门联动，聚力宏观政策支持就业。适应数字经济发展要求，制定出台促进新就业形态健康发展的14条措施，支持和规范发展新就业形态。启动创业带动就业三年行动计划，进一步扩大创业担保贷款覆盖对象和经办银行范围，实现在京创业人员“同城同待遇”；建立大学生创业板孵化培育基地，打造“政府+市场+园区+高校”全链条服务机制；举办第四届“创业北京”创业创新大赛，特设乡村振兴专项赛，在助力乡村振兴中发挥创业带动就业倍增效应。2021年新增参保创业单位6.4万家，带动就业岗位32.5万个。

二是全力助企纾困稳岗。延续实施援企稳岗政策，扩大政策覆盖范围，适当调整返还比例，2021年核准发放补贴资金149.4亿元，惠及954.8万人次，有效减轻了企业负担，稳定了就业岗位。全面推行失业保险费返还“免申即享”服务模式，让符合条件的用人单位省去申请环节，直接享受优惠政策，并通过电子拨付系统实现资金“快速拨、精准达”，实现了政策覆盖效果、中小微企业享受数量“两个大幅提高”，大大提升了企业“获得感”。

三是突出抓好重点群体就业。完善引进毕业生管理办法，在全国率先取消高校毕业生入职重复体检，组织339场线上线下招聘活动，对311名离校未就业困难家庭毕业生实施“一生一策”帮扶，目前本市生源高校毕业生就业率达到96.9%。统一城乡失业保险政策，出台促进本市农村劳动力就业参保的13条措施，促进城乡共同富裕，2021年共促进4万名农村劳动力转移就业。加大城乡就业困难人员就业帮扶，强化“一对一”服务援助，扩大公岗安置，帮扶就业19.7万人，“零就业家庭”动态清零。

四是顺利完成技能提升行动任务。契合首都产业转型升级方向，实施以训兴业培训补贴政策，鼓励支持用人单位开展技能提升培训，按照培训课时、培训类别，给予差别化的补贴，最高补贴金额达到2000元，进一步提高了补贴针对性。构建数字技能培训体系，开展人工智能、大数据、5G技术等新职业新业态培训，提升劳动者数字领域就业创业能力。2021年开展补贴性培训120.6万人次，完成“十四五”时期目标任务的33.2%，三年累计培训291万人次，超额完成职业技能提升行动任务。全市劳动者技能水平显著提升，截至2021年末，全市高技能人才总量达到114.4万人。（见图2）

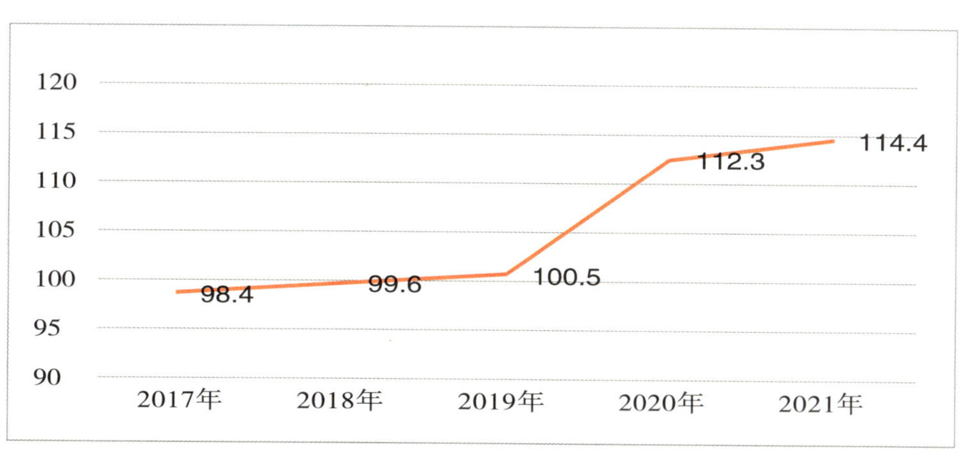

图2　2017—2021年各年度北京市高技能人才数量

五是优化全方位就业服务。实施提升就业服务质量工程，完善集求职招聘、政策申请等业务于一体的“就业超市”互联网平台，搭建帮助企业用工余缺调剂的“共享用工”服务平台，建立就业服务指导员、就业服务专员和企业联络员队伍，组织实施专项公共就业服务活动，为企业和求职者提供高效便捷的线上线下服务。发布全市首部人力资源市场政府规章《北京市促进人力资源市场发展办法》，举办服贸会人力资源服务主题活动，增设中国北京人力资源服务产业园朝阳园区，人力资源服务业发展环境进一步优化。

六是全力保持劳动关系和谐稳定。坚决落实市委接诉即办“每月一题”部署，制定解决拖欠工作问题“一方案三清单”，出台保障农民工工资支付管理办法等规定，量化分解五项核心制度覆盖率指标，联合市高院出台立案审理执行文件，全力守住“劳有所得”底线，北京市根治欠薪工作在国务院考核中被评为“优秀”。推出增强自贸区内企业用工灵活性的创新举措，发布人力社保行政处罚裁量基准，深化包容审慎监管。健全多元化调解机制，提升仲裁办案水平，积极有效化解劳动人事争议。健全劳动关系风险监测预警制度，发布“共享用工”平台操作指南，保持用工市场总体稳定。

（四）持续深化改革创新，织密扎牢社会保障安全网

一是着力推进社保制度改革。按照国家统一部署，扎实推进基本养老保险全国统筹、渐进式延迟法定退休年龄、第三支柱个人养老金制度等改革的前期测算和实施准备工作。出台外国人及港澳台居民参加北京市城乡居民基本养老保险有关政策，完善本市被征地农民社会保障相关政策，落实北京市企业职工基本养老保险遗属待遇政策。继续深化机关事业单位养老保险制度改革，扩大企业年金覆盖范围，稳妥推进城乡居民养老保险基金市级统筹管理，制定印发我市工伤预防五年行动计划，进一步增强社保制度公平性可持续性。

二是稳步提高社保待遇水平。上调退休人员养老金、城乡居民基础养老金和福利养老金、工伤保险定期待遇、失业保险待遇和最低工资标准，惠及全市400余万人。加大对退休时间早、连续工龄和缴费年限长的退休人员的倾斜力度，使他们更多地享受发展成果。

三是全力打造智能化社保服务体系。精简业务流程，提升各项社保网上服

务效能，不断优化营商环境。推进基于第三代社保卡的民生卡“多卡合一”建设，制定第三代社保卡管理办法、实施细则，持续推广电子社保卡，社保卡在人力社保领域的全部29项个人事项实现身份认证、自助查询功能。同时，持续加强社保基金监管和投资运营，社保基金实现安全平稳运行，为制度可持续发展奠定了坚实基础。

二、2022年的工作思路

2022年，北京市将坚持以习近平新时代中国特色社会主义思想为指导，全面贯彻党的十九大和十九届历次全会精神，坚持以人民为中心的发展思想，坚持稳中求进工作总基调，以首都发展为统领，以推动高质量发展为主题，统筹做好就业、社会保障等民生工作，进一步增强人民群众的获得感、幸福感、安全感。

（一）推动实现更加充分更高质量就业

聚焦实现更加充分更高质量就业，深入落实就业优先战略，进一步扩大就业容量、提高就业质量。全市城镇新增就业26万人，城镇调查失业率控制在5%以内，城镇登记失业率控制在4%以内。

一是强化就业优先政策。坚持经济发展就业导向，强化就业政策和财政、投资、产业等政策联动，聚焦首都“五新”经济发展，推动就业政策集成创新，培育新就业增长点，在发展经济中推动高质量就业。

二是实施大规模多层次培训。持续开展职业技能提升行动，实施创业培训导航计划，出台项目制培训补贴政策，推进职业培训券工作，开展新就业形态劳动者线上培训试点，实施大规模多层次培训，培训70万人次，促进培训与就业、培训与用工有效衔接，着力化解结构性就业矛盾。

三是完善创业支持体系。深入实施促进创业带动就业三年行动计划，整合创业资源，进一步健全集贷款融资、培训指导、孵化服务以及跟踪扶持等为一体的创业服务链条，组织创业创新大赛，发挥创业带动就业倍增效应。

四是突出抓好重点群体就业。坚持拓渠道、增服务、抓引导，促进市场化社会化就业，特别是加大高校毕业生创新创业支持力度，确保北京生源高校毕业生就业率不低于95%，有就业意愿的困难家庭毕业生100%获得就业帮扶。落实《关于促进本市农村劳动力就业参保若干措施》，促进农民就地就近就业，提升就业组织化程度，帮扶农村劳动力就业参保5万人。深化城乡就业困难群体“一对一”帮扶，确保“零就业家庭”动态清零。

五是支持和规范发展新就业形态。落实《关于促进新就业形态健康发展的若干措施》，积极协调相关部门，做好新就业形态从业人员参保、开展职业伤害保障试点、拓宽职业发展通道、强化劳动权益维护等工作，鼓励多元灵活就业。

六是加强全方位就业服务。深入实施提升就业服务质量工程，升级完善公共就业互联网服务平台，统筹市区两级招聘岗位信息，促进就业服务数据互通共享，提升服务质量效能。深入落实《北京市促进人力资源市场发展办法》，提升人力资源服务产业园区运营水平，发挥市场配置人力资源决定性作用，促进人力资源供求高效匹配对接。

七是防范化解规模性失业裁员风险。建立健全就业需求调查和失业监测预警机制，健全企业裁员联动处置机制，提升失业风险应对处置能力，确保就业大局稳定。

（二）加快健全多层次社会保障体系

坚决落实习近平总书记“完善覆盖全民的社会保障体系，促进社会保障事业高质量发展可持续发展”的重要指示精神，聚焦制度短板，全面深化改革创新、提高保障水平、增强基金和经办管理服务效能，进一步健全多层次社会保障体系。

一是完善社保政策体系。落实养老保险全国统筹任务部署，完善本市职工养老保险各项政策，研究出台长期在京稳定实际就业的外地户籍新业态从业人员参加我市职工养老保险的相关政策。推进我市多支柱养老保险体系建设，扩大企业年金覆盖范围，推动国家第三支柱个人养老金政策在我市落地实施。落实国家工伤预防五年行动计划，完善预防、补偿、康复“三位一体”制度。根据经济社会发展水平，继续稳步提高各项社保待遇标准。

二是提升经办服务效能。推进以第三代社保卡为基础的民生卡“多卡合一”建设，扎实推进社保经办数字化转型，梳理优化经办流程，完善社会保障网上服务平台，推广“网上办”“全城通办”模式。

三是提高基金监管水平。围绕基金收、支、平衡与增值，健全政策、经办、信息、监督“四位一体”的基金管理风险防控体系，强化科技防控和“大数据”应用，加强对基金投资运营情况的分析和监督，持续开展社保基金管理问题专项整治工作，切实维护基金安全稳定运行。

（北京市人力资源和社会保障局　供稿）

坚持稳中求进、守正创新，推动文化和旅游深度融合发展

2021年，北京市办好庆祝中国共产党成立100周年和服务保障北京冬奥会、冬残奥会两件大事，积极推动文化和旅游深度融合和高质量发展。2022年，北京市将坚持以习近平新时代中国特色社会主义思想为指导，奋力推动首都文旅高质量发展、融合发展，以优异成绩迎接党的“二十大”胜利召开。

一、2021年的主要工作

2021年北京市坚持稳中求进工作总基调，统筹推进疫情防控和经济社会发展，突出庆祝中国共产党成立100周年和服务保障北京冬奥会、冬残奥会两件大事，推动文化和旅游深度融合发展、高质量发展，实现了“十四五”良好开局。

（一）国家重大活动服务保障坚实有力

出色完成建党百年文艺演出服务保障工作专班后勤保障部工作，组织近4000人的团队为近1万名演职人员和主创团队提供3个月后勤保障服务；选调演职人员及编导1692人参与建党百年大型情景史诗《伟大征程》演出。积极推进冬奥文化广场和冬奥示范设施建设，统筹开展冬奥主题城市文化活动2317场。编创并宣传推广《一起向未来》冬奥广场舞，创推冬奥主题钢琴协奏曲《海坨戴雪》。统筹北京冬奥会、冬残奥会住宿服务保障工作。全部完成北京冬奥会、冬残奥会签约饭店无障碍环境提升。建党百年和冰雪主题文旅活动丰富多彩。京剧《李大钊》等15部作品入选文旅部庆祝建党百年舞台艺术精品创作重点扶持作品名单。创推管弦乐作品《没有共产党就没有新中国》、钢琴协奏曲

《北京颂歌》。承办庆祝中国共产党成立100周年全国优秀舞台艺术作品展演。推出50余条北京红色旅游主题精品线路、22条冰雪旅游精品线路，发布首个北京红色旅游地图、冰雪旅游地图。

（二）疫情防控防线筑牢筑实

及时更新12个文旅行业疫情防控指引，严格限量管理、强化分时预约。针对疫情防控检查文旅经营单位8.4万家次。严格执行跨省旅游经营活动管理“熔断”机制，暂不恢复跨省团队旅游，继续暂停出入境团队旅游及“机票+酒店”业务。严控大型文艺演出等聚集性活动。指导各区做好宾馆酒店入住人员“北京健康宝”误伤赋绿码工作。累计为2332家旅行社暂退质保金约11.02亿元。

（三）首都文艺舞台繁荣稳定

市属13家文艺院团及国家大剧院共推出新创大型剧目30台，复排大型剧目40台。新创京剧《大刀王五》、昆剧《国风》等剧目。京剧交响套曲《京城大运河》开展大运河沿线巡回演出。河北梆子《人民英雄纪念碑》入选2020年度国家舞台艺术精品创作扶持工程重点扶持剧目；歌剧《青春之歌》入选文旅部2020—2021年度“中国民族歌剧传承发展工程”重点扶持剧目。举办第九届中国京剧艺术节，集中展现全国27个省区市近40台大戏。举办2021年中国戏曲文化周，全网全媒浏览量超过8600万人次。艺术创作扶持引导有力，北京文化艺术基金资助73个项目9000余万元，北京剧目排练中心推动155个剧目上演1390场次，北京市剧院运营服务平台线上展演丰富群众文化生活。

（四）文化和旅游公共服务效能不断提升

完成《北京市公共文化服务保障条例》立项论证工作。石景山区获得第四批国家公共文化服务体系示范区荣誉称号。积极开展北京市公共文化服务体系示范区建设。开展首都市民系列文化活动2.3万场。围绕重点节庆日举办文化活动6000余项。积极组织公益惠民演出9000余场。全市所有等级旅游景区实现虚拟导游。重大文旅项目推进有力，环球主题公园正式开园运营，城市副中心剧院、图书馆主体结构全面封顶，百年吉祥戏院重装营业，北京市文化中心项目竣工即将投入使用，首都图书馆大兴机场分馆开馆运营。

（五）传统文化魅力日益彰显

出台《北京市曲艺传承发展实施计划》，公布首批《北京市传统工艺振兴目录》。完成10位国家级代表性传承人记录工作。出版《北京中轴线文化游典》《长城就在屋檐下：长城非遗游》。70个非遗代表性项目入选第五批国家级和市级非遗代表性项目名录。组织实施2021年度中国非遗传承人群研培计划，举办首期北京市街道乡镇非遗保护管理工作人员培训班。开展“和顺致祥迎新春 非遗伴您过大年”系列线上活动、2021年北京非遗购物节。

（六）文化和旅游产业健康稳定发展

印发《北京市“十四五”时期文化和旅游发展规划》，推动文化和旅游高质量发展。深入推进“两区”建设，实现艺术品准予进出口批准文件一证多批使用。率先在全市域开展旅行社设立许可告知承诺办理，入选商务部“北京市国家服务业扩大开放综合示范区建设最佳实践案例”。举办文旅重点项目投融资推介会，投资总额122亿元。实施“漫步北京”计划。推出200余条主题游线路。举办2021“北京网红打卡地”评选活动，推出100个新晋北京网红打卡地。认定发布100家北京市文化旅游体验基地。举办2021北京消费季六月文化旅游节。北运河（通州段）全线40公里实现游船通航。实施乡村民宿餐饮提升工程，开展“大厨下乡”结对帮扶活动。6个项目入选第一批国家级夜间文化和旅游消费集聚区。两个区入选第二批国家文化和旅游消费试点城市。评选出首批12个北京市旅游休闲街区。

（七）文化和旅游市场环境平稳有序

全年受理文化和旅游类审批事项28121个，审批28101件，办结率99.9%。推进核心区旅游降密，完成72家住宿业转型升级工作。研究起草《北京市营利性文化艺术类校外培训机构培训课程预付费管理办法（试行）》，指导各区对文化艺术类校外培训机构进行行业管理。支持通州区创建5A级景区。加强安全监管，对全市文化旅游单位开展安全检查3.6万余家次。全年受理涉文旅投诉4303件，办结率100%。扎实做好汛期应对、假日旅游统筹协调等工作，确保旅游市场安全有序。

（八）文化和旅游交流交往彰显首都风范

国际影响力持续扩大。首次在线上举办芬兰等四国“欢乐春节”。成功举办全球吉庆生肖设计大赛（壬寅虎年）、2021年服贸会文旅板块旅游服务专题展、世界休闲大会、第24届北京国际音乐节、2021北京新年倒计时等活动。成功举行驻华外交官“发现中国之旅”启动仪式暨北京文旅资源推介会。区域交流合作有序推进。签署《北京市文化和旅游局和田地区行署文化旅游帮扶框架协议》。免费帮助支援合作地区10省81家景区制作线上智慧导览。举办京津冀线上年货大集、京津冀房车巡游等活动。

二、2022年的工作思路

2022年北京市将以习近平新时代中国特色社会主义思想为指导，弘扬伟大建党精神，坚持稳中求进、守正创新，出精品、促消费、强服务、重监管、夯基础、添光彩、争上游，奋力推动首都文旅高质量发展、融合发展，以优异成绩迎接党的“二十大”胜利召开。

（一）坚持用习近平新时代中国特色社会主义思想武装头脑

认真学习宣传贯彻党的二十大精神，迅速掀起学习热潮。推动党员干部深入系统学习党的创新理论。深化党史学习教育，拓展学习教育成效。发挥党建统领作用，落实好《北京市“十四五”时期文化和旅游发展规划》，推动《北京市公共文化服务保障条例》出台。

（二）大力做好北京冬奥会、冬残奥会服务保障工作

做好北京冬奥会和冬残奥会开闭幕式物资保障、场馆运行协调、焰火保障等工作。完成冬奥会和冬残奥会住宿服务保障、冬奥村文化展示、观众组织等工作。推进冬奥文化广场、冬奥文化公共设施和冬奥社区建设。组织策划冬奥主题文化活动，营造良好冬奥城市文化氛围。举办“相约北京”奥林匹克文化

节北京文化周。

（三）推动首都文艺舞台繁荣发展

以“大戏看北京”为牵引，推动“北京有大戏”，“到北京看大戏”，“看到北京的大戏”。创推新编京剧《石评梅》、昆剧《新海港》等剧目，以优异成绩向党的二十大献礼。京津冀三地联合举办第十三届中国艺术节，充分展示我国艺术创作的最新成果和最高成就。举办2022年中国戏曲文化周。完善北京文化艺术基金、北京剧目排练中心、北京市剧院运营服务平台等全链条扶持机制。

（四）加强公共文化服务体系建设

开展第一批北京市公共文化服务体系示范区验收工作。开展首都市民系列文化活动，为迎接党的二十大胜利召开营造良好氛围。举办“5.19中国旅游日”活动。持续推进文化惠民，继续开展公益性惠民演出活动。推动“一键游北京”智慧文旅服务平台上线试运行。做好进驻北京市文化中心大厦工作。加快推进城市副中心图书馆、北昆国际文化艺术中心等重大文旅项目建设。

（五）推动非物质文化遗产保护传承发展

出台《北京市关于进一步加强非物质文化遗产保护工作的意见》《北京市非遗代表性传承人管理办法》等文件。组织开展冬奥会非遗展示活动、“文化进万家——视频直播家乡年”、“文化和自然遗产日”等活动，举办首届“北京国际非遗周”。推进国家级代表性传承人记录。实施中国非物质文化遗产传承人研修培训计划。

（六）促进文化和旅游产业发展

继续实施“漫步北京”计划，精心设计旅游产品，做深做优文旅服务。实施“品读建筑——发现北京之美”文旅资源开发计划，举办2022年北京网红打卡地评选活动。开展第二批旅游休闲街区、首批旅游休闲度假区评定。开发设计环球主题公园 + 运河游系列产品，推动北运河游船与河北廊坊市互联互通。推动“民宿 + 休闲、康养、体育、亲子、饮食”融合发展。开展“京郊好特产”地理标志农产品资源推广工作。

（七）促进文旅市场健康发展

科学精准扎实做好文旅领域疫情防控工作，推动“限量、预约、错峰”常态化。积极谋划我市旅游服务质量保证金改革。持续推进核心区旅游降密。探索外商投资旅行社业务许可实现告知承诺制审批。强化文旅领域新兴业态行业监管。研究制定住宿业管理办法。大力加强信用体系建设和宣传引导，倡导健康、文明旅游消费。继续推进北京（通州）大运河文化旅游景区创建国家5A级旅游景区。继续打击治理非法“一日游”。进一步优化“接诉即办”工作机制。强化文化和旅游安全生产责任制落实。加强国家重大活动、假日旅游的安全服务保障。

（八）深化文化和旅游交流合作

提高北京文化和旅游国际影响力，继续举办2022年芬兰、爱沙尼亚、希腊、加拿大线上“欢乐春节”。筹备2023年亚足联中国亚洲杯开幕式闭幕式活动。举办2022世界旅游城市联合会香山旅游峰会、2022世界旅游合作与发展大会、第25届北京国际音乐节、全球吉庆生肖设计大赛、“长城好汉”全球推广等品牌活动。加强区域文化和旅游合作交流。推动京津冀文化和旅游协同发展，组织京津冀文化和旅游联合推广宣传活动。着力加强京张体育文化旅游带建设，培育一批京张体育文化旅游带的网红打卡地。

（北京市文化和旅游局　供稿）

统筹发展和安全，创造安全稳定的政治社会环境

2021年，北京市以建党百年庆典为纲，统筹抓好防风险、保安全、护稳定、控疫情、促发展各项工作，首都社会大局持续安全稳定。2022年，北京市将统筹发展和安全，以党的“二十大”安保为“纲”，以防范化解重大风险为牵引，以强作风、重落实、提效能为导向，为党的“二十大”胜利召开创造安全稳定的政治社会环境。

一、2021年的主要工作

2021年，北京市坚持以习近平新时代中国特色社会主义思想为指导，坚持“四个第一”理念，坚持“万无一失、一失万无”标准和“细致、精致、极致”作风，严格落实“精准精细精心”要求，防风险、保安全、护稳定、控疫情、促发展各项工作协调推进，圆满完成了建党百年庆典、党的十九届六中全会、冬奥测试赛等安保任务，全年刑事、治安警情同比分别下降18.7%和13.2%，首都社会大局持续安全稳定。

（一）忠实践行“两个维护”，圆满完成重大安保任务

牢牢把握“以人民为中心”“常态化办会”要求，强化“主场主责主力”政治担当，一体谋划、一体推动系列重大活动安保任务，从严从细从实推动各项安保措施。

聚焦建党百年庆典安保，坚持最高标准、最严要求、最周密的措施，提前搭建战时指挥体系，凝聚党政军警民一体强大合力，抓早抓小突出风险隐患，

扎实做好指挥调度、集散组织、安全检查、交通疏导，确保了建党百年庆典安保“零失误、零瑕疵”。

聚焦冬奥安保筹备，坚持安保、防疫、交通“三位一体”，制定重点任务账单和方案体系，满弓紧弦、有序推进，圆满完成“相约北京”测试赛、火种采集展示等安保，完善“点对点、一站式”交通闭环流线，有序推进开闭幕式、火炬传递、彩排预演、物流安检等关键任务，为赛时实战奠定了坚实基础。

（二）牢固树立底线思维，妥善应对各类风险挑战

牢记“首都稳、全国稳”，把防范化解重大风险作为谋划工作的重要基点，下先手棋、打主动仗，有力维护了首都社会大局持续稳定。

坚决筑牢反恐防恐防线，深入推进《反恐怖主义法》适用，及时落查涉恐线索，加强涉恐隐患排查、人物技防建设、社区反恐体系试点等工作，深化出租房屋旅店式管理、社区反恐体系试点等基础措施，加大“枪爆剧放刀”管控力度，及时消除重大隐患。

坚决防止矛盾纠纷激化升级，坚持和发展新时代“枫桥经验”，优化提升“接诉即办”机制，4100多名“穿警服副书记”融入社区、携手群众，依托矛盾纠纷排查化解专项、110与12345联动机制，主动托底、联动调处矛盾纠纷，加强精神障碍患者分级管理、送医救治，确保了矛盾纠纷“可防可控”。

（三）持续深化打防管控，建设高质量平安北京

紧紧围绕人民群众对城市安全品质的新期待，以扫黑除恶、系列“平安行动”为抓手，推动平安北京建设提档升级。

重拳出击打犯罪，依托“四大行动”“冰锋·2022平安冬奥”“四打四挖”等专项，严打严整人民群众深恶痛绝的涉黑涉恶、盗抢骗、食药环等刑事犯罪，全年破获各类案件、拘留人员同比分别上升1%和26.4%。特别是主攻电信网络诈骗犯罪，深化“研判、打击、预警、反制、整治、宣传”体系建设，深入推进基层反诈“心防”工程，破案、抓人创历史新高，拦截成功、紧急止损同比上升5.35倍和73.5%。

融合执法治乱象，紧盯“群众身边的小案、警察眼皮底下的违法”，聚焦城乡接合部、治安秩序挂账点位和涉黄涉赌、黑车摩的、医托号贩等痼疾顽

症，深化多警种融合执法、跨部门并肩治乱，发挥“小兵团、小区域、小专项”作战优势，开展重要节点京津冀三地联合清查，故宫周边地区综合整治成效凸显、地区治安环境明显改观、秩序类警情保持“零接报”，有效提升了城市安全品质。

严密防控保安全，坚持立体化、智能化方向，进一步完善公安武警联巡联防联勤联控、地上地下安全一体化等机制，加快推动校园、医院、社区“平安建设”，三甲医院警务室、安检设备100%配备，中小幼护学岗等“四个100%”措施有效落实，社会治安防控体系日趋完善。

（四）创新优化服务举措，全力护航经济社会发展

始终坚持以人民为中心的发展思想，主动融入全市“两区”“三平台”建设，全力保障服贸会、中关村论坛、金融街论坛顺利举办和环球影城盛大开园，更好保障首都高质量发展、增进人民福祉。

有力服务疫情防控大局，持续保持外围检查站和乡村道路卡口高等级勤务，同步采取区域联动远端疏导、前置核酸检测点，全力保安全、保畅通、保民生。配合属地党政和卫健、疾控等部门，全力做好封闭小区、集中隔离点、核酸检测点、疫苗接种点值守看控、秩序维护，从严从快破获266起涉疫案件，参加8次新闻发布会，解读政策、以案释法，全力筑牢疫情防线。

精细推进交通安全治理，依托“减量控大”“文明驾车 礼让行人”等专项，强化违规电动三轮车、四轮车治理，推动超标电动车有序退出，高限惩治货车组团遮挡号牌、闯红灯等恶意违法行为，推动外埠车管理“双扩大”政策平稳落地，排查治理事故黑点106处，持续优化改善交通环境，全年亡人事故同比2019年下降12%。

持续深化“放管服”改革，加强跨部门数据互认共享，做大做强“网上公安局”，实现144项服务网上通办，推出20项京津冀自贸区“同事同标”事项，出台“跨省通办”户籍事项证明、派出所“公共户”等措施，创新工作许可、居留许可“两证联办”等外籍人才服务举措，为首都国际科创中心和“两区”建设注入了强大动力。

（五）坚决维护公平正义，持续推进执法规范化建设

以习近平法治思想为根本遵循，聚焦首善之区法治公安目标，持之以恒深化执法规范化建设，有效提升了北京公安工作法治化水平。

完善执法制度，着眼形势要求、实战需求，积极推动《北京市禁毒条例》《北京市公安机关警务辅助人员管理办法》系列公安地方立法取得突破性进展，主动研究流动人口、出租房屋管理等难点问题，制定出台系列法律适用意见、实战指引、操作规范，建立健全部门协作联动和经济、环食药旅等领域行刑衔接机制，将各项工作逐步纳入法治化、制度化运行轨道。

提升办案质效，充分发挥执法办案管理中心中枢作用，进一步拓展“一站式”办案链条，深化派驻中心检察机制，完善派出所规范执法“三位一体”协同运行，加强“一般案件支撑、重点案件引领、专案工作统筹、快办案件指导”的智慧案审建设，完善“全流程智能管理、非接触远程办案、大数据执法分析、智能化辅助研判”网上办案新模式，有力提升了北京公安机关规范执法水平和执法公信力。

（六）突出科技赋能增效，充分激发智慧警务效能

深入实施科技兴警和公安大数据战略，研究制定智慧警务规划，不断完善公安大数据智能化建设应用体系，有效提升警务实战效能。

狠抓基础建设，以保基础、保稳定、保冬奥、推应用“三保一推”为主线，强化资源聚合、数据融合、系统整合，大力推进重点项目建设，不断扩充大数据平台数据资源，提升信息化基础支撑能力。

狠抓实战应用，持续推进智慧指挥、智慧刑侦、智慧交管、智慧监管、科技冬奥、北京市禁毒科技中心等项目建设，律师远程视频会见实现全覆盖，智慧平安小区前端建设全部如期完成，实现了社区防范从“粗放型人防”向“数字化技防”转变，全市社区可防性案件发案创十年最低。

狠抓赋能一线，牢牢把握基层民警所用所需，扩大数据资源“供给”，民警终端持有率持续提升，一线民警100%全员配备，同时研发移动警务APP应用百余个，丰富拓展数据驱动、人机协同的智慧警务模式，形成覆盖各警种、囊括全要素的移动警务工作体系，打通了科技赋能“最后一公里”。

二、2022年的工作思路

2022年北京将坚持党对公安工作的绝对领导，坚持总体国家安全观，坚持以人民为中心的发展思想，坚持“四个第一”理念，统筹发展和安全，以党的“二十大”安保为“纲”，以防范化解重大风险为牵引，以深化警务机制改革为动力，以巩固党史学习教育和队伍教育整顿成果、打造“四个铁一般”北京公安队伍为保证，以强作风、重落实、提效能为导向，忠实履行捍卫政治安全、维护社会安定、保障人民安宁的新时代使命任务，建设更高水平的平安北京，坚决确保北京冬奥会安全顺利，为党的“二十大”胜利召开创造安全稳定的政治社会环境。

（一）坚持大事牵动，在重大活动安保上主动作为

深度运用国庆70周年和建党百年庆典安保等经验做法，统筹安保工作和疫情防控，分段实施、压茬推进，全力确保党的二十大和冬奥会、全国“两会”等重要会议、重大活动安全顺利。

决战决胜冬奥安保，发挥安保联勤指挥部牵动作用，依托指挥调度平台，“一馆一策”“一场一策”强化赛事安保，持续严密涉奥重保单位和重要信息系统安全防护，确保赛事安全顺利进行。坚持安保、防疫、交通一体推进，严密分区分类管理、人员进出管控、外围秩序维护等“护环”“守圈”措施，精心落实重点道路交通管理，坚守交通安全“红线”和疫情防控“底线”。

精心谋划党的二十大安保工作，冬奥安保结束后，迅速搭建责权清晰、指挥顺畅、运转高效的组织领导架构，强化政策研究、制定方案预案、深化基础摸排，提前筹划警力、科技、资金等综合保障，确保如期到位，精准支撑实战。

（二）坚持打防并举，在深化平安建设上主动作为

着眼大事之年对首都社会治安的特殊要求，全链条打击违法犯罪、全时空严密防控布局、全手段治理安全隐患，以实实在在的工作成效，提升首都的安全质量。

在依法严打上聚焦用力，常态化推进扫黑除恶斗争，深入开展系列“平安

行动”“城乡接合部整治”等专项，将打击锋芒对准人民群众反映强烈的违法犯罪、影响重大活动安全的治安问题和屡打不绝的顽瘴痼疾，全力打团伙、断链条、端窝点、整乱象，做到打整工作得民心、顺民意，用看得见的变化、摸得着的成效守护一方平安。

在织网控面上聚焦用力，对标首都城市总规和专项规划实施，积极推动治安防控体系“示范城市”创建活动，严密“双扩大”条件下的外围查控体系建设，着力构建立体化治安防控新格局。

在清源除患上聚焦用力，坚持“什么问题突出就整治什么问题”，围绕繁华商圈、环球影城等重点部位，以及行业场所、大型活动、危险物品等重点领域，发挥“故宫北门”整治模式样板作用，深入开展常态化安全隐患排查整治，积极推动落实政府、行业、部门、企业责任，坚决兜住安全发展底线。

（三）坚持民意导向，在服务保障民生上主动作为

坚持以群众满意为第一追求，深入开展“转作风、办实事、树形象”主题实践活动，办好群众身边的“小案件”“小纠纷”“小事情”。

积极回应民生诉求，贯彻落实《北京市接诉即办工作条例》，聚焦户政管理、犬类管理、噪音扰民、执法办案等高频共性难题，坚持“每月一题”专项治理，积极推动接诉即办、未诉先办、不诉自办，完善长效制度机制，切实解决好群众“急难愁盼”问题。全面规范窗口服务，从群众满意的事情做起、从群众不满意的地方改起，推进驻市政务服务中心工作，优化办事流程，实现治安、禁毒和户政、交通高频政务服务事项100%“一窗通办”。

常态开展窗口服务作风问题查纠整改，坚决杜绝态度生硬、让群众弯腰办事等问题，用“小窗口”展示好“大形象”。

持续简化办事手续，深化“六减”改革，全面实行证明事项告知承诺制，做到办事“全局一套标准”。

稳步开展“网上公安局”三期建设，推动政务服务事项“一网通办”，探索推行身份证、居住证、驾驶证等电子证照“多合一”模式，通过一个个“小举措”，让群众办事省时省力又省心。

（四）坚持精准精细，在推进交通治理上主动作为

把首善标准贯穿交通治理各环节、全流程，构建“智慧交通”引领下的人车路协同治理体系，营造安全有序顺畅的交通环境。

夯实基础保畅通，建成新一代交通管理智慧指挥中心，加快推进110、122“两台合一”，完善点线结合、网格联动“铁骑警务”勤务模式，推广事故远程处理，努力构建“精准指挥、快速反应、高效疏堵”的工作格局。

积极推进标志标线、信号灯等基础设施补点建设、升级改造，同步优化完善城市慢行系统，全力提升道路通行品质。

严格执法整秩序，持续加大路面执法力度，对违规电动三轮车、四轮车以及外卖、快递车闯灯逆行等交通乱象，涉牌、非法改装等突出违法，循线深挖、全链条打击，始终保持严管严查态势。

共建共治防事故，以“两客一危”、大货车、渣土车等专业运输车辆闭环管理为重点，扎实推进事故预防“减量控大”，深入排查治理事故黑点盲点，用足用好约谈警示、联合惩戒等措施，推动监管部门、属地和企业落实安全责任，最大限度压减交通事故。强化宣传教育，不断提升人民群众“规矩意识”“守法意识”，形成文明交通、人人有责的良好氛围。

（五）坚持服务大局，在优化营商环境上主动作为

对标优化营商环境规划目标和5.0版改革任务，紧扣“五子”落地，以首善标准助力北京率先融入新发展格局。

主动融入“两区”“三平台”建设，积极对接市商务局等单位，明确重点任务，不断深化“引才引智”服务保障，打造“人员全方位、政策全链条、服务全流程、涉外全业务”的出入境管理体系；推动自贸区建成危险化学品集中备货仓库，实现购买、运输、储存、管理、配送“一条龙服务”。扎实做好中国国际服务贸易交易会、中关村论坛、金融街论坛等安保任务。

主动融入新一轮“疏整促”行动，持续强化重点村联合清整，加强流动人口、出租房屋等重点要素管理，全面排查管控各类隐患。动态掌握疏解、腾退、拆迁等工作进度，主动做好风险评估、矛盾纠纷化解。严厉整治非法倾倒垃圾、偷排污水等问题，打好打赢污染防治攻坚战、生态环境保护战。

主动融入京津冀协同发展，畅通“同事同标”合作沟通渠道，设立“跨省通办”窗口，推行异地代收代办和多地联办等模式，完善社会治理协同体系，加强区域重特大突发事件应急处置协同联动建设。

（六）坚持改革驱动，在打造现代警务上主动作为

聚焦战斗力标准，立足实战化要求，着力打造上下贯通、体系作战的现代警务运行模式，进一步推动北京公安工作质量变革、效率变革、动力变革。

深化警务运行机制改革，坚持顶层推动与基层实践相结合，以“情指勤舆”一体化实战化机制运行为引领，优化升级指挥体系，完善警务机制，再造警务流程，形成统一指挥、警令明确、行动迅速、反馈及时的工作闭环，切实从被动响应向主动预警转变。

深化警务科技拓展应用，加快智慧警务建设，持续提升信息化基础支撑、综合保障和安全防护能力，深入推进战略性、前沿性、基础性技术研发布局，积极推动形成“纵向贯通、横向联通、覆盖全警、普惠基层”的智能化应用体系。

深化基层基础建设，牢固树立大抓基层、大抓基础导向，以深化“两队一室”运行为抓手，以深化基层社会治理为核心，着力做实社区、做专打击，推进派出所、工作站（室）运行模式改革，发挥“穿警服副书记”和“院警”“社区交警”作用，整合资源力量，融合方式手段，全力夯基础、除隐患、创平安，切实形成专群结合、警企联动的共建共治共享格局。

（北京市公安局　供稿）

— PART 4 —

典型案例

北京市开展脑健康体检（痴呆风险筛查）健康促进项目

老年痴呆症是一种严重影响老年人身体健康和生活质量的神经退行性疾病。随着北京市老年人口总数逐年增加，通过对老年人开展脑健康体检（痴呆风险筛查）健康促进项目，实施早期干预与康复管理服务，有助于提升老年人健康水平。

一、工作背景

为贯彻落实国家卫生健康委办公厅《关于探索开展抑郁症、老年痴呆防治特色服务工作的通知》《北京市精神卫生工作规划（2016—2020年）》，北京市于2019年、2020年先后开展老年人脑健康体检（痴呆风险筛查）Ⅰ期、Ⅱ期项目，初步形成了具有北京特色的老年人脑健康体检方案及实施路径。在此基础上，2021年北京市居民心理健康促进项目中继续将老年痴呆防治特色服务工作作为重点内容，旨在通过结合老年痴呆早期发现、及时防治的主动健康管理理念，建立社区痴呆及轻度认知障碍综合防控系统，提升北京市老年脑健康水平。该项目以社区卫生服务机构为依托，以北京市65岁及以上老年人为目标人群，为全市16区的常住老年人提供脑健康体检（痴呆风险筛查）服务，2021年已覆盖全市近30万老年群体，并对往年参与项目的主诉认知下降及认知损伤的痴呆高风险人群，开展连续性的宣教、评估与追访服务，有针对性地开展痴呆高风险人群健康管理与干预服务。同时，在项目执行中培养出了一批为社区老年人提供脑健康体检（痴呆风险筛查）和健康教育的基层专业队伍，为北京市开展老年痴呆防治工作，构筑完善的痴呆防治服务网络奠定了坚实的工作基础。

二、主要做法

（一）培养统一规范的专业队伍

编制培训教材。定期及时更新培训教材及操作手册。教材内容涵盖培训内容的三大模块，即“老年脑健康与认知障碍”“北京老年脑健康促进计划与脑老化的临床研究”“脑健康体检平台标准化流程及使用规范”。

以集中培训的方式完成千名专业人员培训及考核。本项目采用分城区集中培训的方式，共计两千多名项目工作人员参加培训。培训内容主要设置为三部分：专家主题讲座，脑健康体检标准化流程与操作规范，答疑与考核。在专家主题讲座环节，邀请多名临床神经科学领域专家莅临课堂，为培训人员讲授痴呆相关疾病的早期筛查、诊断和干预的专业知识，与培训人员交流探讨阿尔兹海默症的诸多焦点问题；在脑健康体检规范讲座环节，详细介绍了脑健康体检平台的功能，指导工作人员熟练掌握脑健康体检（痴呆风险筛查）应用平台操作方法和使用规范。为保证培训质量，当天会进行培训课程考核与答疑，实时反馈培训结果，考核合格率为100%。

深入社区一对一实践培训确保体检规范化执行。为了提高老年脑健康体检的工作效率和进一步增强工作人员的体检工作操作规范，在集中培训过后，技术团队为百余个社区卫生服务中心（站）开展了二次培训，主要针对应用平台操作方法、使用规范培训及后期体检人员管理、体检过程中老年人经常提出的一些问题和体检报告的解读等内容开展培训，同时还包括老年人的常见疾病，在饮食、运动和情志等方面的合理建议进行了有针对性的培训。此外，所有社区卫生服务中心在开展第一次脑健康体检（痴呆风险筛查）工作时，技术人员会在现场进行实践指导和督查，保证体检项目规范化进行。

（二）加强脑健康科普

通过采用线上与线下相结合的实施路径，对社区居民进行科普教育工作，顺利完成覆盖人群不低于10万人次的痴呆早期发现、及时防治的主动健康理念及科普宣传工作。脑健康科普宣传教育不仅提高了该群体对痴呆疾病的知晓率，也提升了社区居民对痴呆早期积极预防观念，对工作的推进具有重要的意义。线下，设计印刷了项目相关宣传海报及手册，引导社区老年居民参与脑健康体检，积极传递项目相关信息，传播主动的脑健康理念。线上，微信公众号作为项目重要的宣传载体，发挥了脑健康知识普及与脑健康管理的关键作用。为本项目开通的“全民爱脑”等微信公众号科普论文每周至少推送4篇文章，在本年度项目实施阶段，共计推送48篇科普文章，阅读次数达64580次。以服务医生团队而专门建立的“爱脑学院服务平台”微信公众号，通过组织专家讲座、发布该领域前沿科学进展，在本年度项目实施阶段，共推送学术科研相关文章16篇，举办相关专题讲座15期，切实保障了稳定的脑健康体检团队建设。此外，本项目积极利用传统媒体及新媒体，面向广大受众传播脑健康体检、脑健康自我管理的必要性和重要性，新华网、光明网、腾讯新闻、北京日报、科学网等多家网络媒体的报道与关注，进一步扩大了科普受众范围。

（三）逐步扩大脑健康体检（痴呆风险筛查）范围

项目培训会顺利召开后，北京市老年人脑健康体检（痴呆风险筛查）项目正式在十六区参与本项目的社区卫生服务站开展。项目共计体检304522人，其中有效数据为284103人，完成项目目标任务量（10万老年人）的284.1%，并有针对性地对其中49241位老年人开展痴呆高风险人群健康管理与干预服务。其中对往年参与项目的主诉认知下降及认知损伤的痴呆高风险人群完成32837人的连续性宣教、评估与追访服务。

（四）不断完善测评体系

制作痴呆风险筛查工具。项目正式启动之前结合国家卫生健康委办公厅《关于探索开展抑郁症、老年痴呆防治特色服务工作的通知》要求，完成脑健康体检（痴呆风险筛查）平台的搭建、工具研发、应用测试等工作，并顺利投入项目使用。痴呆风险筛查工具应用的分级筛查方案用时短、效率高、针对性强、优先级分明，简单便捷、有序高效，能即时对参加脑健康体检（痴呆风险筛查）项目的受试者提供科学、准确的脑健康体检报告，在进行体检工作时老年人群接受度好、完成度高。痴呆风险筛查工具累计进行了13次优化升级，保障系统7×24小时不间断服务，累计投入12台服务器进行支撑。

搭建科学、便捷、易于操作的服务平台。脑健康体检（痴呆风险筛查）平台基于一万余例大样本数据库形成的常模对受测者进行认知状态评定，测评结果稳定、准确、科学性强。筛查出的小部分高风险人群再进行深度测评，从而极大提升筛查准确性。基于前期建立的北京社区老年人脑健康大样本数据库测算的痴呆风险认知障碍曲线和痴呆风险因数模型，可准确区分认知正常人群、认知障碍风险人群和痴呆高风险人群，还可为不同脑健康状态的人群提供科学的健康管理分级指导方案。

（五）完成脑健康体检报告及咨询

开展脑健康体检报告及咨询。所有参加脑健康体检的人员可获得电子版或纸质版脑健体检报告。项目组同时为参加本项目的体检者提供免费的脑健康咨询，包含线上咨询和线下咨询两种方式。通过各种渠道方便体检者获取项目相关的有益信息。设立专门的咨询服务热线和微信服务平台。体检者可通过电话、微信等方式进行线上咨询，保证高应答率。数据统计查询系统按照城区、社区卫生服务中心等维度累计支撑数据查询服务37.5万次。针对体检者可能咨询的各方面知识对本项目工作人员和志愿者进行培训。体检者可前往社区卫生服务站、社区居委会、老年活动中心、养老院等项目参与单位向参与过本项目培训的工作人员或志愿者进行线下面对面咨询。

保障体检信息安全性。脑健康体检（痴呆风险筛查）平台在知情同意书中明确指出“脑健康体检过程中您提供的个人信息和您的测评结果将被严格保密，其他受试者无法获取，且不会在任何公开材料上呈现”。完全尊重老人的自主参与，保障老年人与本项目有关的各项基本权益。每位参与筛查的老年人都将准确知晓本次体检的信息保密性。平台在保障脑健康体检数据安全性方面，实现数据的加密传输、加密脱敏存储、容灾备份、授权管理以及网上防护等多种安全防护措施。脑健康体检相关数据以线上数据方式存储，数据传输和存储环节通过全面的加密技术保障数据的机密性、完整性。在数据传输环节通过HTTPS SSL协议进行数据加密和双向验证，以密文形式传输，保障数据传输过程中的安全。在数据存储环节采用数据加密的方式，对于敏感数据采用脱敏的方式保障数据的存储安全。数据使用和管理环节采用多级授权的方式保障数据在授权范围内被访问、处理，防止数据窃取、篡改。网络方面使用硬件防火墙，并定时进行入侵检测，安装防病毒、防Dos攻击、漏洞检测等网络安全设备保证数据安全。

（六）提升服务满意度

为了加强与老年人和筛查人员的沟通，了解痴呆风险筛查工具、技术方式及服务内容是否能满足各方面需求，对参加老年脑健康体检的老年人和执行筛查的基层社区卫生医务人员进行满意度调查。参与调查的北京市老年人共计2136人，北京市老年人对本次脑健康体检总体满意度为91.9%。目前参与调查的医务人员共计216名，医务人员对本次脑健康体检总体满意度为94.06%。

三、实施效果

北京市脑健康体检（痴呆风险筛查）服务实践经验推向全国，为老年痴呆防治特色服务工作积累了丰富的实践经验和工作基础。对实现老年痴呆早识别、早诊断、早治疗，完成“健康中国行动”中“65岁及以上人群老年痴呆患病率增速下降”的目标具有现实和指导意义。

（一）开发完整的筛查平台

老年脑健康体检（痴呆风险筛查）平台基于前期工作，万余例大样本数据库形成的常模对受测者进行认知状态评定，测评结果稳定、准确、科学性强，总体筛查准确性可达83.81%。基于2019年、2020年的工作基础，本次项目实施通过脑健康筛查应用平台建立起北京市全民脑健康大数据库，为老年痴呆防治提供基础数据。

（二）形成多方有序配合的工作模式

项目的实施推进对构建北京市老年痴呆防控体系提供了诸多宝贵经验，搭建由项目管理方、技术支持方以及项目实施方构成的三位一体的管理机制，确保了项目在人力、财力资源有限的情况下，能够按期完成任务目标。项目管理方为北京市卫生健康委员会，负责组织实施项目工作，制定工作方案，提出工作目标和要求，对项目的落实开展情况进行监督指导，定期开展工作效果评估，保障各项服务工作的有效落实。项目承接单位作为技术支持方，完成脑健康筛查平台的搭建、工具研发、应用测试等工作。基层社区卫生服务机构作为项目实施方，采用多种服务举措开展脑健康体检、脑健康科普教育宣传等工作，通过多种途径，引导老年居民积极参加该项脑健康筛查，提高社区老年人的脑健康保护意识，增加脑健康体检（痴呆风险筛查）的依从性，扩展社区老年人脑健康体检服务的参与人群。此项目为进一步开展覆盖面更广、受众人群更多的痴呆风险筛查工作提供成熟的服务模式和路径，也为政府在全国老年痴呆疾病领域的科学决策提供数据及技术支持。

（三）培养规范的筛查队伍

对所有提供老年脑健康体检（痴呆风险筛查）服务的人员进行标准化培训，使之熟练掌握服务流程及脑健康相关知识，为社区老年人提供专业服务。社区卫生服务机构参加培训2000余人，为进一步推进脑健康筛查奠定了人力保障。

（北京市卫生健康委员会　供稿）

北京市推动多层次医疗保障体系建设

2021年，为贯彻落实《中共中央国务院关于深化医疗保障制度改革的意见》，满足人民群众多层次医疗保障需求，北京市不断完善多层次医疗保障体系，支持中国人民保险、中国人寿、泰康保险、中国太平洋保险、中国平安五家商业保险公司设计开发并推出了普惠性商业健康保险“北京普惠健康保”。产品首年参保人数达307万人，是推动社保与商保交叉融合发展的有益探索。

一、主要做法

（一）坚持普惠利民原则，明确功能定位及保障目标

一是功能定位。北京普惠健康保是对基本医疗保险的有益补充，是北京多层次医疗保障体系建设的重要组成部分，是老百姓买得起、用得上、抗风险的普惠性商业健康医疗保险产品。

二是保障目标。北京普惠健康保主要是解决群众高额医疗费用带来的个人和家庭的系统性支出风险。目前，本市基本医疗保险对医保目录内费用的报销水平相对较高（总体报销比例职工在85%左右，城乡居民在50%以上），且已建立起城乡居民、城镇职工大病医疗保障机制，对基本医保报销后个人自付费用达到一定标准的部分可进行60%～70%的二次报销。本市基本医疗保险和大病保障机制解决了参保人的基本医疗费用负担。北京普惠健康保是在基本医疗保险基础上，解决基本医保保障之外的高额医疗费用，包括医保支付之余的个人自付费用、未纳入医保报销的住院自费费用和门诊或药店购药的特药费用，有效减轻参保人医疗费用负担，提高抗大病风险能力，防止因病致贫、因病返贫。

（二）做好制度保障衔接，兼顾公平性和可持续性

一是健康体和带病体均可保可赔。北京普惠健康保紧密衔接基本医疗保险制度，保障范围涵盖医保目录内外的医疗费用，为参保人提供基本医保后的补充保障。同时，保障对象广覆盖，凡是北京市基本医疗保险参保人员均可参保。打破传统商业健康保险限制，通过与健康体形成差异化保障，实现带病体“可参保，可理赔”。二是注重产品可持续发展。鼓励健康体连续参保。健康体连续参保时患特定既往症成为带病体后，仍可按健康体待遇（高于带病体）报销医疗费用。确定年度产品理赔目标。根据产品经营状况，指导商业保险公司动态调整保障水平，年度理赔力争达到90%左右，让老百姓最大程度享受实惠。

（三）推动特药保障落地，突出创新性和实效性

一是创新解决100种海内外特药保障。北京普惠健康保保障的100种特药包含25种国内医保目录外昂贵用药和75种未在国内上市但可在海南博鳌乐城使用的海外进口特药，让参保人不出国门，可同步用到全球创新药，做到百姓用药需求的可及性。二是积极推动特药保障落地。推动商保与医疗、医保的融合发展，商保与医保、医疗机构战略合作，持续开展对医疗机构医生的特药使用培训，让医生应知尽知、合理用药，确保特药可用可及。

（四）提供数据信息支持，注重信息化和便民化

加强商保与医保的数据对接，在前端参保时，自动校验参保人参保状态和既往症情况，方便市民参保；在后期理赔时，逐步实现医保内费用一站式结算、医保外费用快赔、特药费用实时结算。简化理赔流程，缩短支付时限，真正让数据多跑路，群众少跑腿。

二、实施效果

北京普惠健康保紧密衔接基本医疗保险，覆盖全民、保障全面，涵盖医保内外三层保障。产品保费为195元/年，最高保额为300万元，个人自愿缴费参

保。产品于2021年7月26日正式上线，首年参保人数达307万人，保障期为2022年1月1日至12月31日。

（一）产品保障内容

一是医保目录内住院+门诊个人自付费用，超出北京市当年大病医疗保险起付标准以上大病报销后的部分，健康人群赔付比例为80%，最高保额100万元/年；二是医保目录外住院自费费用，健康人群免赔额为2万元，赔付比例为70%，最高保额100万元/年；三是100种海内外高额特药费用，健康人群免赔额为2万元，赔付比例为60%，其中25种国内特药保额为50万元/年，75种国外特药保额为50万元/年，合计保额100万元/年。特定既往症人群免赔额为健康人群两倍（自付费用保障除外），报销比例相应减半。

（二）产品保障特点

一是全民参保，参保人群广覆盖。凡是北京市基本医疗保险参保人员，不限年龄、户籍、职业、健康状况，均可参保、可理赔。二是保障全面，自付自费均可保。既保障医保目录内的门诊和住院自付费用，又保障医保目录外的住院自费费用。三是创新解决特殊用药保障。将100种海内外特药纳入保障范围，包括25种国内昂贵特药和75种可在海南博鳌乐城先行管理区使用、未在大陆上市的海外进口特药，保障患者不出国门就能同步用上全球创新药。与其他省市同类产品相比，特药品种最多，是为保障北京老百姓能用上最新药品的创新尝试。四是价格普惠。为保障产品的可持续性，商保公司本着微利运营的原则，合理确定产品价格为195元/年，最高保障300万元，让老百姓最大程度享受实惠。五是理赔更便捷。在保证数据安全的前提下，推进医保、商保间相关数据共享，实现医保目录内自付费用商保理赔一站式结算、医保目录外住院自费费用快赔、特药费用免垫付实时结算，推动实现“让数据多跑路，让群众少跑腿”。六是与基本医疗保险衔接最紧密，实现了“三个联动”，即保障范围与基本医疗保险联动、参保信息与基本医疗保险联动、理赔办理与基本医疗保险联动。

三、下一步工作思路

北京市将继续坚持以人民为中心的发展思想，发挥政府与市场合力，探索推进基本医疗保险与商业保险的制度衔接。认真落实市政府重点工作任务，不断推动扩大北京普惠健康保的参保覆盖面，积极促进多层次医疗保障体系发展，不断增强人民群众的获得感、幸福感、安全感，为把北京建成国际一流的和谐宜居之都，做出更加积极贡献。

（一）加强部门协同，确保长期可持续发展

市医保局与市金融监管局、北京银保监局加强协同配合，继续支持做好北京普惠健康保，完善保障内容，规范对普惠性商业健康保险的监管机制，确保产品长期可持续发展。

（二）加大政策支持，提高产品参保覆盖面

持续加大政府对北京普惠健康保宣传支持力度，多渠道宣传，多平台开放投保通道，提升市民对产品的认可度。加强医保政策支持，并鼓励各区使用财政资金资助困难群体购买北京普惠健康保，稳步提升参保人数。

（三）推动保障落地，支持本市医药健康产业发展

根据国家医保目录调整、本市创新药上市、特药使用等情况，指导商业保险公司动态调整特药保障范围，支持更多本市创新药纳入其中。同时，加强对本市医疗机构医生的创新药品使用培训，让医生应知尽知、合理用药。督促商业保险公司和特药服务商做好特药流通、供给、理赔等环节的服务保障，让患者应用尽用，打通本市创新药落地最后一公里。

（北京市医疗保障局　供稿）

北京市打造社区治理品牌“社区邻里节”

在2021年北京市第三届“社区邻里节”中，全市16个区和经济技术开发区的165个街道3421个社区同步开展了1万余场邻里活动，参与居民200多万人次，北京电视台、北京日报、人民网、新华网等20余家媒体深入宣传报道，产生了良好的社会影响。自2019年以来，北京市已连续举办三届“社区邻里节”，参与活动的居民说，这是咱老百姓自己的节日。

一、“社区邻里节”的发起背景

随着时代的发展和社会的变化，城市化进程加快推进，以往熟人小区、熟人社会的社区治理模式逐步被打破。北京作为一个超大型城市，街坊邻里之间相互不认识、不往来，社区居民对社区事务不关心、不参与的现状越来越突出，给基层社会治理带来越来越大的挑战。为解决居民家园意识不强、参与社区治理热情不高、社会活力激发不够等问题，北京市从广大居民群众的邻里关系和日常活动入手，提出在全市举办“社区邻里节”的想法。以社区为基本单元，以居民为活动主体，围绕“邻里乐”“邻里颂”“邻里情”三大主题，通过开展歌舞联欢、赶集、义卖、讲邻里故事等系列活动，吸引居民走出家门，说起来、唱起来、跳起来，提升对社区的归属感、认同感和幸福感，推动形成共建共治共享的社区治理共同体。

二、“社区邻里节”的主要做法

（一）高位统筹，强力推进

北京市社会建设工作领导小组将“社区邻里节”列入专门议题和年度工作计划，研究审议活动方案。市委组织部、市委宣传部、市总工会、团市委等15个部门大力支持，联合下发《关于印发〈北京市“社区邻里节”活动实施方案〉的通知》。各区、街镇、社区发挥主体作用，精心策划，主动对接部门资源，形成了全市“一盘棋”合力推进的生动局面。

（二）广泛宣传，营造氛围

为提升“社区邻里节”活动的影响力，专门举办新闻发布会，制作纪念封，设计“社区邻里节”Logo，征集主题曲，在社区办公场所、楼门院口、单元门洞、宣传栏等醒目位置张贴海报。全市各街道、社区利用微信公众号、微信群、横幅、展板等形式，提前预告本社区具体活动安排，各级机关干部和社区工作者，纷纷通过朋友圈广泛宣传，确保居民广泛知晓，营造浓厚氛围。

（三）市区联动，扩大效应

活动采取“1＋16＋N（社区数）”的模式，选择1个区作为市级主会场，全程线上直播，同时在15个区和经济技术开发区设立分会场，并选取有特色的区级会场与主会场进行视频连线互动。开通网上直播间，让不能到现场的居民也可通过扫描二维码参与活动。引入社会组织、企事业单位助力，发挥动员社区党组织、社区居委会、驻区单位、物业企业及社区党员、团员、居民代表、楼门院长等作用，组织开展各类喜闻乐见、互动性强、适合各年龄段人群的活动，专门安排在非工作日的双休日，目的就是吸引更多的上班族、学生群体参加活动，避免出现“少数人的社区活动”。在活动现场，很多是一家三口，甚至是老、中、少三代，还有多年不走动、不联系的邻居、对门等，同时参与跳蚤市场、趣味运动会等嘉年华活动，场面充满了亲情、友情，其乐融融。

（四）内容丰富，贴近生活

三年来“社区邻里节”紧贴时代特征，先后以“以邻为伴、幸福社区”“邻里守望相助，共建美好家园”“同心向党，和睦邻里；喜迎冬奥，和谐社区”为主题，邀请北京广播电视台导播人员参与，围绕“邻里乐”“邻里颂”“邻里情”三个模块精心筹划，广泛开展主题鲜明、内容丰富、形式多样的群众性活动。比如，顺义区双丰街道组织的溜冰，延庆区儒林街道组织的旱地冰壶、轮滑和冰球射门等项目，让居民体验了冰雪运动的快乐，激发了“我家门口办奥运”的自豪感。朝阳区建外街道“国际家庭日”、大兴区清源街道“大兴与欧洲”国际象棋友好交流活动，促进了外籍居民与本地居民的和谐共融。海淀区永定路街道组织辖区470名居民自导自演文艺会演，演的是社区的小事，看的是邻里的故事。平谷区兴谷园社区开展“巧手包饺子 温情暖邻里”活动，居民们自带擀面杖、砧板等厨具，和面、拌馅、擀皮、包饺子，场面热烈而温馨。

三、“社区邻里节”的经验启示

（一）基层社会治理需要创新机制

举办“社区邻里节”不是出“昙花一现”的风头，而是组织街道、社区广泛征求居民意见建议，深入挖掘社区的能人、达人，紧紧围绕居民群众所需所盼所想，不断创新活动的内容和形式，进一步扩大活动覆盖的人群，最大限度地吸引居民走出家门，互动起来，共同融入各项社区活动当中。实践证明，基层社会治理是一项基础性、长期性的工程，需要在润物细无声、潜移默化中增强居民的参与意识和热情。

（二）居民参与治理需要创新路径

通过举办“社区邻里节”，从居民的邻里关系和日常生活入手，引导居民走出封闭的楼门，相互交往，拉近了心理距离，密切了邻里关系，增强了居民情感，和谐了社区氛围，激发了内在活力和动力，为推动基层社会治理提供了新的渠道。实践证明，“社区邻里节”活动内容都来自居民的协商和设计，符合居民的现实需要，能够吸引居民自觉自愿地参加，为居民参与社区治理搭建了新的平台。

（三）社区动员需要创新实践

从2019年举办首届“社区邻里节”以来，全市16个区和经济技术开发区的3000多个社区累计组织开展活动3万余场，参与居民600余万人次。居民在活动中“嗨”起来的同时，找到了社区归属感。实践证明，新时代要想提升社区的动员能力，需要强化创新实践，只有不断完善社区邻里活动的形式和内容，才能提高居民的认同和参与意愿，才能形成社区治理的向心力和凝聚力。

（四）社会活力需要激发手段

“社区邻里节”是全市性的群众性活动，涵盖内容广泛，居民群众积极响应、热情参与，展现了首都居民的风采，书写了首都社区的魅力。在组织实施“社区邻里节”的过程中，市、区、街道、社区、社会组织、社会企业多级联动，特别是全市的社区都同步动了起来，纷纷拿出自己的特色项目，彰显了我们新时代动员体系的完善和动员能力的强大，形成了积极的社会影响。

下一步，北京市将继续坚持党建引领，以“社区邻里节”为载体和平台，吸引居民从家中走出来，广泛参与社区治理，聚焦垃圾分类、社区环境整治、社区养犬、自管自治等居民的操心事、烦心事、揪心事，深化居民议事协商制度，建立起邻里互助、资源互通的长效机制，形成可持续发展的共建共治共享的基层社会治理模式，打造全市社区治理的亮丽品牌，展现首都社区的魅力风采。

（北京市委社会工委市民政局　供稿）

北京市创新村级议事协商试点

习近平总书记在参观前门东区草厂四条胡同“小院议事厅”时指出“居民的事居民议，居民的事居民定”。为贯彻落实习近平总书记的指示精神，北京市制定了《关于加强城乡社区协商的实施意见》《北京市社区议事厅工作指导规程》等政策文件，不断推进基层议事协商创新实践。2021年，北京市“社区议事厅”实现了城市社区全覆盖，超过70%的村建起了“社区议事厅”。通过着力开展“参与式”协商、试点线上协商、楼门院（村组）“微协商”等系列活动，议事协商理念得到了普及和深入，并进一步由城市走向乡村。北京市村级议事协商试点示范的具体做法获得了民政部肯定，海淀区上庄镇李家坟村、门头沟区清水镇洪水口村、顺义区北石槽镇二张营村、延庆区康庄镇火烧营村等被评为“全国村级议事协商创新实验试点单位”。

一、主要做法

北京市通过探索协商模式，完善协商制度，增强协商意识，有效衔接自上而下的政策执行与自下而上的村民诉求，形成富有北京特色的村级议事协商经验做法。

（一）村党支部领导村级议事协商机制建设

坚持党的领导贯穿村级议事协商各方面、全过程，按照“四议一审两公开”的议事协商机制，努力将党的政治优势、组织优势转化为基层治理优势。“四议”即村党组织提议，村“两委”会商议，村党员大会审议，村民代表会议或村民会议决议；“一审”即乡镇党委、政府审核；“两公开”即实行决议公开、实施结果公开。村党组织首先提议，充分发挥村党组织的领导核心作用，实现了党的领导机制、党内基层民主机制和村民自治机制的有机融合。

（二）确定议事协商议题和主体

探索建立村级议事协商事项清单制度，将美丽乡村建设、环境卫生整治、物业服务管理、社会救助救济、征地拆迁安置等涉及村民切身利益的公共事务、公益事业纳入村级议事协商目录，围绕村民意见较为集中的热点、难点问题以及迫切需要解决的矛盾纠纷，合理确定议事协商议题。清单制定原则具体有“五议”“三不议”。“五议”指：一议涉及本村农户切身利益的公共事务、公共环境、公益事业；二议村民反映强烈、迫切要求解决的实际困难问题和矛盾纠纷；三议党和政府的方针政策、重点工作部署在村的落实；四议法律法规和政策明确要求协商的事项；五议各类协商主体提出协商需求的事项。其中，村级集体资源、资金、资产的使用和分配、基础设施和环境建设等事项作为议事协商清单的重点内容。“三不议”指对违反党的政策、国家相关法律法规的事项；对上级党委、政府有明确要求、明文规定必须执行的事项；对明显带有歧视性、不公平的事项，不予商议。

坚持依法、合理、属地的原则确定参与议事协商的主体。原则上由村党支部、村民委员会、股份经济合作社、村务监督委员会、村民小组等作为议事协商主体，在村级议事协商中发挥主力军作用。培育发展农村社会组织，吸纳威望高、办事公道的老党员、老干部、农村群团组织负责人、社会工作者、志愿者以及与双方利益无关的群众代表参与议事协商，探索议事主体多样化、广泛化，探索建立议事协商长效作用机制。

（三）创新议事协商形式

探索“X＋6”村民议事协商工作模式，引导村民有序参与基层治理。“X”指X种方式广收议题，开辟专题会议、问卷调查、入户走访、电话邮箱、微信新媒体平台等多种渠道收集议题，最大限度地做到社情民意全征集。“6”指6步议事协商规范流程，确定议事协商议题和主体、召开议事协商会议、公告议事协商结果、运用议事协商结果、实施过程监督、村民满意度评价。在实际操作中，以村“两委”为核心，事务相关方共同参与，结合参与主体情况和具体议事协商事项创新议事协商的具体形式。比如，面向老年群体，依托圆桌会、恳谈会、评议会等传统平台，采取村党员议事会、村民议事会、物业联席会、村内议事协商等形式；面向中青年群体，通过微信公众号、QQ群等平台，开展线上议事协商，有效拓宽社情民意的互动渠道。

二、工作成效

（一）开展村级议事协商，基层党组织凝聚力影响力得到显著增强

乡村治理好不好，关键要看“领头羊”的能力强不强。村级议事协商试点建设持续深入开展，党建引领作用得到明显增强，党组织统筹资源能力、推进深化村级治理能力、化解矛盾问题能力得到有效增强，在疫情防控、垃圾分类、美丽乡村建设等重点工作中发挥了重要作用。

（二）开展村级议事协商，村内民主决策制度规范性得到显著增强

试点着重在民意搜集广泛性、方案执行可行性、研究决策有效性上进行梳理和总结，注重解决“什么事可协商、什么人来协商、意见怎么沟通、结果怎么确定、监督如何生效”等问题，打造全过程、各环节清晰规范操作程序，确保试点可复制、案例可参考、依据可遵循。

（三）开展村级议事协商，村民参与乡村治理积极性得到显著增强

针对不同事项，针对不同人群，试点分类采取了表决式协商、恳谈式协商、书面式协商、网络式协商等不同形式，为村民参加议事协商提供了多种多样的渠道和平台。参与方式的多样化有效激活了村民的参与意愿，村民的满意度提高了，获得感增强了。

三、经验启示

实践探索证明，村级议事协商在动员村民参与、平衡利益诉求、化解调处纠纷等方面具有良好的效果，是广泛适用于基层各项事务的工作方法。通过村

级议事协商试点，乡村治理正在发生可喜的变化：一是协商由单一环节延伸到治理全过程；二是由硬件建设深入到软件规范；三是村民由被动接受逐渐转变为主动参与。取得良好成效的重要原因在于：

（一）党建引领是做好村级议事协商的根本

村党组织带头推进议事协商，注重发动带领群众，注意发现、研究、解决协商中的困难和问题，做好定向把关，使得这项工作如火如荼地展开，形成“星星之火，可以燎原”之势。稳步推进议事协商工作，需要加强各级党组织对村级议事协商的组织领导，发挥广大党员的模范带头作用，强化常态化制度保障才能让村级议事协商走得更远更扎实。

（二）对接需求是做好村级议事协商的途径

自上而下的政策推动与村民自下而上的需求对接，确保了村级议事协商得到有效的落实。通过村级议事协商试点持续不断地调动村民的积极性、主动性和创造性，使得议事协商工作在质上得到进一步提高，充分发挥了村民自治的作用，进而形成更为有效的自治共治联动体系，推动实现“人人有责、人人尽责”的治理目标。

（三）公开透明是做好村级议事协商的关键

公开透明的原则具体体现在两个方面：一是权责清晰；二是政策知情。一方面创造更多的机会让村民了解政策文件精神，解决政策不理解的问题；另一方面，创造民主协商良好氛围，给予村民充分参政议政的渠道，让村民理性表达、理性对话，对自身言行负责，对民主决定负责，从制度和机制层面实现村民自我教育、自我服务、自我管理的良性运转。

（北京市委社会工委市民政局　供稿）

东城区建设美后肆时景山市民文化中心

位于东城区景山街道的美后肆时景山市民文化中心（以下简称“美后肆时”）于2020年9月正式对外开放。这座空间环境舒适、文化内容丰富、文化体验优质的综合型、标杆型公共文化服务场馆一经投入使用，即受到社会各界高度的认可和普遍欢迎。2020年，美后肆时邀请文化名家、著名主持人、宫廷美食民俗专家、北京收藏名家、史地民俗学家、非遗大师等上百名各行各业的名人专家做客，开展了轻松而丰富的、有趣有料的活动1098场，惠及群众6万多人次；2021年一季度，美后肆时开展群众文化活动282场，直接参与2.51万人次，总进馆5.44万人次，已成为辐射东城北部片区的地标性公共文化设施。

一、版本升级、由点及面，不断探索社会化实践

东城区在实践中，围绕“有没有、够不够、好不好”三个层次，推动公共文化社会化服务1.0、2.0、3.0的模式版本演进升级，形成了清晰的工作脉络和发展成果。

（一）1.0版本解决资源导入

2014至2016年，1.0版本重点解决资源导入问题，在人员、场地、服务方面实现了市场要素对接。2014年底，出台基层公共文化设施运营指导意见，通过岗位购买配齐社区文化组织员。购买专业院团、剧场演出票，通过“摇号看戏”派发，让百姓免费走进高雅艺术殿堂。采取与悠贝教育机构合作，在东总部分馆免费提供少儿绘本阅读专业服务。推动辖区单位礼堂、体育场等面向公众免费开放，在蓬蒿剧场内设置居民电子阅览室，三联韬奋书店设置24小时不打烊公益坐席等。1.0版本通过扶持与项目合作，拓展了公益服务内容，改善了文化活动空

间，用创新共赢、协作发展的“杠杆”撬动社会力量助推公共文化建设，对优化资源配置，提升服务水平起到了积极作用。

（二）2.0版本解决制度建设

2016至2018年，2.0版本重点解决制度建设问题，开启了社会组织运作的专业化管理模式。2016年制定政府购买公共文化服务的实施办法、目录清单、经费标准，推动政府由“办文化”向“管文化”转变。通过调整文化财政经费使用方向，实施政府采购程序引入京演集团等开展专业化运营，逐步覆盖9个街道公共文化设施及100个社区。期间，不断强化政府决策和监督职能，同步施行了第三方绩效跟踪考评，群众满意度测评效果理想。每个街道文体中心全年举办文化活动（培训）760余场次，从根本上解决了人员专业性不强，服务形式不多、品级层次不高的瓶颈，推进了公共文化服务标准化建设，公共文化设施由广覆盖转向高效能。

结合空间腾退与城市更新，引入社会主体进行创意、运营，催生了“最北京”特色的角楼图书馆、二十七院社区活力空间。同时，东城区积极承担社会承接主体的培育责任，京演集团等承接方现已成为北京公共文化服务领域的生力军。2.0版本实现了“直接举办、直接提供”到“购买服务、监督质量”的机制转变，有力推动了公共文化“供给侧”改革，财政经费的社会效益得到充分体现。

（三）3.0版本解决创新发展

2018至2020年，3.0版本重点解决创新发展问题，突出文化聚合能力建设，强化现代化传播理念运用，营造跨区域服务的“市民文化活力空间”和文化美学场所。东城区在广泛调研、深入研究的基础上，吸收文旅部、北京大学等部门与专家团队的意见，拟定《北京市东城区公共文化设施社会化运营指导意见》，对财政采购“一年一申报、一年一招标”的规定进一步进行政策突破，委托主体与承接主体可签订最长不超过三年期限的合同，解决了频繁履行采购程序、更换承接主体带来的运营思维不能延续、人员及时间成本的浪费。创新延伸类服务概念，满足居民多层次、个性化需求。

3.0版本以文化综合体为建设目标，以跨界思维优化资源配置，重塑公共文化空间。利用大数据、互联网等手段扩大受众群体范围，建立多样化的需求表达机制和多渠道的供给参与机制。同时，将基本公共文化服务和优质化、个性化的文化服务结合，公共文化服务的免费提供与优惠提供并举，激发各类社会主体参与公共文化服务的积极性，增强公共文化服务的发展活力，更好满足群众文化新需求新期待。

二、打磨试点、总结经验，积极推进社会化创新

（一）丰富服务供给，提升设施效能

新建成的美后肆时是《东城区公共服务设施社会化运营指导意见》的实践单位，也是释放政策体制机制活力形成的典型代表和最新成果，通过街道与运营方签订协议，保障每年基本公共文化服务728场次和延伸类公共文化服务370场次，全年共计1098场次。在满足基本公共文化服务的基础上，通过市场化手段，以低收费形式开展延伸类服务，延伸类服务占全年总活动场次比例达到33%，实现周开放时长84小时，较《中华人民共和国公共文化服务保障法》规定的基本时长超出28小时，延长了50%，丰富内容供给的同时极大地提升了服务效能。东城区9个实施社会化运营的街道、社区场馆周开放时间分别在72小时、56小时以上，公共文化设施的延时及错时开放，有效提升了服务设施效能，促进公共文化融入城市生活服务圈，为推动夜间消费发挥积极作用，实现文化赋能百业。

（二）专业机构运营，升级操作模式

精准化、全覆盖服务，有效丰富公共文化服务供给侧。美后肆时服务面向各年龄群体，以及辖区企事业单位、流动人口等群体，针对不同人群特征，可提供分时段、定制化文化体验内容，提升文化软实力，让文化惠及更多市民。同时，市民文艺社团、文体组织都可以来这里创作、排练、展演，这里不仅是文化交流集聚地，更是居民文化生活社区和百姓的文艺秀场与文化之家。

开放式、场景式体验，满足高品质多元化文化需求。美后肆时的建筑外观是一座古朴的两进式四合院，青砖灰瓦、飞檐翘角、雕梁花窗，青砖铺成的广场通过榫卯技艺的穿插、拼接与入口连接形成围而不堵、半敞开式的公共文化空间。同时，美后肆时里的各场馆的空间、场景均由专业设计师设计，迎合当

代人的审美需求，营造沉浸式的文化场景，开展兼具多元化和文化内涵的特色服务，为公众提供立体化、高品位的文化体验。

高层次、集成式内容，市民每年享受千场公益活动。美后肆时每年开展千场以上的群众文化活动，包括“肆时韵味”“肆时风味”“肆时趣味”“肆时美味”四大板块，分别开展传统文化、北京文化、历史分享、戏剧演艺、艺术分享、创意手作、非遗体验、美食体验等活动，以及开展景山街道会客厅、这里是东城、景山街道影像馆、景山街道养生堂、景山生活家、景山票友大会、景山家宴、景山绣坊、景山秀场、景山美少年、景山全家福、银龄学院、四合院园艺、四合院音乐会、亲子绘本故事会等15项特色品牌活动，给市民群众带来优质的文化享受。

专业化、智慧化运维，互联网技术保障运营高效率。美后肆时构建集场地运营、活动运营、用户运营、内容运营、品牌运营于一体的专业运营体系，建立标准化、流程化和规范化的工作体系。此外，为支持高效率运营及大数据管理，美后肆时还定制研发了微信小程序，可实现活动发布、在线报名、内容管理、志愿者管理、讲师展示、活动评价、数据统计等功能，大大提升运营效率和效能，也为用户享受公共文化服务提供便利。

不限域、共享式平台，打造区域特色文化传播窗口。美后肆时已与100余家文化机构和200余位文化讲师建立了合作关系，微信公众号已积累1.5万余粉丝量，形成一定规模的文化资源储备，以开放、共建、共创的理念，形成内容众创的生态共同体，将有效调动各方力量，为公共文化事业持续发展提供内生动力。同时，美后肆时将面向辖区企事业单位，输出“没有围墙的公共文化服务”，让优质的文化内容和服务“走出去”，发挥文化中心资源辐射和文化阵地作用，不断扩大服务范围。

（三）根植社区土壤，融入社会治理

东城区鼓励社会组织参与公共文化供给的同时，在丰富公共文化内涵、拓展公共文化外延上进行有益探索，大胆引入海归团队运营项目，为未来的公共文化发展开创了新思路。朝阳门街道内务部街27号院，原本是东城区工商联的办公场所，通过腾退空间活化利用，变成一个为百姓提供公共文化服务的阵

地。年轻的海归运营团队，将27号院打造成一个面向居民和公众的社区文化中心，馆内每周至少开展公共主题活动4场，涵盖戏剧、美术、亲子教育、舞蹈、艺术展览、生活美学等。2016年9月至今，培育300多个文化项目，开展各类文化活动2300余场，服务人群超过9万人次。27号院非常重视“在地”内容的挖掘与深耕，角度多元而丰富：有专项以“内务老人”为群像的艺术项目《老好使》；有激活老年人与年轻人轻松社交的主题日活动“北平派对”；有为内务社区特别策划的特色党建品牌“暖巷近邻，内诚务实”，为基层党建活动带来新鲜活力。四年的实践中，27号院的运营团队始终坚持着研究与实践双行的工作方法，以一个空间为支点，撬动整个区域的邻里关系融洽、街区更新推进以及社区的可持续发展。

三、深化研究、模式提升，构建可持续的社会化良性机制

下一步，东城区在社会化运营方面还需要做进一步深化研究和实践，为提炼成熟模式推广复制夯实基础。一是在满足基本要求的前提下，逐渐培养市民文化消费的意识，尽快建立群众乐于接受，市场认可的延伸服务有偿低价供给机制；二是协助运营企业搭建良性运行管理机制，由政府“输血”逐步向企业“造血”过渡，实现群众免费享受基本公共文化服务、按意愿享受个性化文化服务，最终达到政府、运营主体、群众三方共赢；三是逐步建立社会力量参与社会化运营准入资质的评价标准，探索构建政府主导的对应不同级别公共服务设施的运营主体选拔机制；四是在保障基本公共文化服务的前提下，解决免费服务与收费服务之间的衔接问题，充分激发运营主体活力，提高公共文化设施服务质量。争取设立与人口数量挂钩的公共文化专项资金，保障社会化所需资金的持续供给；五是完善对运营主体的监管和评价机制，灵活运用契约式监管模式，搭建运营主体资源库，打通各类数据通道，形成全方位立体式评价体系。

（北京市东城区发展和改革委员会　供稿）

西城区推行“点餐”到校课后服务

西城区深入贯彻落实中央、市区“双减”工作决策部署，以“三率”“三性”“一特色”为着力点，积极整合教育资源，丰富课后服务课程供给，基于课内、课后课程一体化设计的视角，提升课后服务课程品质，为每一名学生健康快乐成长保驾护航。

一、主要举措

（一）推行“点餐”到校，丰富课后服务供给

2021年秋季开学后，西城区教委整合12家区属少年宫、科技馆等校外资源，经过专业评估遴选，推出200多个课后服务活动项目，逐步实现所有中小学按需“点餐”，条件具备的还可以就近到少年宫等场所上门选课，享受更专业的活动空间和设备。所有授课教师都是专业教师，“菜单”里的课程既有音乐素养、竹笛、中国舞等艺术类课程，也有人工智能、机器人编程等科技类课程，还有朗诵、武术、剪纸等传统文化类课程。2022年春季学期，西城区教委分别与西城区商务局、首都师范大学等召开“双减”合作项目沟通会，就课后服务师资来源、课程类型、合作方式、服务频次等主要需求进行友好洽谈。目前，西城区正在积极推进项目合作，为学校补充课后服务课程资源。

（二）构建课内、课后课程体系，打造“升级版”课后服务

西城区从区域层面以“立德树人、五育并举、优质供给”为基本价值追求，构建了“1 + 3 + N”的课后服务课程框架体系（“1”指学业巩固课程，“3”指学科拓展、体育、劳动教育类课程，“N”指美育、科技教育、传统

文化教育等课程）。在区域总体课程框架之下，指导各校因地制宜“一校一案”“一校一策”设计课后服务课程内容，为学生提供“菜单式”课表选择。2022年1月，印发《西城区义务教育课后服务课程建设指导意见》，为学校推进课后服务课程建设提供实施路径与专业指导。

（三）关爱教师成长，优化资源配置

以创新教师评优、管理、激励机制，教师轮岗，弹性上下班制度，教师健康行动，为教师提供加餐等为抓手，进一步关爱教师成长，优化人才资源配置。如，2021年底，在市财政拨付的课后服务绩效基础上，区级增加教育经费投入1997万元，用于提高教师课后服务的补贴。

（四）搭建交流平台，推广典型经验

为展示区域课后服务研究成果，分享学校层面的特色案例，西城区借“西城区教育科研月”、“校长论坛”、“双减”工作简报等机制，搭建平台，推广了宣师一附小、三里河第三小学、北京第二实验小学、志成小学、北京小学广内分校等学校课后服务典型案例，为学校提供可借鉴、能复制的有益经验，辐射带动区域学校整体发展。

二、工作成效

西城区所有义务教育学校均提供了课后服务，服务项目丰富多彩，吸引力不断增强，学生参与率80%以上，且学生及家长满意率较高，根据教育部“双减”工作监测平台“学生和家长对校内减负提质满意度调查情况”调查显示，学生满意率达95.07%，家长满意率达94.71%。依据西城区质量监测结果显示，学生睡眠时长显著增加，例如，睡眠时长9小时以上（含9小时）的人数占比提升了16个百分点；体质健康监测优秀率、良好率都有不同程度提升；作业时长明显降低，作业质量有较大提升，家长对课后作业形式满意度高达98.3%。依据课程标准，学生高质量地完成各项学习任务，学业质量稳定在较高水平。

同时，西城区推行“点餐”到校丰富课后服务内容入选教育部首批10个“双减”典型案例在全国推广。西城区两次参加北京市“双减”工作新闻发布

会，介绍西城区以“三率、三性、一特色”为着力点，以提质增效五大工程为载体，扎实推进“双减”工作，构建“五育”并举的高质量义务教育体系的经验做法。2021年2月15日，又一次在教育部第一场“教育新春”系列发布会上介绍了西城区推进“双减”工作的探索实践。

三、下一阶段计划安排

“双减”工作是一次对教育系统的深度治理，从校外到校内，从课后服务到课内提质增效，目的是营造良好的教育生态，回归学校教育主阵地。西城区借“双减”工作推进契机，将课后服务课程纳入学校整体课程规划，实现课内、课后一体化设计。后续，西城区将着力在以下几方面推进：

（一）进一步统筹资源，丰富教育供给

西城区将通过政府购买服务的方式，进一步统筹首都师范大学、北京农业职业学院、西城区老字号等资源，为学校课后服务提供有益补充。同时，学区、集团层面将打破学段、校际壁垒，组织学区内、集团内优秀教师资源按照学段向下兼容原则，贯通辐射，让优质教师资源惠及更多的学生。

（二）进一步推进智学服务平台建设工程

进一步兼容打通北京西城数字学校、少年宫、科技馆、美术馆等校外教育单位线上平台，探索建立西城区课后服务线上平台，逐步拓展平台功能，为学生提供“菜单式”课后服务。

（北京市西城区发展和改革委员会　供稿）

海淀区举办北京冬奥会测试赛做好服务保障工作

2021年，北京冬奥会测试赛海淀区组委会积极落实北京冬奥组委、相约北京组委会各项工作部署，按照“应测尽测、能测尽测”的原则和“简约、安全、精彩”的办赛要求，圆满完成4月份举行的相约北京冬季体育系列测试活动女子冰球、花样滑冰、短道速滑等三项测试活动，和10月份举行的相约北京2021亚洲花样滑冰公开赛、相约北京2021/2022国际滑联短道速滑世界杯，11月份相约北京国内冰球测试活动。通过举办测试赛，磨炼了队伍、发现了问题、找到了不足，为北京冬奥会和冬残奥会服务保障打下了坚实基础。

一、4月测试活动服务保障工作情况

2021年4月1—5日在五棵松体育中心举办了国内女子冰球测试活动，4月1—8日在首都体育馆举办了国内花样滑冰测试活动，4月3—10日在首都体育馆举办了国内短道速滑测试活动。共计220名运动员、129名随队官员、119名技术官员参加3个测试活动的34场比赛，举行了18场官方训练，进行了4场颁奖仪式，累计召开了5次领队会议。此外，首都体育馆共进行了7次场地转换演练和4次冰面转换演练。

（一）圆满完成4月份测试活动

赛时指挥坚强有力。为做好赛时指挥工作，按照北京冬奥组委主运行中心的部署，成立组委会指挥调度中心，在北下关街道、万寿路街道、甘家口街道和两个场馆运行团队成立指挥调度分中心。制定赛时指挥工作方案，设立安全保卫、交通运行等8个专业工作组。指挥位置为区政府城市大脑智能运营指挥中心，每日由区领导指挥调度。坚强有力的赛时指挥为赛事圆满举行提供了坚强后盾。

测试活动保障有序。按照“简约、安全、精彩”的办赛要求，海淀组委会办公室坚持“以竞赛组织为核心”，统筹全区力量，压实部门责任，形成工作合力，使接待保障、餐饮、交通、防疫、外围保障等各方面工作有条不紊，运行流畅，起到了锻炼工作团队、摸清办赛规律、磨合工作机制的目的，为下半年测试赛的筹办工作奠定了基础。

（二）做好测试活动问题整改工作

针对4月份测试活动梳理出来的问题清单，协调指挥部各相关工作组，做好4月份测试活动问题清单整改工作。对梳理出的72个问题进行逐个分析，对整改进度进行逐个跟进，对相关工作进行了相关部署。

（三）梳理文件做好总结工作

在完成好4月份测试活动工作总结的基础上，重新对相关文件进行了梳理和汇总，完成了《测试活动总结汇编》《测试活动发文汇编》《测试活动领导调研活动安排汇编》《测试活动会议议程汇编》《测试活动简报汇编》《测试活动会议纪要汇编》《测试活动大事记》《专班例会纪要汇编》等，对前期工作重新进行了审视和总结。

（四）整理档案做好移交工作

完成向北京冬奥组委档案移交工作。根据北京冬奥组委《关于做好档案收集和归档移交的通知》，组委会办公室对相关档案进行了整理、归档，并于5月18日向北京冬奥组委圆满完成档案移交工作。其中文书档案168件、照片档案46件、电子图纸22件、音像档案5件、实物档案3件，合计移交档案244件。

（五）持续推进财务相关工作

一是在4月份测试活动结束后持续推进财务结算工作，统计确认VIK赞助企业支出额度，整理分析了4月测试活动财务数据，并请审计公司对财务工作进行了审计。二是组织开展上半年财务工作总结及下半年工作计划研讨。三是做好下半年测试活动、测试赛财务工作计划。四是召开下半年测试活动及测试赛预算布置会，向五棵松体育中心场馆运行团队、首都体育馆场馆群运行团队分别下发测试活动和测试赛财务工作计划表，并对两个场馆运行团队工作方案和预算编制提出了工作要求。五是海淀组委会办公室组织召开测试活动VIK企业结算协调工作会，与区文旅局、北汽集团、中国联通、京东物流、北京人寿、西苑饭店、新世纪日航饭店等单位相关负责人就如何进行4月份测试活动VIK结算及下半年VIK使用问题进行了沟通讨论。

（六）梳理任务落实属地责任

根据《北京2022年冬奥会和冬残奥会海淀区运行保障指挥部工作方案》《相约北京系列冬季体育赛事海淀区工作方案》，结合相约北京系列冬季体育赛事通用政策，测试活动赛事组织执行工作组梳理了2021年下半年测试活动及测试赛重点工作任务清单，同时要求各工作组进一步完善本组工作机制，细化分解工作任务，制定本组下半年测试活动及测试赛工作实施方案。

（七）开展专项工作对接工作

积极组织开展下半年测试活动、测试赛保障工作对接，组织餐饮保障工作沟通会，与区商务局对接下半年测试活动、测试赛餐饮保障准备工作情况及下一步工作计划，并对下半年测试活动、测试赛餐饮保障工作提出工作要求；与海淀文旅集团、冬奥组委市场开发部对接测试赛市场开发工作；与北京冬奥组委财务部对接测试赛保险工作，并与中国人保集团进行了测试赛组织责任险初步方案探讨工作。

二、10月测试赛、11月测试活动服务保障工作情况

10月13日至24日，相约北京2021亚洲花样滑冰公开赛、相约北京2021/2022国际滑联短道速滑世界杯相继在首都体育馆成功举办。冰球国内测试活动将于11月8日至10日在五棵松体育中心举办。在市运行指挥部的坚强领导下，在区运行指挥部的统筹调度下，海淀区圆满完成了赛事筹备和接待保障任务。

（一）赛会服务，保障有力

住宿服务保障方面。由区文旅局牵头，严格闭环管控，安排闭环管理酒店4家，下线隔离酒店3家，应急隔离酒店2家。对标赛时住宿保障要求，各酒店组建驻地运行保障组24小时驻店保障。

提供个性化服务，增加对外籍人员的关心关爱。在服务保障过程中，所有保障组人员不怕风险、敢冲在前，为外方人员搬运行李，进行核酸检测，提供语言服务等，收获了入住人员的一致好评。

餐饮服务保障方面。由区商务局牵头，指导餐饮服务商为场馆工作人员和倒班人员提供场馆餐和酒店“送餐”服务，由区市场监管局进行食品安全监控和风险管理。

抵离接待保障方面。由统战部牵头，构建“1＋1＋4”调度体系。采取限制承载率、专人专车专座、车辆加装扫码识别设备、“一落客、一消杀”等措施，确保了闭环交通疫情防控到位。

（二）疫情防控，从严从细

由区卫健委牵头，建立了三级疫情防控指挥体系和公共卫生应急管理体系，分区分类制定区级工作方案和应急预案，明确闭环内的疫情防控要求。每日核酸检测做到“应检尽检”，做好闭环场所管控，根据消毒规范开展消杀。全面开展各驻地酒店和场馆对闭环外工作人员及其同住人员排查。由中关村科学城综合部牵头，启用智慧场馆运营中心、全员健康管理系统、智能体温贴及大数据预警平台、气溶胶检测系统等科技项目。

（三）城市运行，安全有序

环境保障方面，由区城管委牵头，重点围绕首都体育馆、五棵松体育中心、各保障酒店、途经线路等重点地区开展环境秩序治理和城市形象提升。

交通保障方面，由区交通支队牵头，落实“两圈一线”和三级上勤机制，确保交通服务高效，秩序良好。

安全保卫方面，由政法委牵头，区公安分局搭建了安保实战指挥部，扁平化指挥调度。

志愿服务方面，由区委组织部、区委宣传部牵头，在首都体育馆、五棵松体育中心周边调配志愿者和公共文明引导员共计1066人。

应急保障方面，由区应急局牵头，建立首都体育馆外围保障团队、五棵松体育中心外围保障团队和应急队伍，按照一级管控标准加大对重点区域周边的值守和巡查。

（北京市海淀区发展和改革委员会　供稿）

丰台区推进“智慧家医”护佑百姓健康

“智慧家医”服务模式是丰台区社区卫生自主创新的服务品牌，因其智能、精准、便捷、高效的服务特色，成为北京医疗服务创新发展的典型，在全市范围内推广。此模式通过智慧化手段，将医院、医生、居民、社区紧密连接，从健康任务落实，到分级诊疗推进，再到社会资源联动，为百姓提供全生命周期的健康支持。目前丰台区已有超70万居民享受到了“智慧家医”服务模式提供的健康管理服务。

一、理念创新：从“片儿医”到“智慧家医”，574支家医团队签约服务72万丰台居民

丰台区作为“智慧家医”这张靓丽名片的“打造者”，已实现72万名辖区居民签约获益，覆盖了全年龄段的各类人群，其中不乏老、幼、孕和慢性病等重点人群。服务的提供者是来自各社区卫生服务机构的574支家医团队，平均一个家医团队要服务千余名签约居民。

从2007年“片儿医”概念的提出，到2016年“智慧家医”品牌的初创，丰台区始终坚持以群众健康需求为导向，紧紧围绕就诊医疗、结算支付、安全用药、公共卫生、远程医疗等方面，大力推进“互联网＋健康”便民行动，满足不同人群、不同层次的健康需求，切实增强群众的获得感和幸福感。2020年，在疫情大考面前，主动将原有“五个智慧”升级为智慧诊断、智慧服务、智慧上门、智慧防疫以及智慧绩效的“新五智慧”，通过互联网、物联网、人工智能等智慧化手段，让治疗变“智”疗，提升家医团队工作效率和服务品质，筑牢护佑百姓健康“防护墙”。在社会面临人口老龄化、疾病普遍化、灾害等的

挑战背景下，医改不断推进，医疗卫生行业需要完成从关注疾病到关注生命全周期的思路转变，向群众提供高质量的健康服务。

二、技术创新：从“大专家”到“小管家”，科技让家庭医生如虎添翼

丰台区首先在专业水平和服务能力上下功夫。覆盖疾病诊断、慢病管理、合理用药等医疗服务的新技术软件相继上线应用，医联体建设管理体系渐成规模。“线上+线下”让社区的家庭医生身边总有“大专家”和“小管家”。

全科智能辅助诊断系统、合理用药系统，提供了医学专家诊断经验和大量样本数据；医联体专家进家医团队、远程会诊平台的推广使用，使得小社区能直接对接二、三级医院，帮助家庭医生实现“看得准”。

智能慢病管理系统结合健康管理大数据平台，能自动生成慢病评估报告；“健康大脑”系统实时监测患者血压、血糖、心率的异常波动并能发出健康预警，提醒医生近期需重点关注；AI智能语音助手，一次能够同时针对数百人进行随访，对于疾病平稳期的患者给予健康提示，帮助家庭医生实现“管得了”。

对于需要转诊的患者，家庭医生根据病情，通过预约转诊平台帮助居民在最短的时间内，找到最合适的医院、最合适的科室就医；双向转诊机制还支持康复期患者转回社区完成后续治疗，尤其是2019年丰台区率先建立的“天坛医院智慧家医工作室”，开创社区医生在三甲医院定期出诊的先例，参与患者疾病治疗全过程，帮助家庭医生实现“治得好”。

目前，丰台区社区医生在肺癌和乳腺癌的医学影像辅助诊断方面的能力已经达到了三甲医院医生的平均水平；通过智能慢病精细化管理技术，实现部分地区慢病患者血压、血糖达标率趋近于发达国家水平，为患者、家庭及社会减轻了经济负担。

三、服务创新：率先推行“双专员”“双进入”，智慧助力应对疫情大考

2020年，充分考虑疫情防控紧迫性及区域特点，丰台区率先推行“双专员”“双进入”工作机制，各社区卫生服务机构的中心主任和家庭医生团队成员，分别进入街乡镇和社区（村），担任公共卫生专员和健康专员，指导联防联控工作。399名家医团队人员下沉社区（村）参与“3+N”防控岗。

多年网格化管理的经验发挥了巨大作用，他们人熟、地熟、底数清、情况明，使用健康监测模块和智能语音助手对返京人员、隔离人员、出院患者进行线上排查、线下追踪、心理疏导等管理；使用身边医生APP、纳里医生等科技软件，对居民进行健康指导、防疫提醒和线上互动。在身边医生APP后台，曾出现这样一段留言，一位奋战在一线的社区工作者，因为疫情吃紧，无暇照顾长期卧床的父亲，就通过APP咨询了他的家庭医生。得知他的困难后，家庭医生团队当天就上门送医送药，提供可穿戴医疗设备对老人的血压、血糖、心电图等进行持续监测，对于可能出现的健康风险，也在第一时间主动沟通。这位社区工作者在文末写道：“有你们，真好。”

结合疫情常态化发展的需要，面对巨大的预检分诊和“四早”任务压力，智慧家医再添助力。马家堡社区卫生服务中心创新使用“人工智能预检筛查系统”。该系统与中心后台数据连接，通过“刷脸”实现健康宝和身份信息认证，5秒钟自动身份认定、40秒完成流行病学史调查，全程无接触，减少交叉感染的可能。方庄社区卫生服务中心建立“智能化”发热筛查哨点，在医生与患者完全不接触的前提下完成对发热患者的体温筛查、信息登记、标本采集、隔离转诊、信息报告、空气消毒等，8平方米的方舱式发热哨点解决了80平方米才能实现的“三区两通道”（清洁区、半污染区、污染区和医务人员通道、患者通道），院感管理合格，实现及时发现、快速处理、精准管控和有效救治的目的。

四、厚植情怀：从“数字鸿沟”到“科技红利”，让老年人也学得会用得了

科技不应该是年轻人的专属，让老年人愿意主动跨越数字鸿沟，尽享科技红利，这也是丰台区努力的方向。

方庄社区卫生服务中心81岁签约患者常荣华是最早在这签约的病人之一，基本每半个月来复查、取药一次，几番了解学习后，已经可以熟练在手机上预约就诊、查询化验结果、与医生线上互动。“手机操作功能很强大很有用，家庭医生教会我使用后，我发现很方便，就像医生在我身边，对我来说，这儿就是我们家的‘医务室’，踏实。”常荣华说。

“社区智能药柜”是马家堡社区卫生服务中心为方便签约居民和慢性病老年患者所进行的又一探索性便民服务措施——零接触取药。这台智能药柜“落户”在马家堡街道办事处便民服务大厅24小时开放的全时自助服务区，能提供40多种高血压、糖尿病等慢病常用药。69岁的签约居民孙平芳，对这项服务赞不绝口：“我有高血压的老毛病，需要定期开药，现在每个月到了该开药的时候，我就从手机上联系家庭医生，跟他聊一聊身体情况，他开了处方我去完成手机支付，遛个弯儿的功夫就能到家门口的智慧药柜把药取出来了，对老年人真是太方便了。”

五、触角延伸：丰台区持续打造“平战一体化”的“智慧家医”

2021年，丰台区继续将智慧家医的服务触角延伸，在社区、乡村、公安分局、养老院建立了36个“智慧家医”工作室，家庭医生针对健康风险，提前预警、提前干预，把服务送到“最后一公里”。分时段预约就诊、移动支付、诊间结算、虚拟药房等新技术应用，都让看病进一步实现少等待。区内二、三级医院与社区卫生服务机构签订“护理专业技能共享协议”，建立“护理1＋1手

牵手”工作模式，利用优质护理专家资源，开展带教培训，提供临床护理技术支持，实现“社区护理+专业护理”的老年人家庭延续护理服务。

在北京市2021年上半年居民签约工作满意度考核中，丰台区签约居民满意度达到91%，位于全市第四位。在疫情防控常态化背景下，丰台区将继续凝聚科技创新之力，打造“平战一体化”的“智慧家医”，在“十四五”期间，进一步拓展深化便民惠民服务，深入开展爱国卫生运动，探索提供多元化的健康管理方案，积极应对中度老龄化社会的挑战，用心用情帮助老年人跨越“数字鸿沟”，全方位、全周期保障人民健康。

（北京市丰台区发展和改革委员会　供稿）

石景山区推动长期护理保险制度试点

探索建立长期护理保险制度，是党中央、国务院为应对人口老龄化、健全社会保障体系做出的一项重要部署。2020年9月，国家医保局、财政部印发《关于扩大长期护理保险制度试点的指导意见》，北京市石景山区为全国长期护理保险制度试点城市。同年10月，北京市医保局、财政局联合下发《关于印发〈北京市长期护理保险制度扩大试点方案〉的通知》，明确在石景山区全域进行全要素、全流程、全方位的试点。同年11月，石景山区扩大长期护理保险制度试点（以下简称长护险试点）正式全面推开，全区累计3178名重度失能人员享受到了长护险政策带来的福利。

一、心系惠民政策落地落细，强化制度体系建设

石景山区高度重视长护险试点工作，成立领导小组和工作专班，由区政府主要领导、主管区长分别担任组长、副组长，区民政局、财政局、人保局、街道等18个部门为成员单位，由区医保局牵头负责并推进日常工作，在制度体系建设、机构协议管理、服务质量监督、基金安全监管等方面进行积极探索，先后编制印发了包括试点实施方案、实施细则和机构管理、基金监管、档案管理、邻里互助方案等配套文件在内的“1＋1＋9”个政策文件，推动制度完善化、管理科学化、服务规范化、跨区同步化、监管精细化、档案电子化进程，从制度层面保障国家惠民政策落实落地。

二、心系社会资源高效利用，强化机构协议管理

石景山区总结先期在3个街道开展北京市长护险试点工作的经验，在北京市医保局的指导支持下，充分发挥企业优势，继续由爱心人寿和泰康养老作为协议管理的长护险商保经办机构，整合了区医疗保险事务管理中心、区社会保险事业管理中心等社会保险经办机构资源，先后签约6家评估机构和74家护理服务机构（区内35家，区外39家），协助政府高效推进政策宣传、参保缴费、人员培训、资格审定、失能评估、护理服务、信息变更、支付结算等全流程工作。商保经办机构的“互联网+”信息化手段，实现了商保经办与护理服务机构间的全流程信息化管理。人脸识别、GPS定位等技术的应用，更是确保了护理服务的真实性。

三、心系护理服务质量提升，强化日常工作督查

试点过程中，石景山区对商保经办机构、护理服务机构的制度建设、人员管理、疫情防控、疫苗接种、服务流程、护理质量等工作进行不定期、全流程、全方位的督导检查，指导护理人员及重度失能人员家属进行业务知识学习，并组织开展照护技能培训考核、有奖答题、技能竞赛、“十佳护理员”评选等活动，提升长护险工作人员的知识水平、业务水平和服务水平。同时开展“一把手”走流程和基层调研活动，进一步优化工作流程、织密疫情防控网络，确保老百姓享受到高质量的待遇保障，得到了重度失能人员及其家属的高度认可和称赞。2021年，石景山区医保局及各机构共收到重度失能人员家属赠送的锦旗、感谢信80余面（封）。

四、心系就近便捷服务群众，强化业务“一窗综办”

试点期间，石景山区组织政策宣讲团，发放一封信、折页、海报、宣传品等，送政策进机关、进街道、进社区、进楼门、进企业，实现政策宣传100%全

覆盖，方便群众及时了解、支持长护险政策。同时在中央电视台、北京日报、石景山电视台等中央、市区级主要媒体开展专题宣传报道20余次。在全区9个街道政务服务大厅设置长护险经办服务窗口，统一经办工作模式，实现参保缴费、待遇申请、审核支付等服务内容的“一窗综办”，方便社区群众就近、便捷、快速地咨询政策，办理相关业务。

五、心系减轻百姓生活压力，强化基金保障到位

石景山区对长护险基金实行专户管理，收支两条线，单独核算，采取常态化监督和第三方专项审计等方式，加强基金日常监管，确保长护险基金安全和精准发放。2021年，石景山区参保人员中共有416172名城镇职工、232名城乡居民、19名灵活就业人员缴费成功，长护险基金个人医保账户划转4000余万元。累计享受待遇3000多人（实时享受待遇2700多人，其他区及河北迁安近360人），支出护理服务费、商保经办费约6400万元。以选择居家护理的城镇职工为例，每名重度失能人员每月除享受12个小时的上门护理服务（服务项目达32项）以外，还会得到1044元的家属护理服务补贴，总体待遇保障水平每月2000元左右，重度失能人员家庭的经济压力与照护负担得到极大缓解。

六、心系养老市场健康有序，强化创新推动发展

为鼓励区域养老市场、养老产业健康有序发展，石景山区创新探索“邻里互助”服务新模式、新机制，制定《北京市石景山区扩大长期护理保险制度试点“邻里互助”服务管理办法（试行）》，鼓励试点区域内邻里之间为重度失能老人提供长护险服务，培育发展社会养老服务队伍，带动了养老机构和相关产业及社会就业形式的发展。扩大试点前，全区参与长护险服务的机构35家，护理服务人员不足200人；扩大试点后，加入石景山区长护险试点的机构达74家，其中养老机构49家，护理服务机构25家，新增护理服务人员近500人。另外，各类养老服务资源，如适老化改造、护理员培训以及精准化服务等

项目优先为已纳入长期护理保险保障范围的老年人提供，帮助其家庭解决居家照护难题。

典型案例：家住石景山区鲁谷街道重兴园小区的张阿姨60多岁了，20年前女儿因患急性播散性脑脊髓炎导致肢体不能活动，生活不能自理，常年卧床。突然降临的病情，给整个家庭带来了阴霾，老伴很多年前不幸离世，只留母女二人相依为命。20年日日夜夜照顾女儿起居，全家的收入主要靠张阿姨的退休金以及低保补贴，一个月不足6000元，吃饭买药都要掰着手指头算，生活的巨大压力让她的两鬓早早斑白。女儿开始享受长护险以后，每周有护工上门护理，还有照护管理师提供专业指导各种训练，从一开始的全身活动受限到现在的手部可以简单活动，她的身体状况得到了改善。张阿姨也接受了经办机构的专业护理培训，掌握了居家护理的科学知识和方法，日常照护女儿也轻松了很多。同时，长护险让一家人生活变得宽裕了一些，根据居家护理支付标准，张阿姨每月可以获得1044元的护理费。“活血化瘀类的中成药，我敢按疗程买了，不再像以前买3个月的量要顶半年。”张阿姨说，“过几年，我们母女俩可以都去养老院，长护险可以承担每月1800元的费用，这样我们就能负担得起，这在以前想都不敢想。长护险让我对生活重新燃起了希望，这比金钱更重要。”她将一面写有“医保长护承大爱，扶危助残暖人心”的锦旗送到石景山区医疗保障局，感谢长护险政策为她一家带来的温暖。

石景山区扩大长期护理保险制度试点工作的推进，为全市推开长期护理保险制度工作提供了丰富的可借鉴、可复制、可推广的石景山经验。下一步，石景山区将持续强化责任担当，加强政策宣传，做好全市全面推开长护险试点的制度衔接，加快专业机构服务能力建设和长护险人才培养，积极营造老有所养、老有所依的社会环境和氛围，逐步实现政策衔接更加紧密、政府企业良好互动、个性需求精准匹配、养老产业健康发展、区域社会和谐稳定的良好生态，让党和政府的好政策更加精准、更为公平地惠及广大人民群众。

（北京市石景山区发展和改革委员会　供稿）

门头沟区加大“治欠”综合治理力度

2021年门头沟区紧盯重点行业，强化欠薪源头治理，瞄准突出问题，加大综合治理力度，深化根治欠薪工作，全力保障广大劳动者合法权益。门头沟区人力社保局被评选为全国根治拖欠农民工工资先进集体，接受国务院根治拖欠农民工工资工作领导小组表彰。

一、主要做法

（一）建机制，凝聚全区“治欠”工作合力

一是健全完善根治拖欠农民工工资工作协调机制。突出横纵联动、压实共管责任，在全区建筑施工领域推行“全流程管理、全环节管控、全周期联动”的“三全”管理模式。二是坚持发挥区解决农民工工资联席会议制度作用。在岁末年初、全国“两会”、建党100周年等重点维稳时期，启动联席会议定期会商机制，通过分析疑难案件、研判隐患、约谈企业等方式，有效化解矛盾，解决突出问题，维护地区和谐稳定。三是切实发挥联动处突机制作用。健全联动处突机制，劳动保障监察员7×24小时备勤，当好突发事件“消防员”，确保突发事件快速处置，做到讨薪事件不过夜，不间断地为农民工权益保驾护航。四是深化违法行为惩戒措施。针对总包单位未尽监管责任、用人单位拖欠工资等违法行为作出行政处罚8起，涉及罚款24万元。同时，定期向社会公布重大劳动保障违法行为，区内公布4批次，涉及用人单位6家，申请市级公布2批次，涉及用人单位2家。

（二）重保障，推进落实监察工作长效措施

一是切实发挥区根治拖欠农民工工资支付工作协调小组办公室统筹协调作用。成立由区委政法委、区人力社保局、区住建委、区财政局等单位在内的9+X工作专班，加强全区根治欠薪工作组织领导。针对建筑领域突出问题，制定年度工作方案，落实监察员包片、在建施工项目、基本制度落实、欠薪易发多发企业四个清单，对照清单排查欠薪隐患。二是坚持把劳动法律法规的政策宣传、舆论引导作为解决农民工工资拖欠问题的突破口。通过线上线下两种形式组织开展条例专场培训会，实现建筑施工领域培训全覆盖，惠及农民工2万余人。同时，立国考标准，以优带优。以国务院督查考核指标为标准，树立优质管理典型企业，通过线下培训会，介绍保障农民工工资支付工作管理经验，促进全区建筑施工企业管理水平的提升。三是畅通维权渠道，紧盯12345市民热线、劳动保障维权二维码、全国根治欠薪线索反映平台等渠道，核处欠薪线索。印发门头沟区农民工工资权益保障卡2000张，通过“队长关心您的事”告知劳动者应当享有的权利及知悉的用人单位信息，同时公布劳动监察队长手机号码，以及劳动监察、行业监管、劳动仲裁、司法援助等部门投诉举报电话，为劳动者提供24小时咨询服务。四是扎实开展各类专项行动，全面规范用人单位在女职工权益保护、工时制度、工资支付等方面的用工行为，集中整治人力资源市场、保安、建筑施工等领域突出问题。

（三）抓创新，实现欠薪隐患矛盾及时化解

一是建立“1+1+X”多元化解机制。设立劳动纠纷调解室，由专人对欠薪线索平台、12345、信访等案件线索进行研判、核处，对当事人双方均自愿协商解决的劳资纠纷，依托“监察+仲裁”进行案前调解。推动形成劳资纠纷“全员参与化解、流程有效衔接、矛盾分级分流”的多元化解工作格局。建立机制以来共为59名劳动者解决工资217.12万元。二是创建“党建引领、根治欠薪”品牌工地。在市级重点工程国道109新线高速公路工程三工区设立劳务人员权益保障示范点，主动提供上门服务，在施工现场指导企业规范劳动用工，同时接受劳动者的咨询与投诉，及时化解矛盾纠纷，切实为企业分忧、为农民工解难。联合区国道109新线高速公路工程指挥部党支部，举办劳务人员权益保障联建共创现场会暨“三面旗帜”进班组活动，激发多方参与欠薪治理的积极性，形成政府、企业、劳动者共治欠薪新格局。

二、实施效果

2021年，门头沟区深入实施《保障农民工工资支付条例》，以国务院督查考核为契机，凝聚部门工作合力，在源头治理上下功夫，建立健全工作机制，认真履行保障农民工工资工作主体责任。通过实行保障农民工工资支付五项核心制度覆盖率中四项实现100%，工程款支付担保制度达到83%。全年立案办结欠薪案件168件，为356名劳动者追欠工资485.55万元，实现投诉欠薪人数及追欠工资数额双下降。在国务院考核过程中，相关工作得到考核组专家的肯定，促进了北京市保障农民工工资支付工作取得新成绩。门头沟区人力社保局荣获全国人力社保系统优质服务窗口称号，同时被门头沟区推选为平安北京建设工作先进集体。

三、下一步工作

（一）聚焦重点领域精准发力，加强根治欠薪源头治理

坚持统筹推进，发挥根治拖欠农民工工资工作协调小组办公室作用，强化源头治理、综合监管，全力落实《北京市工程建设领域农民工工资支付综合监管实施方案》，推进保障农民工工资支付制度落实；强化方案引领，研究制定年度工作方案，明确工作措施与部门责任，统筹协调成员单位高效联动，共同推进全区五项核心保障制度和“三全”管理模式落地见效；畅通维权渠道，做好窗口接待咨询及时受理举报投诉，盯紧12345市民热线、12333热线、全国根治欠薪线索反映平台、劳动保障监察举报投诉“二维码”等线上渠道，及时核处劳动者诉求。创新机制建设，研究出台区级劳资专管员管理办法，细化管理

措施，引导用人单位提高管理水平。拟定工作方案，试点推行建设项目欠薪隐患分类分级监管措施，逐步建立全区在建施工项目分级分类监管体系。

（二）强化欠薪失信联合惩戒，兜牢根治欠薪工作底线

对依法责令限期支付工资的行为主体，逾期未支付的，列入失信联合惩戒名单。实施重大劳动保障违法行为向社会公布，对拖欠工资数额较大且已经依法查处并作出行政处理决定或者拒不支付劳动报酬依法移送司法机关追究刑事责任的，作为用人单位重大劳动保障违法行为向社会公布。充分利用拖欠农民工工资“黑名单”、负面清单等措施，进一步加大联合惩戒力度，有效遏制欠薪行为发生。

（三）紧扣维稳大局攻坚克难，保障社会平安稳定

坚持部门联动，充分发挥门头沟区根治拖欠农民工工资工作协调小组办公室的统筹协调作用，深入开展根治欠薪专项行动，对查实的欠薪问题在2023年春节前全部办结。注重隐患排查，强化隐患排查工作，全面梳理辖区劳动保障领域各类矛盾隐患。确保不发生因欠薪引发的重大群体性事件或恶性极端事件。强化应急处突，建立完善区级劳动保障突发事件应急处置方案，对建筑领域群体性讨薪突发事件制定规范性处理流程。

（北京市门头沟区发展和改革委员会　供稿）

房山区多措并举做好就业创业服务

房山区是农村人口大区，农村户籍人口31.2万人，劳动力16.9万人，数量在全市16区中排名前列。其中已参加城镇职工养老保险10.6万人，参保率为62.2%。2021年，房山区抢抓乡村振兴机遇，通过精准摸排、政策扶持、产业带动等工作机制，多措并举推动农村劳动力就业参保工作取得显著成效。

一、开拓农村劳动力就业参保新思路

（一）强化摸排，精准服务见成效

2021年，房山区成立由80名人社服务专员组建形成的5个行动小组，积极开展“筑基提标百日攻坚行动”，集中化解农村劳动力就业参保问题。区人力社保局牵头启动域内农村劳动力就业信息采集工作，对全区9.3万名未参保农村劳动力进行摸排，建立房山区农村劳动力信息数据库，做到底数清、情况明、数据准，为促进本地农村劳动力就业参保提供了数据支撑。同时优化升级集就业政策宣贯、经办、公共就业服务、技能培训、创业服务和劳动力动态管理于一体的大就业服务系统，线上推介更加精准。探索设立AI智能人社服务专员，与中国移动合作，使用10086人工智能，向就业困难人员全覆盖精准推荐岗位，较传统招聘会减少近80%成本，人岗匹配效率翻倍。

针对每个乡镇提出“一镇一策”具体就业措施。举例来说，韩村河镇位于生态涵养区，产业结构相对单一，经济转型压力大，缺少大项目、大企业及新产业的支撑，就业内生动力不足。结合实际情况，房山区与城建、建工、首开集团建立精准对接、良性互通机制，重点针对韩村河地区30～39岁就业黄金期且有一定技能的失业人员，按照引导小部分、带动大部分的思路，通过人岗匹配优先招用一批。同时，集成房山区人力资源服务机构、部门、重点园区力量，成立房山就业企业联盟，充分挖掘本地岗位安置就业，收集300余个就业岗位；围绕打造韩村河镇“五侯文旅产业园”、中药观赏园、五星级休闲度假酒店等三产服务业项目，积极培育镇级就业服务载体，为本地劳动力提供1000余个岗位。

（二）政策扶持，兜底保障能落地

房山区制定出台“房11条”等促进就业优惠政策，农村劳动力实现全覆盖，同时加大补贴力度，鼓励企业多吸纳本区农村劳动力，促进农村劳动力向第二、三产业转移。现有政策下，企业招用一名农村劳动力享受每人每年3000元岗位补贴和1.4万元社会保险补贴，重点群体人员参加技能培训享受300～2000元技能培训补贴，稳定就业一年以上的个人能够申请一次性3600元稳定就业补贴，招用一名农村劳动力每年为企业降低用工成本2万元左右。自2018年政策执行以来，2.9万人次享受政策，涉及区内外用人单位850家，落实补贴资金5962.85万元。推进《关于支持返乡下乡人员创业就业的实施意见》落实落地，鼓励以创业带动就业。持续深化“放管服”改革，从加大财税政策支持、创新金融服务、健全用地支持政策、优化人力资源、完善配套设施和服务等多个方面开展工作，保证农村劳动力实现高质量就业。

房山区制定一系列技能培训政策，利用文旅服务业发展契机，助力农村产业转型升级，拓展乡村产业就业空间。举例来说，周口店镇作为全市首个国家级乡村振兴示范区，依托集体林场、民宿旅游、农业合作社等绿色经济主体，积极探索开展精品民宿、农业职业经理人、乡村工匠等专项特色培训。目前已建成精品民宿集聚区、生态产业观光区、休闲旅游体验区三大功能区域，吸纳本地农村劳动力就近就业，就业率达到99%，连续多年被评为市级充分就业村。

房山区积极释放城市公共服务类政策利好效能，联合丰台区建立结对帮扶机制，与区内德润鑫丰、东方慧博等15家劳务派遣企业合作，联合开发公交、环卫、园林绿化等城市公共服务类岗位11692个；针对关矿、石材企业关闭等关键地区，点对点大攻势密集招聘，输出农村地区劳动力5400余人，输出人员进城成为产业工人，月收入均超5000元，实现了稳岗增收、资源优配和“疏整促”共赢。

（三）产业带动，“红绿融合”添实绩

房山区结合乡村振兴，找准红色文化和绿色生态旅游融合的发力点，制定霞云岭、蒲洼、十渡三乡联动发展总体规划，以此为依托打造“红绿融合”就业平台。以壮大村集体经济为牵引，推进三乡红色教育资源整合联动，培育综合会议服务、生态旅游、高端民宿绿色新兴业态就业服务载体。

霞云岭乡作为《没有共产党就没有新中国》革命歌曲发源地，于2006年建成“没有共产党就没有新中国”纪念馆，依托红绿文旅融合品牌，开发公共设施维护等社会公益性岗位200余个，就近直接吸纳农村劳动力实现就业150余人。

蒲洼东村素有“京西小西藏”之称，该村总面积11.97平方公里，植被覆盖率达94%，是名副其实的“山顶氧吧”，被农业农村部评为中国美丽休闲乡村。结合地域优势，房山区制定集体林场建设实施方案，开展林场吸纳劳动力摸底，建立林场吸纳劳动力数据库，在蒲洼率先启动3个深山林场，占地9.8万余亩，将提供1500余个就业岗位。

二、优化创业全流程服务

2021年，房山区围绕创业服务，通过建“台账”、拟“办法”、增“红利”等多种方式，推出一系列政策举措，从创业全流程帮助创业者“走”得更远、更顺。

（一）优化创业导师库，促进资源分享

通过前期调研走访区内创业企业与创业者，房山区在原有20名创业导师队伍基础上，结合创业风口与趋势发展进行队伍优化升级，建立拥有50名专家的创业导师库，指导专长从最初的创业政策指导拓展到法律法规援助、创业风险规避、创业智力支持、创业本领提升等内容，涵盖金融、风投、医疗大健康、新能源、互联网、大数据等新兴行业。

（二）优化创业项目库，发挥集聚效应

通过建设创业项目库，房山区搭建了创业者和创业项目的对接平台。库中项目来源于创业担保贷款单位、创业大赛参赛单位、区内创业孵化基地推荐企业等，已建立近200个优秀创业项目档案，涉及大数据、人工智能、医药健康、居家养老、人文科技、现代农业、乡村旅游等行业，涵盖新兴项目和传统项目。同时对库中项目开展配套服务，针对性帮扶指导企业，依托创新创业大赛平台集聚效应激发区域创业创新热情。

（三）优化创业平台建设，增强补贴力度

房山区在创业基地、众创空间等33个孵化载体，建立了10549家创业企业服务台账，入园访企提供就业创业政策咨询、人才招聘等链条式服务。积极鼓励支持创业基地建设，起草《区级创业基地认定管理办法》，拟明确认定条件、申报程序、管理制度等，给予一次性资金奖补、场租及水电减免、承接公共创业服务等奖励措施，推进创业孵化基地的示范化、全程化、信息化、标准化建设，强化基地绩效管理，保障基地运营服务，从而加强基地动态管理，不断提升基地管理和服务水平。

（四）优化办事流程，扩大红利半径

房山区与创业担保公司、经办银行多方沟通，积极优化创业担保贷款流程、减少环节，创业担保贷款申请时间压缩至7～10个工作日。为进一步简化流程、优化服务、加快落实就业创业政策，推进担保公司和经办银行同时对企业相关资质进行审核，实现了创业担保贷款申请流程再优化。组织专业政策宣讲团队，从创业指导、登记注册、实际经营、招工招聘、合同签订、保险缴纳、员工培训、资金支持等环节和相关政策，对创业企业进行全流程培训指导。自2021年以来，通过现场、直播等方式开展22场创业培训，直接服务区内企业达3096家次。

三、全面推进失业人员再就业

房山区采取一系列举措，有效解决韩村河镇失业人员再就业问题，成为全

市推广的优秀案例。具体工作情况如下：

（一）深入摸排分析，掌握就业数据

房山区与市人力社保局、市国资委积极对接，对韩村河地区失业人员进行深入摸排分析，韩村河镇有登记失业人员266人，其中男154人，女112人，其中“（女）40（男）50”就业困难人员13人，占比4.9%；领取失业金126人，占比47.4%。通过调研发现，就业意愿不强、技能水平不足是造成该地区失业人员再就业困难的主要因素。

（二）加强职业指导，转变就业观念

房山区组织镇街就业指导员、就业服务专员、企业联络员“三员”队伍共150余人，进行专场职业指导、政策宣贯和求职技巧培训；针对城镇登记失业人员，制定一对一帮扶方案，开展精细化职业指导、政策宣讲和人岗匹配推荐，切实转变失业人员特别是年轻劳动力的就业观念，引导其主动择岗就业。

（三）开展技能培训，提升就业能力

房山区利用区内机构及国有企业培训资源开展有针对性的职业技能培训，委托宏圣职业技能学校等机构，筹办物业管理、消防中控、民宿旅游等职业技能培训班，培训工种包括客房服务员、主食制作、小菜制作、计算机操作员及社区保洁绿化五大类，参训合格率达到100%，吸引韩村河镇及周边劳动力568人参加，落实培训补贴17.04万元。

（四）强化政策帮扶，促进转移就业

房山区与市城建、建工、首开集团建立良性对接互通机制，促进失业人员优先招用。成立房山就业人力资源服务联盟，围绕“五侯文旅产业园”、中药观赏园、五星级休闲度假酒店等镇街重点项目和大兴区等周边各区重点项目，及时挖掘储备岗位，推动失业人员定向招聘。同时加大公益性兜底安置力度，围绕乡村振兴、垃圾分类等工作，开发储备100个公益性兜底安置岗位。

四、实施效果

2021年，房山区就业形势稳中向好，市里下达的七项重点任务指标全部提前超额完成。其中，城镇登记失业率为3.15%，低于市级指标（3.6%）0.45个百分点；城镇登记失业人员就业率为66.05%，超额完成4.05个百分点；农村劳动力转移就业7083人，完成122%；新就业参保3万人，完成200%；公益性岗位托底安置3566人，完成119.7%；促进灵活就业33090人，完成3.3万人的任务；新增参保创业单位4133家，带动就业12643个，分别完成148%、114%。通过开展“一村一案”精准帮扶，7个薄弱村全部达到充分就业标准，全年共认定10个充分就业乡街，464个充分就业社区村。

五、下一步工作思路

（一）健全大就业运行机制

坚持区级引领，强化统筹调度。“就业工作领导小组 + 就业工作专班 + 就业服务专员”多维拉动，实现大数据信息、政策资源、项目资金的全面贯通。

（二）完善援企稳岗政策支撑体系

高效落实失业保费返还等援企稳岗政策，降低企业用人成本。加大区级政策支持力度，围绕全区“2 + 1 + 1”高精尖产业发展，加快制定新一轮区级促进就业政策。创新政策宣贯平台，持续优化人社放映厅、抖音宣传平台，扩大影响力。发力新业态，充分利用当前蓬勃发展的有利时机，将新就业形态纳入灵活就业政策支持范畴。

（三）全面实施技能提升行动

围绕高端制造业、文旅融合、三乡联动等，探索创新技能人才培养机制，深入校企合作，推进“入学即培训”“入学即就业”按需定向培训，建设一批公共实训基地和产教融合基地。聚焦新职业，更新培训工种，积极探索实施精品民宿、健康照护、网约配送以及城市网格员等特色培训，开展多领域技能大赛，以赛促训，营造以训兴业的浓厚氛围。

（四）促进农村劳动力就业参保

按照市委、市政府要求，2025年要基本实现农村劳动力就业参保，作为农村人口大区，要抢抓试点先机，利用3个月时间完成试点工作，总结经验、积极推广、打造样板。研究打造新就业载体，依托“三乡联动”、周口店镇乡村振兴示范区建设，积极培育综合会服、生态旅游、高端民宿绿色新兴业态，推进文旅融合项目集群发展，探索搭建“全日制＋季节性用工”综合就业载体；积极推进大石窝集体林场试点，探索深山区集体林场建设模式，多渠道拓展农村劳动力就近就地就业空间。

（五）推进非全日制公益性岗位托底安置农村就业困难人员试点

增强公益性岗位资金支持，加大公益性岗位兜底安置作用，联动财政、农业农村、水务、园林绿化等部门及各街乡，统筹社会公共服务项目资源，拓展公益性托底安置空间。积极鼓励经营性人力资源服务机构、劳务派遣企业等市场第三方与街乡、部门对接，以成立特色专业合作社、街乡人力资源公司等形式，搭建就近就地就业公益性服务载体，实现困难群体兜底和基层治理水平的双提升。

（六）优化“互联网＋就业”智能化信息服务平台

整合扩充“房山就业”信息平台，为灵活就业、共享用工提供政策性、信息化服务保障。持续打造“职等你来”云招聘平台，以求职者需求为导向，进一步优化短视频展示区、岗位搜索区、职场攻略区等板块设置，提高线上供需对接效率，全年开展招聘活动200场次以上。

（北京市房山区发展和改革委员会　供稿）

昌平区打造社会组织发展的回天实践

昌平区以持续打造“回天地区社会组织创新发展示范区”为契机，以“回天有我”社会治理创新为载体，深化社会组织参与超大型社区治理，不断探索拓展社会组织参与社会治理的广度和深度，有力推动了政府治理、社会调节、居民自治的良性互动。

一、工作背景

“回天地区”主要是指回龙观、天通苑地区，这里人口规模庞大，常住人口超过80万人，是城乡接合部大型居住区的典型代表，也是北京快速城市化进程中遗留的治理难点，在社区治理上面临着配套服务设施不足、服务管理能力不足、居民社区参与不足等发展难题。昌平区回天地区社区治理任务艰巨繁重，2018年起，随着“回天有我”社会服务活动的开展，一条党建引领、多方参与、居民共治的大型社区治理路径逐渐清晰，社会组织发挥了重要作用。

二、主要措施

2019年9月起，回天地区以打造社会组织创新发展示范区为牵引，大力培育社会组织，为其创建、发展提供良好环境。

（一）加强党建引领，指明社会组织正确发展方向

健全社会组织党组织管理体系，成立“回天地区社会组织综合党委”，采取灵活方式组建党组织，推动组建独立党支部29个、联合党支部21个、流动党

支部3个，覆盖社会组织119家，吸纳社会领域党员197名，实现社会组织党的组织和工作有效覆盖。

（二）努力优化环境，深化社会组织管理制度改革

出台了示范区创建的“1+3+N”政策框架体系，包括以购买服务、培育扶持、社会企业认证为支撑，资金管理、备案服务等为配套的政策文件；简化审批程序，将申请审批时间由60个工作日缩短为10个工作日；制定社会企业认证与扶持试点办法，先后认定两批24家回天地区社会企业，将其纳入政府购买社会组织服务范围。

（三）坚持孵化培育，强化对社会组织赋能支持

建立区、镇街、社区三级支持孵化体系。区级层面，建成投用超过2000平方米的社会组织孵化基地，并形成回龙观、天通苑培育孵化“两大阵地”；镇街层面，回天七镇街全部组建社区社会组织联合会，建立实体化孵化基地，对社区社会组织进行备案管理；社区层面，为社会组织开展活动提供便利，促进服务项目落地实施。

（四）精准聚焦需求，健全政府购买社会组织服务机制

开展完善政府购买社会组织服务机制试点，优化服务购买方式，合理放开劳务费、管理费等限制，建立以服务标准为核心的绩效评估模式。建立社区需求与社会组织服务对接机制，依托“回天有我”政府购买社会组织服务平台，统一发布供需信息。组织开展公益相亲会、公益集市、项目洽谈会等，为镇街、社区与社会组织牵线搭桥，促成服务事项落地。2019年9月以来，围绕垃圾分类、物业管理、议事协商、文体生活等热点难点问题，共购买服务项目329个，投入资金约3503万元，服务30余万人。

三、取得的成效

随着支持培育政策的不断完善，回天社会组织迅速发展，形成了诸如区社会组织发展服务中心、镇街社区社会组织联合会等平台性社会组织，“回天两

张网”、夏虹公益、仁爱社工等专业性社会组织，以及居民自发组成的兴趣爱好类、社区协商类等社区社会组织，在回天大型社区治理中发挥了重要作用。

（一）调动社会资源参与社区建设更用心

社会组织调动各方资源解决社区治理问题，促进社区资源优化整合，弥补回天地区公共服务设施不足带来的困境。

动员本地社会单位服务居民，推动驻区企业履行社会责任，区社会组织发展服务中心发起“幸福回＋”图书十馆计划，动员组织了10个回天地区图书馆或书店各自推出一款特色产品，向社区居民免费开放，将社区书店和图书馆打造为社区文化建设和居民交流的平台。

盘活使用社区碎片化闲置空间，开展“回天有我”城市设计大赛，将回天地区的废弃锅炉房、地下室、社区口袋公园、居民活动中心、小型空置房间、社区户外运动场地等公共空间作为任务点，以定向任务包的形式向社会公开招募设计解决方案，邀请街道和社区代表提出意见建议，激活社区的“失落空间”。

撬动社会资本参与社区治理，回天社区公益基金会筹集社会资本503.5万元，用于社区建设、大病救助、社区体育等领域。

（二）激发社会组织更活跃

平台型社会组织积极发挥枢纽作用，注重社会组织再培育，帮助社会组织“从无到有”，能力“从弱到强”，截至2021年底，回天地区社会组织总数已达1853家。

支持初创期社会组织发展，回天社会创新学院筛选符合回天地区需求的社会力量，为初创期的组织以及暂未注册的创业团队开展赋能培训、资源对接、注册辅导等全方位服务。

推动社区社会组织转型，各镇街社会组织联合会为辖区内社区社会组织提供活动策划、资金代管、项目委托代签等支持，有效推动了社区社会组织从“文体活动”向“参与治理”转型。

加强社会组织人才培养，回天社会创新学院结合孵化服务和项目加速服务，建立属地高校共建机制，通过培训授课、参与式学习、行动研究、实地探访等方式，提升其管理能力和服务水平。

（三）推动居民参与自治更积极

积极探索居民自治新做法，组建小区自管会、居民议事厅、环境保护队、养犬自律协会、邻里互助队等自组织，深入推进居民自治。

在社区治理中，社会组织起到助推器的作用，广泛联系群众、发动群众，动员和引导居民有序参与社区事务、有序表达利益诉求，成为多元社区治理中的重要组成部分，使社区居民幸福感、获得感、安全感不断提升。

它山石社会工作服务中心开展“生态和谐社区共建项目”，通过带领社区青少年打造社区内可循环的生态小农场，建立1＋N联动模式，带动更多社区居民关注社区，改善社区的环境，共同营造家园生态、和谐社区。

（四）促进社区服务主体更多元

社会组织通过了解居民需求，提供与居民日常生活紧密联系的服务，促进了社区服务主体的多元化和精准化。

社会组织通过整合社会资源实现社区可持续发展，打通了各类社会资源参与社区服务的新途径。

温心社工在领秀慧谷社区构建“三师一员”的社区心理模式，为有需要的家庭和个人提供心理支持近百小时。

回龙观心理卫生协会在疫情期间为社区工作者与居民提供24小时免费心理援助热线，为封闭社区隔离群推送相关内容，监督隔离群内社会心态，服务人群包含学生、老年人、青年人、社区工作人员、心理疾病患者等，减缓了隔离期间居民心理压力，持续为居民的心理健康保驾护航。

（五）助推基层社区治理更精细

社会组织协助政府解决基层社区治理中像垃圾分类、物业管理等方面的“关键小事”。

建立回天治理垃圾分类专题论坛，营造全民参与浓厚氛围，各社区组建环保类社区社会组织服务队开展守桶工作，开展“益分类”创新项目，通过变废为宝活动回收旧衣物2000公斤。

仁爱社工事务所协助社区积极探索“楼门议事、楼长议事、社区议事”三级议事模式，积极发挥楼门长群体力量，并有效联动社区、社工、业委会、物业等多元力量，及时回应居民诉求，共同协商解决社区痛点难点问题，推动形成多元参与共建共治共享的基层治理体系。

（六）拓展居民精神文化生活更丰富

社会组织开展丰富多彩、喜闻乐见的文体活动，愉悦了居民身心，增强了居民幸福感。

回龙观志愿者协会开展“回天映像”项目，通过文字、图片、影像，记录回天计划给居民生活带来的惊喜变化和美好发现，赞美新时代的美好生活。

“查老师说爱国”系列红色主题宣讲，通过向社区居民讲述党的峥嵘岁月，激发社区居民爱党爱国热情，向中国共产党建党100周年献礼。

（北京市昌平区发展和改革委员会　供稿）

怀柔区推进长城文化带建设

怀柔区大力推进长城国家文化公园建设，以保护长城和优化生态环境为基础，以展示长城历史和文化特质为重点，统筹整合长城文化带内的各类资源，提前布局、精心谋划、创新机制、周密部署，扎实有序推进各项工作。

一、2021年长城文化带建设情况

2021年7月16日，在第44届世界遗产大会上，长城保护管理成为被世界遗产委员会认可的中国世界遗产保护管理工作示范案例，在怀柔区挂牌成立的长城保护修复实践基地、箭扣长城保护维修作为典型案例在国际亮相。同时，怀柔区立足长城国家文化公园建设，以箭扣长城为重点，开展《全国文化中心建设重点任务清单》中市级重点项目13项，并稳步推进相关工作。

（一）精益求精，高质量完成文物抢险修缮各项工程

稳扎稳打，箭扣长城南段修缮工程顺利推进。2021年，箭扣南段修缮工程被列入市区两级固定资产投资项目，从年初开始，何时开工、如何修缮、工程技艺是否会超越前三期等内容备受关注。为确保工程的顺利实施，怀柔区文旅局未雨绸缪，积极争取市级资金支持，强化与区发改委、区财政沟通协调，稳步推进各项工作。8月13日，该工程完成技术交底，正式进场施工。工程开工前，为了从美学、艺术的角度提升修缮工作的精细度，对施工人员进行岗前培训，邀请相关长城专家、明长城传统修复技术非遗传承人，从修缮理念、技法以及修缮的艺术等方面进行专业培训。由于长城修缮理念在不断变化，公众关注度也越来越高，既要确保文物安全，也要让社会公众满意。箭扣南段（四

期）工程继续延用前三期的科技手段，对长城本体进行航拍、数字建模。通过模型演示、验证设计方案和修复效果等，有效控制了最小干预理念中“度”的把握，新材料使用得更少，植被保留得更多。此段长城是箭扣长城精华之一，在施工中依旧坚持每周“五方现场会商”，对修缮理念的思考、每一处细节的把控、技术方法的定夺都反复研究，做到精益求精。

紧锣密鼓，长城抢险工程全市领跑。渤海镇170敌台及154～170敌台边墙、185敌台及184～186敌台边墙、180敌台及179～181敌台边墙和雁栖镇130～131敌台边墙四处抢险工程列入北京市2021年十个重点抢险项目。通过前期勘察设计、专家现场调研、方案修改完善、召开专家评审会等环节，四个长城抢险工程设计方案顺利获得国家、市文物局批复。因时间紧、任务重，为加快工程进度，怀柔区文旅局与属地镇政府密切配合，区领导召开专题会议研究难点问题，合理有序推进抢险工作。在施工过程中，严格按照“最小干预”的原则，使用原材料、原工艺对长城本体进行抢险。截至10月底，4个抢险工程主体全部完工，实现了在全市率先开工、率先完工的工作成果。

精诚合作，续写社会力量参与长城保护工作的新篇章。箭扣长城（二期）修缮工程，得到了社会各界的广泛关注和一致认可，成为文物保护工程引入社会资金的典型范例。中国文物保护基金会和腾讯公益慈善基金会持续关注箭扣长城的修缮计划，今年双方决定继续利用其资金及互联网优势参与箭扣长城的修缮项目。经国家文物局、市文物局、中国文化遗产研究院、区委区政府及双方基金会实地调研勘察，最终确定合作修缮重点点段（111号敌台～122号敌台），力争打造一段“箭扣保护与利用”的示范段落。该段落与慕田峪景区长城相连接，工程实施后将实现箭扣长城与慕田峪长城全线贯通，为下一步箭扣长城有计划的开放利用，探索预约式的长城开放模式和多方参与的长城管理模式打下坚实基础。

务求实效，革命文物保护成绩显著。为了挖掘好、保护好、利用好怀柔区革命文物，怀柔区文旅局对革命文物实施了一系列行之有效的举措：一是完成革命文物修缮工程。对道德坑弘德烈士陵园、滦昌怀联合县县委县政府旧址和庙上第一党支部三处长城周边革命文物实施修缮，三处革命文物旧址是怀柔区革命事件的重要实物依据，此次修缮严格遵循“不改变文物原状”“修旧如旧，还原历史”的原则，突出革命旧址的历史性和真实性，同时对周边环境进行了整体打造。怀柔区文旅局积极争取市级资金支持，历时一年，于今年6月28日完成竣工验收，为怀柔区喜迎建党100周年献礼，修缮后的三处革命旧址成为弘扬红色文化的重要阵地。为消除三处革命文物旧址安全隐患，启动文物安防、消防和避雷项目方案制定工作，为明年工程顺利实施打下基础。二是完成北京市第一批革命文物名录申报工作。按照市文物局相关工作要求，对全区范围内不可移动革命文物和国有可移动革命文物进行了排查，经实地调研核实、专家论证审核、征求相关部门意见等环节，3月27日，滦昌怀联合县县委县政府旧址、庙上村第一党支部旧址、道德坑弘德烈士陵园、汤河口革命烈士陵园、沙峪抗日烈士纪念碑、桃山刘玉林烈士陵园最终列入北京市第一批革命文物名录。三是完成怀柔区烈士陵园专项调查工作。年初启动对辖区内刘仕緌烈士陵园、汤河口烈士陵园、桃山刘玉林烈士陵园等9处革命陵园专项调查。聘请文物古建设计公司通过无人机、激光测距仪、红外检测仪等精密设备对文物本体及附属建筑进行全方位的测绘，针对调查中发现的地面破损、碑身污染、树池缺失等问题“对症下药”，制定抢险修缮方案，积极与退役军人事务局、属地政府等相关单位沟通，共享调查成果，为做好怀柔区革命文物保护修缮工作奠定基础。

狠抓落实，长城周边古建工程顺利完工。2021年共实施长城周边古建筑保护工程5项，包括县衙大门抢险、红螺寺（三期）修缮、辛营渡槽修缮、朱能墓和渤海所遗址环境整治等工程。为确保工程顺利推进，怀柔区文旅局与参建单位建立联席机制，实行“日统计、周上报、月汇报”三级安全隐患排查制度，加大检查力度。特别是辛营渡槽工程，为怀柔区第一次实施的文物桥梁修缮工程，该桥梁横跨怀黄路，近40米的高空作业，施工难度大，同时受极端天气的影响，危险系数骤然增高，施工过程中多次召开现场会，提高安全防范意识。截至11月底，5个工程已全部完成竣工验收。

（二）开拓创新，长城修复实践基地项目有序推进

启动箭扣长城研究性修缮项目。依托长城保护修复实践基地，实现长城保

护由一般性抢险加固向研究性修缮转变。一是全面掌握箭扣段砖石长城的保护状况，系统分析砖石长城保护形势，为科学制定保护政策和中长期规划提供重要基础依据。二是构建科学、完善的长城保护体系，锻炼培养长城保护专业队伍，积极探索长城研究性修缮新方式、新理念、新做法，提升长城保护管理整体水平。区文旅局多次邀请专家实地调研，最终选取箭扣长城141～145号敌台468米墙体（五座敌台、四段边墙）作为研究性修缮重点点段上报国家文物局，3月份研究性修缮项目计划书已获国家、市文物局批复。主要包括开展前期考古挖掘、前期勘察设计及箭扣长城数字化等项目，截至年底，考古和数字化项目完成招标工作，前期勘察项目正在进行预算评审。

完成长城环境振动灾害监测工程。对河防口、亓连口、二道关段被道路穿越的长城开展振动监测工作。通过“北斗云”振动监测技术、大数据技术，进行风险预警，使长城保护由“被动的抢救性保护”向“主动的预防性保护”转变。怀柔区文旅局在属地政府的配合下，经过现场勘察，设备安装、调试等环节，工程于9月8日顺利通过专家组验收。

（三）拓宽思路，全方位做好长城安全保护工作

为做好怀柔区长城保护工作，加大对未开放长城管护力度，有力有序有效的防范化解重大风险，把长城安全工作抓实抓细。

精准施策，专职管护强实效。怀柔区文旅局着重在提高专职保护员履职能力和巡检效果上下功夫，促进长城管护水平再上新台阶。一是夯实制度建设。制定“周抽查、月通报”制度，对长城专职保护员履职情况进行监管。二是加强专业培训。为提升保护员队伍整体专业素质和业务水平，邀请相关领域专家对区内131名长城保护员进行业务培训，同时还开展了以日常工作中亲身经历为题材的演讲比赛。三是完善长城保护管理办法。积极与属地政府沟通协调，依据各镇实际情况，灵活安排保护员上岗时间和方式，在节假日和高峰时段增派人手，加强“早八晚五”时间段以外的管护力量，避免出现监管“空档期”。四是提升“技防”手段。对长城电子巡检系统进行升级，增加法规告知、违规警示等功能。为131名保护员配备执法记录仪，为文明劝阻游人提供有力证据，提高“劝退”效果。

重拳出击，严厉打击动真格。为了打击有组织非法攀爬野长城行为，区政府召开专题会议研究部署相关工作，成立由主管副区长为组长的执法检查领导小组，明确各部门职责分工。怀柔区文旅局研究制定《打击非法攀爬野长城“百日行动”专项整治工作方案》，自6月到9月联合区公安、交通、城管、属地政府等部门开展为期百天的专项执法检查行动，共计联合开展执法检查7次，出动执法检查人员117人次，检查车辆37台次，劝阻欲攀爬野长城800余人，扣押非法运营大巴车1辆，处理非法攀爬野长城3人。

宣传引导，线上线下同发声。一是以“一册一信”为载体，积极开展长城保护法律法规的宣传工作，向长城四镇乡村旅游经营单位（户）发放长城保护法规手册、致乡村旅游经营者的一封信等宣传材料1200余份，督促其进一步增强法治观念，提高长城保护意识。二是加大警示力度，在主要登城路口安装处罚警示牌15块，将《长城保护条例》《北京市长城保护管理办法》明确规定的处罚标准予以公示。三是利用各级微信公众号、“村村通”广播等方式，加大长城保护和相关法律法规的宣传教育力度，营造全民参与长城保护的良好氛围。四是利用主流媒体及时报道长城保护工作成果，形成强大的宣传声势。继续与新华社、人民日报、北京日报、怀柔报等融媒体建立良好合作关系，营造全民参与文物保护的良好氛围，累计通过融媒体发表报道70余篇。五是把握节点，开展主题活动。利用重要时间节点开展主题鲜明的文物宣传活动。6月12日文化和自然遗产日当天，在慕田峪长城景区举办主题宣传日活动，采用专场演出、展板展示、发放资料等形式，对市民进行文物保护知识宣传。

常抓不懈，长城环境治理无死角。为进一步加大长城环境治理力度，怀柔区文旅局组织长城专业清理队伍开展重点清查工作，对长城本体及周边山石上非法刻画、反宣标语进行专业处理，累计清除60余处，清理长城本体及周边环境垃圾2吨。

深挖内涵，长城文化建设显成效。创编20集《大边墙——细说怀柔长城》（第二部），重点从“细说”入手，较为详细地介绍如墙体、敌楼、关口、建筑工艺、文化内涵等内容，让观众在了解长城知识及文化内涵的同时，增强爱护长城、爱护文物的意识，树立文化自信。

二、下一步工作思路

怀柔区将紧紧围绕《长城国家文化公园（北京段）建设保护规划》中新要求、新内容，精心谋划、真抓实干，强化科技引领，助力文物保护工作蓬勃发展。

（一）精进不休，持续推出长城保护精品工程

一是继续实施箭扣长城南段（四期）修缮工程。对154号敌台到162号敌台，长度1678米墙体进行修缮，预计2022年11月完工。

二是启动箭扣长城（五期）修缮项目。怀柔区文旅局与文物保护基金会合作，启动箭扣正北楼以东长城修缮工程。对111号敌台至122号敌台进行抢险修缮，修缮长度2173米，敌台敌楼11座，投入资金1000万元，为社会引入资金。计划2022年完成方案审批、预算评审、招标等前期工作。

三是完成长城抢险任务。按照五年抢险重点项目清单，筛选出雁栖镇52号敌台、163号敌台，渤海镇186号至187号敌台、187号至188号敌台之间墙体4处，作为重点抢险工作任务，目前此4处重点点段正在进行抢险方案编制。

四是启动慕田峪段长城修缮工程。受今年暴雨影响，慕田峪景区105号敌台至109号敌台之间墙体及敌台突发险情，计划2022年对此段长城进行修缮。

（二）创新引领，完善长城保护修复实践基地建设工作

继续推进箭扣长城修复实践基地建设项目，完成长城研究性修缮项目。一是以《长城国家文化公园（北京段）建设保护规划》中关于“在箭扣长城脚下建立全国砖石长城修缮示范点”为内容，深入研究基地建设工作，完善机构设置、人员配备、资金来源以及工作用房等基础工作。二是确保基地研究性修缮点段（141号～145号敌台）考古发掘、前期勘察、箭扣数字化项目和道路监测项目4项工程圆满完成。一年来对长城本体监测的结果，为今后长城修缮方案的制定、实施提供重要翔实的数据支撑。

（三）持之以恒，实施长城环境专业治理项目

继续聘请专业队伍，对全区65.4公里长城本体及周边环境存在的垃圾、刻画及反宣标语进行专业清理工作，确保长城安全，环境整洁。

（四）提质增效，筑牢长城周边古建筑安全网络

一是完成三处革命文物消防、电路、安防及避雷设施安装，做到人防技防双结合，确保文物安全无隐患；二是完成红螺寺消防系统更新项目；三是完成慕田峪渡槽抢险修缮工程，启动大脑峪渡槽抢险修缮项目；四是启动沙峪天地庙修缮工程。

（五）多措并举，抓好专职长城保护员管理工作

按照《怀柔区长城专职保护员管理办法》，有序推进怀柔区长城专职保护员管理工作，强化队伍建设和制度管理，将各项工作责任到人、落实到位。重点做好2022年长城保护员业务培训和设备升级工作，同时确保保护员的工资、装备等落实到位。

（六）深入挖掘，打造怀柔长城文化金名片

按照怀柔区长城文化带建设方案内容，一是积极配合市文物局做好长城文化节系列活动；二是配合北京日报完成《我在怀柔修长城》《跟着保护员认识怀柔长城》系列视频拍摄工作；三是做好文化和自然遗产日主题宣传活动。

（北京市怀柔区发展和改革委员会　供稿）

密云区创建北京市公共文化服务体系示范区

密云区是首都重要饮用水源基地和生态涵养区，总面积2229.45平方公里，常住人口52.8万人，下辖2个街道、17个镇、1个地区办事处，379个村、社区。自2020年7月启动北京市公共文化服务体系示范区建设以来，按照《北京市公共文化服务体系示范区建设标准》推动示范区建设工作，取得了较好成效。

一、示范区建设组织实施情况

（一）强化主体责任

把示范区建设作为密云区委、区政府重点工作之一，确保“六纳入”[①]落到实处。建设领导小组由区委书记担任组长，成员包括34个区直部门和20个镇街主要领导，下设5个专项工作组，20个镇街建设工作组，构成“1＋5＋20”的组织架构。召开专题会5次、推进会12次，推进工作组协调会5次，印发12期工作简报，开展40次实地督查。领导小组办公室建立各部门、各镇街建设台账，及时掌握建设工作中的问题和难点，形成分工明确、责任到人的高效推进模式。同时，建立专家咨询机制和第三方考核评价机制，增强建设工作的规范性、科学性。

① “六纳入”是指将公共文化服务体系建设纳入各级党委政府重要议事日程，纳入当地国民经济和社会发展总体规划，纳入年度政府工作报告，纳入对各级政府的考核指标体系，纳入财政预算，纳入城乡建设整体规划与建设。

（二）加强经费保障

全区公共文化事业经费逐年增长，2019至2021年分别投入8730万元、9728万元、1.48亿元。印发了资金管理办法，明确资金使用范围、审批程序。严格监管，全面保障建设经费落到实处、发挥作用。

（三）健全政策体系

坚持顶层设计、政策引领，印发了示范区建设的实施方案、工作机制、建设规划等20多个配套文件。开展“密云区城乡公共文化服务体系一体建设”的理论和应用研究，制定出台了《城区援助农村公共文化服务协调机制工作方案》等政策文件。

（四）营造建设氛围

积极运用各级各类媒体广泛宣传示范区建设成果，形成人人关注、人人支持、人人参与的浓厚氛围。在国家、市级媒体宣传示范区建设7次，在区内媒体刊发示范区建设宣传报道60余条。发放各类宣传折页1.5万余份、宣传环保布袋5000余个。结合“星火工程”演出，在各村、社区文化设施悬挂宣传横幅1000余次。疫情期间，16个镇综合文化中心作为新冠疫苗接种场地，向留观居民开展示范区建设宣传，并提供图书阅览和数字公共文化服务。

二、示范区建设的主要成效

（一）公共文化设施提档升级

根据2020年北京市“七有”“五性”指标测算体系评价结果，密云区人均公共文化设施建筑面为1.9平方米，位列全市第二，生态涵养区第一。建设期间密云区累计投入7400余万元，通过新建改建、维修升级等方式，新增设施建筑面积6.2万平方米，镇街综合文化中心、村社综合文化室平均面积分别达到2570平方米和437平方米，建成城乡一体、布局合理的设施网络。

（二）公共文化服务供给均等普惠

一是建成以区图书馆、文化馆为总馆，镇街图书馆、文化馆为分馆，村社文化室为服务点的“1+20+379”的总分馆结构。区图书馆发挥总馆统筹作用，通过图书流转，实现全区各级藏书、新增书指标全部达优。区文化馆采用“第一馆长”的方式，指导基层组织文化活动、开展各项培训。

二是推动三级公共文化设施名称、标识、服务内容、服务标准、工作制度、工作流程规范化，实施免费开放、错时开放。

三是向特殊群体倾斜，全年累计开展“敬老、爱幼、拥军、护妇、助残”服务300余场次，惠及近万人。

制定2021年度文化扶贫支援方案，分别与内蒙古库伦旗、青海省玉树市等5个地区开展了文旅宣传合作项目。

（三）公共文化服务效能显著提升

通过定期召开座谈会、征集问卷调查等方式，及时掌握群众文化需求和评价。区图书馆响应市民需求，延时开放到晚八点半，“星火工程”等活动实现“订单式”“菜单式”服务。

（四）社会力量广泛参与格局逐步形成

一是印发了《政府购买服务指导性目录》，对精品演出项目形成常态化购买；二是与各专业院团建立长效合作机制，通过与专家结对培训的方式，大幅度提升了密云区艺术团队的专业水准；三是在政策、资金、技术方面，扶持社会兴办图书馆、博物馆、美术馆、特色书店。

（五）公共文化数字效能不断提升

密云区先后投资926万元，用于推进公共文化服务数字化：一是建成数字文图博三馆，围绕水库、红色、长城等主题建立了10个特色数字资源库；二是建设文化服务和旅游应急指挥平台，13个主要旅游景区实现游客数量实时统计和应急调度功能；三是实现镇街文化中心和村社文化室无线网络全覆盖、网速全达优。在疫情背景下，运用远程指导设备，积极开展各类线上文化活动。

（六）人才队伍体系日渐完善

通过招聘配齐专职文化工作人员，实现镇街文化工作人员5人或以上，村社2人或以上。成立专家咨询小组，为密云区文旅产业发展出谋划策。培育群众文艺团体近1600支、文化能人401名，建立5270人的文化志愿者队伍，形成了以文化组织员为主导、文化志愿者和文化能人为补充、专家学者为助力的立体人才网络。

三、示范区建设的经验做法

（一）彰显本土特色文化，繁荣群众文体活动

2021年，开展各类文体活动8200余场，惠及群众100余万人次，活动特色鲜明、成效显著。

一是弘扬社会主义核心价值观。全区各部门、各镇街围绕庆祝建党100周年，开展了“永远跟党走”“水库回响”等主题文化活动。

二是深入开展艺术普及工作。全年举办各类艺术培训、讲座1000余场，以政府购买优秀演出服务的方式，投入250万元财政经费购买国家级、市级院团演出服务，打造了“高雅艺术进密云”精品文艺演出品牌。

三是送艺术下基层，依托“星火工程”“三下乡”“文化轻骑兵”等文化惠民工程，深入村、社区把文化活动送到群众身边。

四是为文化能人、文艺爱好者搭建展示舞台，举办“舞动、唱响、诵读、曲韵密云”等七大品牌赛事。

五是群众原创文艺佳作频出，推出了《奋斗的幸福》《奔腾不息的潮白河》《燕山明珠的记忆》等多部佳作。

（二）挖掘本土文化人才，打造品牌文艺团体

密云区投入330万元资金补助，用于培育群众品牌文艺团队，打造了区级品牌团队3支，镇街级品牌团队70支，村社级品牌团队766支，成员3万余人。从2014年至今，先后有“吉祥彩蝶舞蹈团”等11支团队被评为市级优秀团队。

（三）推动两大融合，打造文旅服务新场景

按照“以文塑旅、以旅彰文”的思路，实现了文旅供需一体化。

一是推动公共文化和旅游空间融合发展。大力推行“一镇一特”“一村一

品”，以村图书室/乡情展示馆 + 精品民宿的共建模式，构建主客共享空间，激发乡土文化内在活力。

二是推动公共文化服务融入旅游景区。古北水镇举办各类演出1000余场，吸引游客50万人次。蔡家洼镇在玫瑰情园景区全年举办演出24场，推出了“夜游赏景灯光秀”文化品牌项目，吸引游客7万余人次。

（四）加大统筹力度，深化“文化+”融合发展

加强文化和旅游公共服务与其他产业融合发展。

一是推进“文化旅游 + 农业”，推出了“波尔多葡萄酒节”“尖岩栗子宴”等地域特色文化节。

二是推进“文化旅游 + 林业”，发展“甜蜜事业”，打造“蜂盛蜜匀”品牌，冯家峪镇被中国养蜂协会授予“中华蜜蜂小镇”称号。

三是推进“文化旅游 + 渔业”，创建“密云水库鱼”地理标志文化品牌，连续18年举办“鱼王文化节”。

四是推进“文化旅游 + 体育”，将文化要素植入体育赛事，连续三届成功举办密云生态马拉松、“美丽乡村健康跑”等全民体育活动。

五是推进“文化旅游 + 科教”，建成13家市级科普教育基地，其中蜜蜂大世界、张裕爱斐堡、玫瑰情园等5家基地入选“科普之旅”精品路线。

四、下一步工作思路

（一）研究制定长效化运行机制

在示范区验收合格后，密云区将确保区委、区政府持续深化建设，财政稳定投入，研究制定出一套长效运行的机制体制，进一步巩固和扩大示范区建设成果。

（二）丰富基层优质文化产品供给

优化和创新各项文化惠民工程的内容和形式，建立精准的城乡文化产品配送体系，促进基层公共文化服务高质量发展。

（三）深化“文化+”融合发展

以拓展新型公共文化空间为载体，加强文化和旅游公共服务融合，拉动文化和旅游消费升级，助推公共文化服务提质增效。

（四）推动公共文化服务数字化、智慧化发展

积极对接北京市公共文化服务和设施运营管理平台，为群众提供种类齐全、内容丰富的数字文化资源。建立智慧化的服务效能监控平台，运用大数据技术采集、分析市民需求，动态、智慧地提供公共文化服务。

（北京市文化和旅游局　供稿）

— PART 5 —

附　录

2021年北京市社会领域主要监测指标

序号	指标	2020年	2021年	数据来源
1	全市户籍居民平均期望寿命（岁）	82.43	82.47	北京市卫生健康委员会
2	医疗机构总诊疗人次（万人次）	19269.3	24252.6	北京市卫生健康委员会
3	养老服务驿站（个）	1005	1112	北京市民政局
4	参加职工基本养老保险人数（万人）	1680	1725.1	北京市人力资源和社会保障局
5	参加职工基本医疗保险人数（万人）	1741.6	1486	北京市医疗保障局
6	参加城乡居民养老保障人数（万人）	200.5	191	北京市人力资源和社会保障局
7	参加城乡居民基本医疗保险人数（万人）	398.3	400.8	北京市医疗保障局
8	公共文化设施覆盖率（%）	>98%	99%	北京市文化和旅游局
9	全年接待旅游总人数（亿人次）	1.84	2.6	北京市文化和旅游局

2021年北京市重点工程计划（社会公共服务部分）

序号	项目名称	项目法人单位	建设地点	建设规模及内容
（一）教育（21项）				
新建项目（8项）				
1	北京第一实验学校	北京市保障性住房建设投资中心	通州区宋庄地区	建设规模约9.7万平方米，建设内容包括教学及辅助用房、生活用房、运动场地、室外工程等
2	紫金新干线学校二期工程	昌平区教育委员会	昌平区霍营街道和东小口镇	建设规模约5万平方米，主要建设36班完全中学（24班初中+12班高中），提供学位1500个
3	北京未来城学校建设工程	昌平区教育委员会	昌平区未来科学城南区	建设规模约13.5万平方米，新建96班小学、初中、高中的12年一贯制学校
4	北京乐成国际学校（望京）项目	北京乐成国际学校	朝阳区中关村朝阳园北区	建设规模约17.3万平方米，建设内容为教学用房、配套用房及师生公寓
5	东城区特殊教育学校改扩建工程	东城区教育委员会	东城区安定门外小黄庄	改扩建规模约1.2万平方米，建设内容为普通教室、专业教室、体育馆、多功能教室、演播厅及心理辅导室等

续表

序号	项目名称	项目法人单位	建设地点	建设规模及内容
6	北大附中石景山学校（新址）建设工程	石景山区教育委员会	石景山区西黄村地区	建设规模约为5.5万平方米，建设内容为36班九年一贯制及24班高中，主要包括教室、公共教学用房、办公及管理用房、生活服务用房、学生宿舍等
7	北京市十一学校石景山实验中学建设工程	石景山区教育委员会	石景山区北辛安地区	建设规模约4.4万平方米，建设48班完全中学
8	长阳镇起步区2号地一贯制学校建设工程	房山区教育委员会	房山区长阳镇	建设规模约5.8万平方米，新建72个班九年一贯制学校
续建项目（13项）				
9	中国人民大学通州新校区一期建设项目	中国人民大学	通州区潞城镇	建设规模约58.3万平方米，建设内容主要包括图书馆、公共教学楼、学院学部楼、学生宿舍等
10	北京信息科技大学新校区建设工程	北京信息科技大学	昌平区东坨村	建设规模约40.2万平方米，建设内容为教室、图书馆、实验室、科研及附属用房、风雨操场、学生宿舍、食堂、行政用房等

续表

序号	项目名称	项目法人单位	建设地点	建设规模及内容
11	北京工商大学良乡校区二期新建工程	北京工商大学	房山区良乡高教园区	建设规模约12.9万平方米，建设内容为教室、实验用房、学生宿舍、行政用房、生活福利用房及附属设施等
12	北京电影学院怀柔新校区	北京电影学院	怀柔区杨宋镇	建设规模39.9万平方米，建设内容为教室、图书馆、实习用房、学生及教工宿舍、食堂、风雨操场、行政用房、会堂、生活福利及附属用房等
13	北京城市学院顺义校区三期建设工程	北京城市学院	顺义区杨镇	建设规模约49万平方米，建设内容主要包括教学及实验实习用房、图书馆、风雨操场、行政办公用房、学生宿舍、教工宿舍、食堂及其他附属用房等
14	首都师范大学附属中学通州校区	首都师范大学	通州区中山大街	建设规模约8.5万平方米，建设内容为教学楼、食堂、风雨操场综合楼、学生公寓、看台、门卫室等
15	清华大学附属中学昌平学校建设工程	昌平区教育委员会	昌平区南邵镇	建设规模约11.3万平方米，建设36个标准教学班的小学、36个标准教学班的初中和30个标准教学班的高中

续表

序号	项目名称	项目法人单位	建设地点	建设规模及内容
16	北京教育学院丰台分院实验学校	丰台区教育委员会	丰台区中关村科技园丰台园	建设规模约4.8万平方米，建设内容为教学及辅助用房、办公用房、生活服务用房、教师培训用房等
17	一零一中学怀柔校区扩建	怀柔区教育委员会	怀柔区乐园大街	建设规模约6.1万平方米，建设初高中38个教学班
18	北京师范大学附属实验中学顺义分校新建工程	顺义区教育委员会	顺义区后沙峪镇	建设规模约12万平方米，建设72班完全中学
19	北京二中通州校区改扩建工程	通州区教育委员会	通州区潞城镇	建设规模约3.4万平方米，对原北京二中通州校区进行改扩建
20	北京市第一六一中学南校区改扩建工程	西城区教育委员会	西城区前门西大街	建设规模约2.9万平方米，建设内容为南教学楼、北教学楼、实验室、传达室、食堂、车库等
21	延庆区第一职业学校迁址新建工程	延庆区第一职业学校	延庆区延庆新城08街区	建设规模约5万平方米，建设内容为教学中心、生活中心、实训中心等
（二）医疗（23项）				
新建项目（6项）				
22	北京市疾病预防控制中心迁建项目	北京市疾病预防控制中心	通州区宋庄镇	建设规模约12.5万平方米，建设内容包括业务用房、实验用房、保障用房、行政用房等

续表

序号	项目名称	项目法人单位	建设地点	建设规模及内容
23	首都儿科研究所附属儿童医院通州院区	首都儿科研究所附属儿童医院	通州区宋庄镇	新建一家儿童专科医院，申报床位800床
24	北京朝阳五洲妇儿医院项目	北京五洲医院投资有限责任公司	朝阳区劲松	建设规模约3.6万平方米，建设非政府办非营利性专科医院
25	房山区中医院新院区建设工程	房山区卫生健康委员会	房山区良乡组团	建设规模约17万平方米，建设内容包括门诊、急诊、医技病房等相关业务用房
26	丰台中西医结合医院二期工程项目	丰台中西医结合医院	丰台区长辛店镇	建设规模约5.1万平方米，新建医院综合楼工程、连廊、污水处理站、室外配套管线工程等
27	海淀区苏家坨中心医院建设工程	海淀区卫生健康委员会	海淀区苏家坨镇	建设规模约6.3万平方米，由五座建筑组成：门诊医技住院综合楼、垃圾站、液氧站、污水处理站和锅炉房。配套建设室外道路及广场、绿化、照明、地下管线敷设及相关配套设施，同步实施红线外市政等工程
续建项目（17项）				
28	北京大学首钢医院新建门急诊医技大楼	首钢集团有限公司	石景山区晋元庄路	建设规模约5.3万平方米，新建门急诊医技大楼

续表

序号	项目名称	项目法人单位	建设地点	建设规模及内容
29	北京积水潭医院回龙观院区二期扩建工程	北京积水潭医院	昌平区回龙观	建设规模约12.9万平方米，对回龙观院区二期进行扩建
30	北京清华长庚医院二期项目	北京清华长庚医院	昌平区立汤路	建设规模约15.6万平方米的医疗综合楼，设置床位500张
31	首都医科大学附属北京朝阳医院东院建设工程	首都医科大学附属北京朝阳医院	朝阳区常营乡	建设规模约20万平方米的综合性医院，设置床位1000张
32	北京口腔医院迁建工程	首都医科大学附属北京口腔医院	丰台区花乡	建设规模约13.36万平方米，编制床位130张，牙椅430张
33	首都医科大学附属北京世纪坛医院急诊急救综合楼建设工程	首都医科大学附属北京世纪坛医院	海淀区羊坊店	建设规模约6.3万平方米，新建急诊急救综合楼
34	首都医科大学附属北京友谊医院顺义院区	首都医科大学附属北京友谊医院	顺义区后沙峪镇	建设规模约24.2万平方米的综合性医院，设置床位1000张
35	首都医科大学附属北京友谊医院通州院区二期建设项目	首都医科大学附属北京友谊医院	通州区永顺镇	建设规模约9万平方米，建设内容为医技综合楼、干保楼等

续表

序号	项目名称	项目法人单位	建设地点	建设规模及内容
36	首都医科大学附属北京胸科医院危房改建项目	首都医科大学附属北京胸科医院	通州区北关大街	建设规模约5万平方米，对原胸科医院进行危房改建
37	首都医科大学附属北京安贞医院通州院区	首都医科大学附属北京安贞医院	通州区宋庄镇	建设规模约37万平方米，新建一家集医、教、研、防、国际交流于一体的大型综合医院
38	北京卫生职业学院新院区建设项目	北京卫生职业学院	通州区漷县镇	建设规模约26.6万平方米，建设内容包括教学楼、师生活动用房、报告厅、实训楼、图书馆、室内体育用房、行政办公用房、学生宿舍、食堂、教师公寓、后勤及附属用房、学术交流中心等
39	中关村生命科学园研究型国际医疗产业转化平台项目	北京未来科学城昌博医疗服务有限公司	昌平区中关村生命科学园	建设规模约9.7万平方米，建设内容包括药物研发临床应用及转化中心、临床专家级科学家创新研究中心、临床发现产业转化平台、疑难重症诊疗中心等，设置床位500张
40	安贞东方医院项目	东方安贞（北京）医院管理有限公司	朝阳区东坝乡	建设规模约21万平方米，建一所三甲医院
41	丰台医院提质改建	北京丰台医院	丰台区西安街	建设规模约11万平方米，设置床位数900张

续表

序号	项目名称	项目法人单位	建设地点	建设规模及内容
42	怀柔医院二期扩建工程	怀柔区卫生健康委员会	怀柔区永泰街	建设规模约9.9万平方米，二期工程包含医疗综合楼一栋，增加床位339张
43	平谷区妇幼保健院迁建工程	平谷区卫生健康委员会	平谷区王辛庄镇	建设规模约7.4万平方米
44	顺义区妇幼保健院改扩建工程	顺义区妇幼保健院	顺义区仁和镇	建设规模约7.4万平方米，床位由300张增加至700张
（三）养老（5项）				
新建项目（2项）				
45	医物园养老项目	北京医物园置业有限公司	海淀区四季青镇	建设规模约7万平方米，建设内容为老年养护院
46	德茂养老项目	北京三元德宏房地产开发有限公司	经济技术开发区旧宫	建设规模约1万平方米，建设养老院、残疾人托养所、室内体育设施等
续建项目（3项）				
47	半壁店医养结合试点项目	北京京城恭和家园养老服务有限公司	通州区梨园镇	建设规模约11.3万平方米，建设内容主要包括多栋高层集中式居家养老公寓、养老机构及配套用房、幼儿园等
48	通州区养老院	通州区民政局	通州区漷县镇	建设规模约3万平方米，建设内容包括养老及配套服务设施，设置床位700张

续表

序号	项目名称	项目法人单位	建设地点	建设规模及内容
49	昌平区敬老院	昌平区民政局	昌平区马池口镇	建设规模约2.7万平方米，设置养老床位560张
（四）文化（15项）				
新建项目（6项）				
50	北京歌舞剧院重建	北京市国有文化资产管理中心	朝阳区双井	建设规模约2.6万平方米，拟建中型剧场，专业民族音乐小型剧场，中小型排练厅等
51	京南艺术中心	北京市国有文化资产管理中心	丰台区南苑乡	建设规模约3.7万平方米，建设内容包括剧场、艺术生产用房、公共服务用房及管理保障配套用房等
52	中国杂技艺术中心	北京市国有文化资产管理中心	经济技术开发区M198地块、69C3地块	建设规模约6.6万平方米，建设内容包括剧场、艺术生产用房、公共服务用房和市属文艺院团舞美中心等
53	路县故城考古遗址公园二期	北京市文物研究所	通州区潞城镇	遗址核心区二期25公顷遗址本体保护展示、园林绿化等相关建设工作
54	北京市唐代遗迹保护中心项目	房山区文化和旅游局	房山区长沟镇	建设规模约5100平方米，建设内容包括遗迹保护工程部分、室外文化活动部分、绿化景观部分
55	大葆台西汉墓遗址保护及博物馆改建工程	北京市大葆台西汉墓博物馆	丰台区丰葆路	建设规模约7600平方米，建设内容包括墓遗址保护及博物馆改建

续表

序号	项目名称	项目法人单位	建设地点	建设规模及内容
续建项目（9项）				
56	城市副中心剧院	北京城市副中心投资建设集团有限公司	通州区永顺镇	建设规模约12.5万平方米，建设内容包括音乐厅、歌剧院、戏剧院、多功能厅及配套设施
57	城市副中心图书馆	北京城市副中心投资建设集团有限公司	通州区永顺镇	建设规模约7.5万平方米，建设内容包括非物质文化遗产馆、运河文化馆、古籍文献馆、特色艺术文献馆、名人名家藏书馆等
58	首都博物馆东馆	北京城市副中心投资建设集团有限公司	通州区永顺镇	建设规模约10万平方米，建设内容包括藏品工作区、展览陈列区、公共服务区、业务研究及行政管理区等
59	城市绿心三大公共建筑共享配套设施建设项目	北京城市副中心投资建设集团有限公司	通州区潞城镇	建设规模约30.4万平方米，建设内容包括地面广场与绿化、地下建筑设施（含轨道交通预留车站）
60	北昆国际文化艺术中心	北方昆曲剧院	西城区陶然亭路	建设规模约5.9万平方米，建设内容为剧场、展厅、研究室、艺术家工作室以及配套地下车库等

续表

序号	项目名称	项目法人单位	建设地点	建设规模及内容
61	北京市文化中心	北京市文化和旅游局	西城区西便门	建设规模约2.8万平方米，建设内容包括北京群众艺术馆、西单剧场（复建）、北京非物质文化遗产保护中心、地下停车库及配套用房等
62	路县故城遗址保护展示工程	北京市文物研究所	通州区潞城镇	建设规模约1.83万平方米，建设内容为路县故城遗址博物馆，包括文化研究区、文化展示区等
63	琉璃河西周燕都考古遗址公园	房山新城投资有限责任公司	房山区琉璃河镇	实施董家林、黄土坡两村搬迁腾退、安置房建设及考古遗址公园建设
64	三山五园艺术中心项目（海淀博物馆升级改造）	海淀区文化和旅游局	海淀区新建宫门路	建设规模约2.4万平方米，建设具备举办当代艺术和美术展览的展厅
（五）体育（11项）				
新建项目（3项）				
65	北京工人体育场改造复建项目	北京职工体育服务中心	朝阳区三里屯街道工人体育场北路南侧	建设规模约38.5万平方米，建设内容为北京工人体育场及其配套

续表

序号	项目名称	项目法人单位	建设地点	建设规模及内容
66	石景山区体育中心改扩建	北京石泰基础设施投资有限公司	石景山区八角地区	建设规模约4.8万平方米，建设内容主要包括青少年足球活动中心、冰上运动项目、游泳馆，各种球类、武术等体育项目运动场地
67	通州区体育场升级改造	通州区体育局	通州区城市副中心	建设规模约7.1万平方米，建设内容包括体育馆、游泳馆、室内冬季运动场和全民健身中心等
续建项目（8项）				
68	冬奥广场（五一剧场、制粉车间改造）项目	北京首奥置业有限公司	石景山区首钢主厂区	建设规模约22.3万平方米，建设内容包括体育产业相关的运动休闲、体育健身、国际交流设施及配套的商业、办公设施等
69	潞城全民健身中心	北京城市副中心工程建设管理办公室	通州区潞城镇	建设规模约4.5万平方米，建设内容包括篮球、网球、羽毛球、乒乓球、游泳、健身设施，室外运动场及附属设施
70	国家体育场冬奥场馆翻新改造工程	国家体育场有限责任公司	朝阳区国家体育场内	本项目不新增建筑面积，拟对建筑及装饰、通风空调、消防等43项工程进行改造
71	首钢滑雪大跳台中心及周边设施	北京首奥置业有限公司	石景山区首钢主厂区	建设规模约12万平方米，建设内容为大跳台赛道本体及其配套设施等

续表

序号	项目名称	项目法人单位	建设地点	建设规模及内容
72	东单体育中心整体改造	东城区体育局	东城区崇文门内大街	建设规模约2万平方米，建设内容主要包括外立面改造、主体结构加固改造、室内装修及给排水系统、暖通系统、电气系统、燃气系统、热力系统改造等工程，同步实施室外铺装、室外管线等工程
73	回龙观体育文化公园南部场馆建设工程	昌平区体育局	昌平区龙泽园街道	建设规模约9.6万平方米，建设内容为新建体育馆、文化馆两座及地下停车库
74	门头沟区体育文化中心项目	门头沟区体育局	门头沟区永定镇	建设规模约13.3万平方米，主要建设内容为体育馆、文化馆、非物质文化遗产展示中心等
75	月坛体育场基础设施升级改造二期项目	西城区体育局	西城区月坛南街	建设规模约2.9万平方米，建设主要内容包括冰场，篮球场，柔道、跆拳道、摔跤等竞技训练场及相关配套
（六）老旧小区改造及街区更新（10项）				
新建项目（6项）				
76	老旧小区综合整治（打捆项目）	各相关建设单位	跨区，全市各相关区	对300个左右老旧小区进行综合整治

续表

序号	项目名称	项目法人单位	建设地点	建设规模及内容
77	传统商圈改造提升（打捆）	各相关建设单位	跨区，全市各相关区	完成22个传统商圈改造工程
78	中关村大街城市客厅（公共空间改造提升）一期项目	北京中关村大街建设发展有限公司	海淀区中关村大街	中关村大街道路两侧改造面积约6万平方米
79	永定河左岸公共空间提升工程	石景山区城市管理委员会	石景山区永定河左岸石景山段	全长约6公里，东西宽度约11～148米，总面积约30.8万平方米
80	城市副中心老城地区主次干路电力架空线入地（打捆）	通州区城市管理委员会	通州区通州老城区	拟对12条道路区域范围（主次干路100米范围，支路胡同50米范围）内的电力架空线实施入地
81	南大街片区环境综合整治（含十八条半截胡同整治）	北京城市副中心投资建设集团有限公司	通州区南大街	结合申请式腾退情况，对南大街片区进行环境整治提升
续建项目（4项）				
82	隆福文化街区修缮更新项目	北京新隆福文化投资有限公司	东城区东四路口西北角	建设规模约13万平方米，包括隆福大厦、隆福广场、长虹影院、一商办公楼等原建筑物加固、改造
83	望坛周边市政基础设施工程	北京城建兴瑞置业开发有限公司	东城区永外地区	建设内容包括望坛周边琉璃井路、景泰路等道路、电力、再生水（中水）、雨污水、热力、自来水、绿化等配套设施

续表

序号	项目名称	项目法人单位	建设地点	建设规模及内容
84	百万庄社区公共空间再造项目	西城区展览路街道办事处	西城区百万庄	占地面积11.8万平方米，建设内容包括绿化工程和庭院工程
85	大栅栏观音寺片区老城保护更新项目	北京大栅栏安创置业有限公司	西城区大栅栏	观音寺片区老城保护更新项目占地面积约15.4万平方米，开展区域内申请式退租相关工作
（七）文化旅游产业（16项）				
新建项目（10项）				
86	乐高乐园	英国默林娱乐集团、国开东方城镇发展有限公司	房山区青龙湖镇	建设规模约30.4万平方米，建设内容包括乐高乐园、主题酒店、商业街、停车场等
87	北京北重文化产业园一期	北京重型电机厂有限责任公司	石景山区吴家村路	对一期土地约8万平方米、建筑面积3.5万平方米的老旧厂房厂区环境及地下综合管网进行改造，使其具备产业园功能承载能力
88	葡萄酒世界博览馆	房山区城关街道八十亩地村经济合作社	房山区城关街道	建设规模约2.8万平方米，建设葡萄酒世界博览馆及配套设施
89	北京京城重工地块厂房提升改造项目	北京城市副中心投资建设集团有限公司	通州区台湖镇	建设规模约6.93万平方米，利用现状工业厂房和设施提升改造，并完善建设配套人防、基础设施等，将京城重工打造成为小镇的旅游休闲购物新地标

续表

序号	项目名称	项目法人单位	建设地点	建设规模及内容
90	北京环球主题公园0024地块新建酒店	北京国际度假区有限公司	通州区文化旅游区	建设规模约7.4万平方米，拟建设酒店一座，房间总数1000间
91	北京环球主题公园0038地块新建酒店	北京国际度假区有限公司	通州区文化旅游区	建设规模约7.3万平方米，拟建设酒店一座，房间总数1100间
92	宋庄艺术小镇小堡村印象街	北京首都开发控股（集团）有限公司	通州区宋庄镇	建设规模约10.4万平方米，建设内容为地下车库、文创办公楼、商业配套街区、配套酒店、艺术交流中心等
93	首寰度假酒店（二期）	北京首寰文化旅游投资有限公司	通州区文化旅游区	建设规模约2.6万平方米，建设内容包括酒店客房、餐厅、地下车库等
94	北京国际设计周永久会址项目	北京通州投资发展有限公司	通州区张家湾镇	建设规模约1.8万平方米，建设北京国际设计周永久会址
95	北京台湖出版物会展贸易中心提升改造项目	北京城市副中心投资建设集团有限公司	通州区台湖镇	建设规模约18.5万平方米，对现状工业厂房实施升级改造，建设以演艺科技研发、人才培训、制作生产、会展展览、创意服务为内涵的产业设施

续表

序号	项目名称	项目法人单位	建设地点	建设规模及内容
续建项目（6项）				
96	北京环球主题公园项目一期	北京国际度假区有限公司	通州区文化旅游区	建设规模约27万平方米，建设内容包括主题公园、后勤区、停车楼及停车场配套设施等
97	中国艺术品交易中心	北京鑫麒置业有限公司	通州区宋庄镇	建设规模约25.9万平方米，建设内容为集原创艺术品及衍生品交易、展示、艺术品拍卖及版权交易等功能于一体的艺术品交易中心
98	首钢工业遗址公园（金安桥站交通一体化及工业遗存修缮）项目	北京首金置业有限公司	石景山区首钢主厂区	建设规模约7.7万平方米，建设内容为数字智能创新园、工业设计等文化创意以及服务冬奥等相关的办公及商业配套
99	北京城市副中心设计小镇创新中心	北京通州科技创新投资发展有限公司	通州区光华路	建设规模约24.5万平方米，建设内容包括26栋办公及配套用房
100	北京八达岭希尔顿逸林酒店项目	北京八达岭妫川酒店投资管理中心	延庆区延庆镇	建设规模约5万平方米，建设内容包括建设四星希尔顿逸林酒店、戏水乐园、会议中心等配套设施
101	延庆辉煌云栖谷项目	北京辉煌凯盛旅游产业有限公司	延庆区张山营镇	建设规模约19万平方米，新建酒店及配套设施等

后记 POSTSCRIPT

《2022北京市社会发展报告蓝皮书》的编写是在北京市社会建设领域相关单位共同参与和大力支持下完成的。编写中，各单位提供了大量文字资料，并参与了文稿把关工作，在此表示感谢！

北京市社会建设领域相关单位包括：北京市发展和改革委员会、中共北京市委社会工作委员会市民政局、北京市教育委员会、北京市公安局、北京市财政局、北京市人力资源和社会保障局、北京市文化和旅游局、北京市卫生健康委员会、北京市退役军人事务局、北京市应急管理局、北京市市场监督管理局、北京市广播电视局、北京市文物局、北京市体育局、北京市统计局、国家统计局北京调查总队、北京市信访办公室、北京市医疗保障局、北京市消防救援总队、北京市公安局公安交通管理局、北京市中医管理局、北京市经济社会发展研究院、北京市经济信息中心、各区发展和改革委员会及北京经济技术开发区社会事业局。

北京出版集团的领导和编辑同志为本书的顺利出版发行做了大量有益工作，在此一并感谢！

编　者

2022年10月